U0468886

JIANGSU
SHENG

LÜSE
GONGLU JIANSHE LILUN
YU SHIJIAN

江苏省绿色公路建设理论与实践

丁峰　陶屹　胡萌
编著

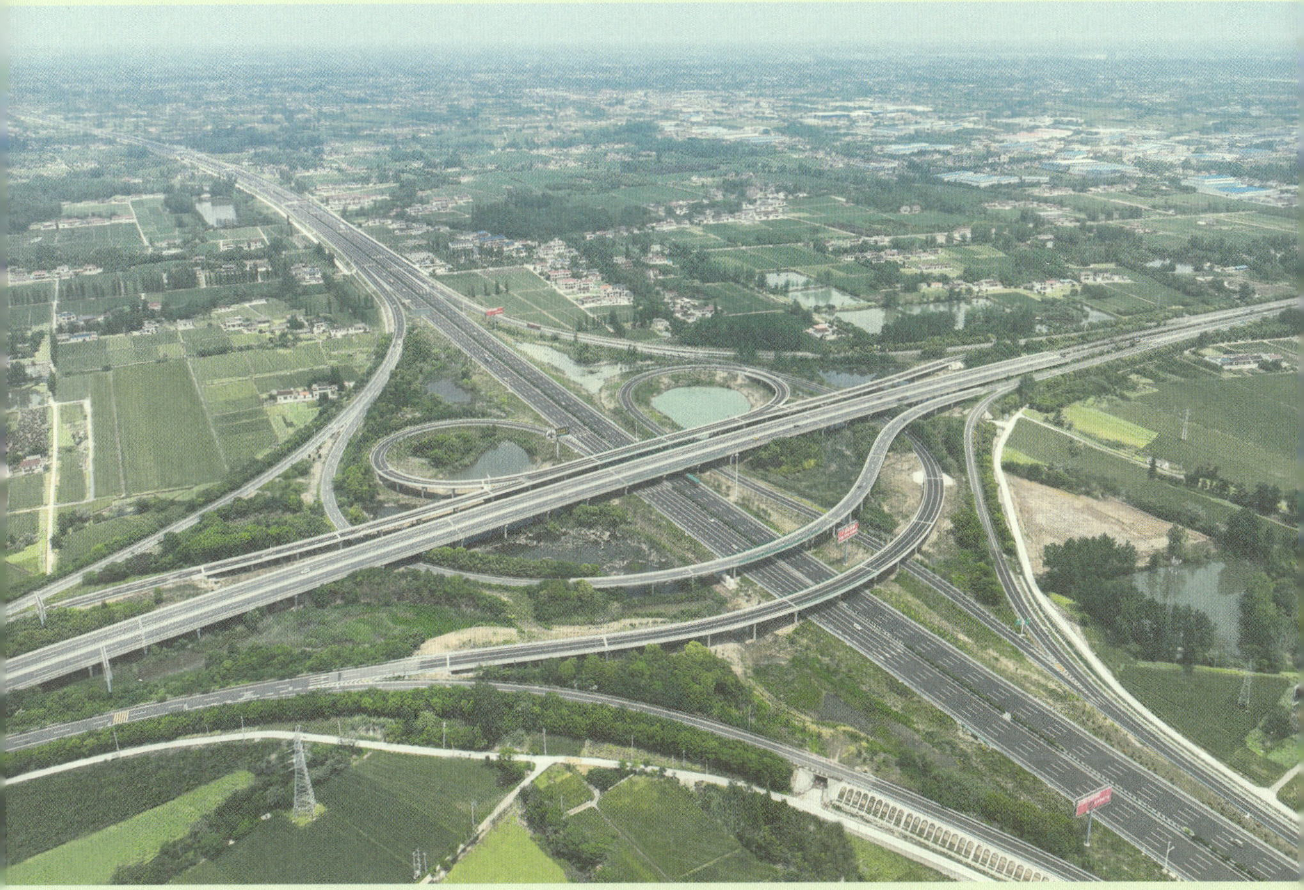

·南京·

图书在版编目(CIP)数据

江苏省绿色公路建设理论与实践 / 丁峰，陶屹，胡萌编著. -- 南京 ：河海大学出版社，2024.3
ISBN 978-7-5630-7886-8

Ⅰ. ①江… Ⅱ. ①丁… ②陶… ③胡… Ⅲ. ①道路工程-道路建设-江苏 Ⅳ. ①U41

中国版本图书馆 CIP 数据核字(2022)第 245045 号

书　　名	江苏省绿色公路建设理论与实践
书　　号	ISBN 978-7-5630-7886-8
责任编辑	章玉霞
特约校对	袁　蓉
装帧设计	清皓堂
出版发行	河海大学出版社
网　　址	http://www.hhup.com
地　　址	南京市西康路 1 号(邮编:210098)
电　　话	(025)83737852(总编室)　(025)83722833(营销部)
经　　销	江苏省新华发行集团有限公司
排　　版	南京布克文化发展有限公司
印　　刷	广东虎彩云印刷有限公司
开　　本	787 毫米×1092 毫米　1/16
印　　张	12.5
字　　数	293 千字
版　　次	2024 年 3 月第 1 版
印　　次	2024 年 3 月第 1 次印刷
定　　价	128.00 元

江苏省绿色公路建设理论与实践

编写委员会

编　　著：丁　峰　陶　屹　胡　萌

撰写人员：闵剑勇　张　玮　李强明　杨　阳　席　欧
卢　勇　殷承启　张志祥　衷　平　吴　昊
殷　浩　王　振　陈一鸣　杨　勇　陈　梅
杨登宇　陈　科　程鹏飞　桂　零　曾　玄
王　原　王　欣　徐文文　刘　强　杜　骋
高健文　王　珂　杨　柳　苗　乾　吴宝鑫
温肖博

前言
PREFACE

前 言

党的十八大报告首次将生态文明建设纳入中国特色社会主义事业“五位一体”总体布局。党的十九大报告将“坚持人与自然和谐共生” 纳入新时代坚持和发展中国特色社会主义的基本方略。党的二十大报告明确了人与自然和谐共生是中国式现代化的重要特征之一。在全面建成社会主义现代化强国、实现第二个百年奋斗目标，以中国式现代化全面推进中华民族伟大复兴的关键时期，交通运输和公路行业应紧紧围绕“五位一体”总体布局，践行绿色发展理念，为建设美丽中国贡献力量。

2016 年 8 月，交通运输部印发《关于实施绿色公路建设的指导意见》(交办公路〔2016〕93 号)，提出建设以质量优良为前提，以资源节约、生态环保、节能高效、服务提升为主要特征的绿色公路，实现公路建设健康可持续发展。2019 年 9 月，中共中央、国务院印发《交通强国建设纲要》，要求交通强国建设要绿色发展节约集约、低碳环保。

绿色公路是交通运输和公路行业践行绿色发展理念、支撑交通强国建设、实现高质量转型升级发展的重要举措，具有十分重要的意义。

江苏省历来十分重视公路绿色发展，积极推动绿色公路建设，出台《江苏省绿色公路建设实施意见》，制定并发布《普通国省干线公路绿色公路建设技术规程》(DB 32/T 3949—2020)、《公路工程环境监理规程》(DB 32/T 3565—2019)等地方标准，持续支持绿色公路相关科研课题研究，先后完成宁宣高速公路、镇丹高速公路、沪宁高速公路、237 省道扬州段、312 国道镇江段、312 国道苏州段、国道 524 线通常汽渡至常熟三环段等省级以上绿色公路示范工程，绿色公路建设取得显著成效，绿色、循环、低碳、环保理念深入公路建设全过程。

“十四五”时期是江苏省绿色公路发展承上启下的关键时期。为全面总结全省绿色公路建设经验，进一步推动全省绿色公路建设，引领全省绿色公路可持续发展，省交通运输厅公路事业发展中心联合华设设计集团股份有限公司、江苏中路工程技术研究院有限公司、中交公路规划设计院有限公司、苏交科集团股份有限公司等单位，开展了“江苏省绿色公路可持续发展战略与关键技术体系研究”科研课题(江苏省交通运输科技与成果转化项目 2019Y70)。依托该课题研究成果，编写了本书。

本书共 6 章，在界定江苏省绿色公路内涵的基础上，展望了江苏省绿色公路发展目标与发展趋势，阐述了体现江苏特色的绿色公路标准体系、评价标准、管理制度和关键技术，介绍了江苏省绿色公路典型示范工程案例。

本书可供公路设计、施工、养护、运营管理相关从业人员参考。期望本书能对全面深入推进绿色公路建设有所裨益。

限于时间和编者水平，书中不足之处敬请广大读者及同行批评指正。

目 录

目录

目 录

JIANGSU
SHENG

LÜSE
GONGLU JIANSHE LILUN
YU SHIJIAN

江苏省绿色公路建设理论与实践

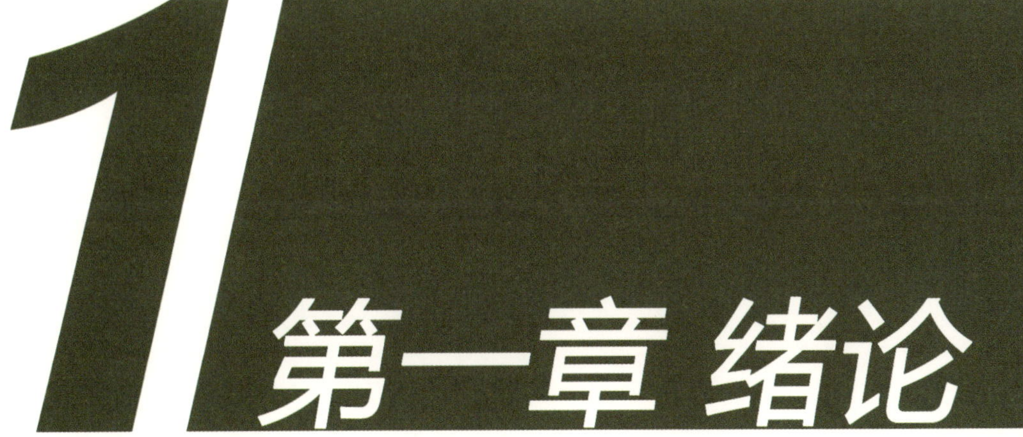

1 第一章 绪论

1.1 江苏省公路发展现状与展望

1.1.1 “十三五”江苏省公路发展总体概况

“十三五”时期，江苏公路紧紧围绕高水平全面建成小康社会的奋斗目标要求，加快推进各项重点工作，累计完成建设投资 3 195 亿元，较“十二五”增长 53%（“十二五”完成建设投资 2 095 亿元），全面完成“十三五”规划的主要目标和任务，蝉联全国干线公路养护管理评价第一名，实现“三连冠”，为加快构建现代综合交通运输体系奠定坚实基础，为“强富美高”新江苏建设提供有力支撑。

1.1.1.1 路网结构持续优化

综合运输通道基础性支撑能力进一步增强。紧抓长江经济带发展、长三角地区一体化发展等国家重大发展战略在江苏叠加的机遇，完善国家综合立体交通网主骨架。服务于长三角—成渝主轴，建成沪陕高速公路江都至广陵段、312 国道、328 国道等改扩建项目；服务于京津冀—长三角主轴，建成新扬高速公路、233 国道、229 省道等新改建项目。

跨江融合发展能力进一步提升。“十三五”建成沪苏通长江公铁大桥、205 国道南京江心洲长江大桥，公路过江通道达到 14 个，新开工龙潭、常泰、江阴靖江等 6 条过江通道，超前谋划 235 国道锦文路等过江通道方案。

路网联通水平进一步提高。截至 2020 年，全省等级公路里程达到 15.8 万 km，较“十二五”末增加 6 642 km。其中，高速公路 4 925 km，新增 386 km，省际通道由 21 个增加至 26 个；普通国省道 12 544 km，新增 2 115 km，省际通道由 52 个增加至 58 个，一级公路占比提升至 78%，居全国各省区之首；农村公路里程达到 14 万 km，在全国率先实现行政村双车道四级公路全覆盖，基本实现农村地区重要产业、旅游、交通节点等级公路通达。

江苏省普通国省道公路和农村公路技术等级均在“十二五”的基础上有了较大提高。普通国省道一级公路占比提高 4.1 个百分点，农村公路等级公路占比提升 5.1 个百分点，消除等外公路。详见表 1.1-1、表 1.1-2。

---

① 本书计算数据或因四舍五入原则，存在微小数值偏差。

② 1 亩≈666.7 m^2。

表 1.1-1 2020 年底江苏省公路技术等级占比

项目	高速公路	一级公路	二级公路	三级公路	四级公路
国道	41.2%	51.4%	7.39%	0.1%	0
省道	16.0%	61.0%	21.61%	1.4%	0
县道	0	16.3%	47.3%	30.8%	5.6%
乡道	0	2.1%	9.8%	9.8%	78.3%
村道	0	1.1%	7.1%	5.3%	86.5%
全路网	3.1%	10.0%	15.4%	10.5%	61.0%

表 1.1-2 “十二五”末和“十三五”末江苏普通公路技术等级对比

等级	一级公路		二级公路		三级公路		四级公路		等外公路	
年份	2015 年	2020 年	2015 年	2020 年	2015 年	2020 年	2015 年	2020 年	2015 年	2020 年
普通国省道	74.2%	78.3%	24.6%	20.6%	1.2%	1.0%	0	0	0	0
变化情况	+4.1%		−4.0%		−0.2%		0		0	
农村公路	3.4%	4.2%	14.2%	15.4%	10.9%	11.7%	66.4%	68.6%	5.1%	0
变化情况	+0.8%		+1.2%		+0.8%		+2.2%		−5.1%	

1.1.1.2 服务水平不断提升

运输服务能力显著提高。相较于“十二五”末，国省干线公路承担的汽车日均流量增长 29%，公路货物周转量增长 70%，高速公路平均运行速度保持在 91 km/h 以上，普通国省道由 58 km/h 提升至 62 km/h，取得了显著的经济社会效益；率先实现高速公路 ETC 全国联网，ETC 用户达 1 470 万，居全国第二；普通国省道实现 ETC/MTC 100%覆盖。

“农村公路+”助力乡村振兴成效凸显。在全国率先创新形成“农村公路+产业”“农村公路+生态”“农村公路+文化”融合发展模式并取得显著示范效应；大力推进“四好农村路”创建工作，成功创建 9 个“四好农村路”全国示范县、5 个“四好农村路”省级示范市、72 个“四好农村路”省级示范县；率先开展农村公路“一县一品牌、一区一特色”创建活动，打造溧阳“1 号公路”、兴化“千垛美路”、泰州“泰美农路”等一批具有全国知名度的最美农村路，形成诸如高淳区“慢城绿道”、金坛区“乐道金坛”、浦口区“返浦归臻”等 82 个县(市、区)独具江苏特色的农路品牌；进一步加大对苏北及贫困地区农村公路建设的支持力度，省级补助资金占全省 74%，实施农村公路提档升级工程 2.4 万 km，新改建桥梁 1 万余座，推动全省实现镇村公交配套道路、特色田园乡村通等级公路目标；印发“交邮融合”推进城乡物流服务一体化实施方案，初步建立了县、乡、村三级物流网络，农村公路服务农村产业、乡村旅游、生态环境、物流发展等能力不断增强；乡村旅游年接待游客超

3亿人次，收入超千亿元，为打赢脱贫攻坚战，全面建成小康社会发挥了重要作用。

基础设施安全保障有力。实施1.1万km普通国省道、3.28万km农村公路安全寿命防护工程，累计投入超35亿元；开展公路桥梁安全防护、独柱墩桥梁运行安全提升、农村公路危桥改造等专项行动，实现干线公路危桥当年处置率100%，农村公路四、五类桥梁占比由“十二五”末的17.1%下降至“十三五”末的2.1%；进一步加强风险防控，实施普通国省道平交道口综合整治、跨线桥防护网整治、农村公路“千灯万带”行动等专项工程；2020年公路交通事故起数和死亡人数较2015年分别下降76.62%、78.12%。

服务设施全面提档升级。出台《江苏省普通国省道公路服务设施建设指导意见》《江苏省普通国省道公路服务设施设计指南》等指导性文件，建成134处普通国省道公路服务设施，打造徐州104国道王集服务区“汉韵驿站”等15个“公路驿站”；出台江苏高速公路服务规范地方标准，打造“苏高速·茉莉花”品牌；在全国率先启动并已完成90%的高速公路服务区“双提升”改造，仪征等5对服务区获评全国百佳示范服务区，梅村等20对服务区获评全国优秀服务区。

1.1.1.3 管养水平全国领先

路况水平保持全国领先。“十三五”末，干线公路交通流量年均增长率超过8%，高速公路技术状况指数（Maintenance Quality Indicator，MQI）达到96.7、优等路率99.2%，普通国省道MQI达到93.8、优等路率90.0%，高速公路、普通国省道优等路率分别高出全国平均水平6.1、37.2个百分点；农村公路技术状况稳步提升，优良路率86.1%（县道优良路率88.6%，乡村道优良路率85.6%），高出全国平均水平25.5个百分点。详见表1.1-3、表1.1-4。

高速公路一、二类桥梁比重保持在99.9%以上，三类桥梁当年处置率100%，无四、五类桥梁，高速公路养护技术状况处于全国前列。普通国省道累计实施养护大中修工程4 663 km、维修改造桥梁172座、桥梁预防性养护1 456座，当年水毁修复率、危桥处置率达100%，一、二类桥梁比重保持在97.2%以上，位居全国前列。农村公路技术状况稳步提升，县道优良路率、乡村道优良路率与“十二五”末相比，分别提高4.1个百分点、6.7个百分点；农村公路三类及以上桥梁比例由“十二五”末的83%提升至98%。

表1.1-3 “十三五”全省公路技术状况

项目		2015年	2016年	2017年	2018年	2019年	2020年
高速公路	MQI	96.1	96.1	96.1	95.9	96.8	96.7
	优等路率	99.5%	99.8%	99.9%	99.8%	99.5%	99.2%
普通国省道	MQI	94.0	93.9	93.7	94.1	94.4	93.8
	优等路率	90.8%	86.5%	87.2%	90.1%	91.8%	90.0%

续表

项目		2015 年	2016 年	2017 年	2018 年	2019 年	2020 年
农村公路	县道优良路率	84.5%	85.4%	85.7%	86.8%	90.3%	88.6%
	乡村道优良路率	78.9%	80.2%	81.4%	81.5%	83.1%	85.6%

表 1.1-4 “十三五”末江苏省与全国公路技术状况对比

项目		江苏省	全国平均水平
高速公路	MQI	96.7	95.0
	优等路率	99.2%	93.1%
普通国省道	MQI	93.8	88.0
	优等路率	90.0%	52.8%
农村公路	优良路率	86.1%	60.6%

科学决策水平不断提高。编制干线公路养护科学决策工作手册及实施意见，利用大数据构建科学养护决策模型和智能辅助养护决策系统，进一步提升了养护大中修计划编制、资金分配的精准性和有效性；率先在南通、南京、苏州等 13 个设区市试点建设并在如皋、高淳、太仓等 33 个区县建成农村公路建养管运“一网一平台”智能化、信息化管理和服务平台。

应急处置能力显著提升。至 2020 年底，共建成 255 个标准化养护工区（应急处置基地），其中高速公路 64 个、普通国省道 191 个，实现全网络、全路段覆盖；完成 37 个普通国省道养护工区的标准化机械设备配置；全面实现大中修市场化、标准化，小修设备成套化、小修作业快速化、一级公路清扫机械化；建立完善公路交通应急演练机制，成功承办以“冬季公路交通综合应急保障”为主题的 2018 年度全国公路交通军地联合应急演练，实现“军地两方、部省市三级联网联动”等三个首次；研发沥青道路微波养护车、公路快速融雪除冰材料及装备等成套化、智能化养护应急装备并投入应用。

科技研发应用更加广泛。依托部省级公路养护研发中心，形成长期、稳定的科研合作机制，打造“产学研用”一体化的省级综合养护技术合作平台；完成了高速公路路面结构长期保存技术及智能养护、基于建筑信息模型（Building Information Modeling，BIM）的公路桥梁建养一体化关键技术研究等一批重大科技专项，获中国公路学会科学技术特等奖 1 项、一等奖 13 项、二等奖 17 项、三等奖 15 项；形成就地热再生、上面层厂拌热再生、上中面层就地一体化冷再生、沥青路面回收精细分离深度再生等综合再生成套技术；加大排水沥青路面设计、施工、改造、养护、评价、服务功能等成套技术应用，累计实施 510 车道公里，雨天事故率降低 40%，取得良好的经济社会效益。

1.1.1.4 行业治理成效显著

管理体制机制进一步完善。完成公路行业省、市级承担行政职能事业单位改革；出台《深化农村公路管理养护体制改革实施方案》，明确了管养责任和资金保障机制，并在镇江、海安等多地推行"路长制"试点；全面实施"双随机、一公开"监管，实现与国家、省"互联网＋监管"平台对接和数据共享；积极推进收费制度改革，在全国率先实现取消高速公路省界收费站，调整货车通行费计费方式；深化"放管服"改革，建立全省交通运输"四级四同"行政权力事项清单，实现100％"不见面审批"；实现长三角区域道路运输电子证照的共享互认。

法治公路建设稳步推进。制定出台地方性法规《江苏省农村公路条例》和政府规章《江苏省普通国省道管理办法》，完成《江苏省公路条例》修订；出台《江苏省公路水运建设市场信用信息管理办法》《江苏省公路网运行管理办法》等规范性文件，公路法治体系框架基本建成。

道路执法不断创新创优。率先推进高速公路交通大流量分级管控、中重型货车靠右行驶、黄牌货车错峰限行等路网管控策略；率先实现高速公路入口"零超限"，普通干线公路超限率降至0.5％以内；全面开展交通干线沿线环境综合整治五项行动，清理整治公路沿线"脏乱差"问题和影响通行安全的违法行为；获得全国交通运输综合执法综合评比第一名。

智慧绿色发展步伐加大。在全国率先发布《江苏省智慧高速公路建设技术指南》《江苏省普通国省道智慧公路建设技术指南》，建成524国道常熟段、342省道、沪宁高速无锡段等智慧公路典型示范项目，打造"五峰山未来智慧高速"；按照全面加强生态环境建设坚决打好污染防治攻坚战三年行动计划实施方案的总体部署，出台《江苏省绿色公路建设实施意见》等文件，率先建成溧高高速、宜长高速、312国道、524国道常熟段等绿色示范路。

江苏"十三五"公路发展主要指标见表1.1-5。

表1.1-5 "十三五"江苏公路发展主要指标一览表

类别	序号	发展指标	2015年	2020年
路网畅达化	1	乡镇普通国省道公路覆盖率(％)	84	90
	2	高速公路优等路率(％)	99.5	99.2
	3	普通国省道优等路率(％)	90.8	90.0
	4	普通国省道一、二类桥梁比例(％)	97.5	97.2
	5	行政村双车道四级公路覆盖率(％)	51	100
	6	县道优良路率(％)	84.5	88.6
	7	乡村道优良路率(％)	78.9	85.6
	8	农村公路三类及以上桥梁比例(％)	83	98

续表

类别	序号	发展指标		2015年	2020年
治理规范化	9	干线公路平均超限率(%)	高速公路	2.05*	
			普通国省道	1.89*	
	10	普通国省道公路沿线设施完好率(%)		73	78.7
	11	普通国省道标志标线完好率(%)		90	97
	12	乡道及以上农村公路达到公路安全寿命防护工程标准比例(%)		—	100
管理信息化	13	"十三五"新开工项目标准化应用率(%)		—	100
	14	普通国省道公路重要节点运行实时监测覆盖率(%)		45	100
	15	特大型桥梁、长大隧道实时监测覆盖率(%)		—	90
	16	动态称重系统覆盖率(%)		69	93.7
	17	公路行业科技进步贡献率(%)		61	70
养护现代化	18	养护工区标准化率(%)		31	65
	19	普通国省道机械化清扫率(%)		78	92
	20	公路养护作业人员素质水平(%)		19.3	25
	21	公路交通应急救援到达时间(h)		＜2	＜1.5
	22	一般公路交通事件应急抢通时间(h)		＜24	＜18
	23	宜绿化公路绿化率(%)		93.7	99.4
	24	路面旧料循环利用率(%)		90	94
	25	沥青路面旧料再生利用率(%)		35	45
服务人本化	26	公路出行信息服务指数(%)		60	85
	27	普通收费公路ETC覆盖率(%)		50	100
	28	普通收费公路MTC覆盖率(%)		—	100
	29	普通国省道公路平面交叉平均间距(m)		500	562

注：* 表示"十三五"时期平均值。

1.1.2 江苏省公路发展展望

1.1.2.1 "十四五"江苏省公路发展规划

1. 规划目标

到2025年，江苏公路现代化建设水平走在全国前列：以数字公路、平安公路、绿色公路、美丽公路、法治公路为特征的现代化公路体系初步形成；率先完成交通强国建设"四好农村路"高质量发展试点任务，率先基本实现公路养护现代化，率先创建江苏公路现代化苏南示范区；以品牌创建引领江苏公路高质量发展，实现路网畅达化、养护现代化、治理高效化、服务优质化四大发展目标。

（1）路网畅达化

公路基础设施基本实现现代化，加快建成安全、便捷、高效、绿色、经济的公路交通网络体系，形成以高速公路和普通国省道公路为骨干、以农村公路为枝叶、顺畅衔接城市道路、有效联系村庄道路的公路“一张网”。基本消除省际、市际待贯通路段，互联互通水平显著提升；路网等级结构持续优化，二级及以上公路里程占比达 29.5%；乡镇一级及以上公路覆盖率达到 96%；90%的县城实现 30 min 到达高铁站，95%的乡镇（街道、园区）实现 30 min 上高速；规划发展村庄、农村重要经济节点等级公路，覆盖率基本达到 100%；乡镇至普通国省道、行政村至县道、自然村至等级公路平均时间分别达到 15 min、10 min、5 min。

（2）养护现代化

以“苏式养护”品牌为引领，全面创建养护现代化示范工程，率先基本实现公路养护现代化，构筑优质可靠、规范高效、先进智能、绿色集约的现代化养护体系。进一步加大预防性养护，高速公路优等路率达到 99%，普通国省道公路优良路率达到 95%，农村公路优良中等路率达到 95%，长大桥隧健康监测系统覆盖率 88%，公路四、五类桥梁当年处置率 100%，技术状况继续领跑全国。推动养护科技创新，加强先进智能的养护装备研发与应用，干线公路日常养护机械化率达到 98%、养护智能化巡查覆盖率达到 90%，公路养护工程“四新”技术及新基建应用率达到 90%。贯彻绿色集约发展理念，持续提升养护工程全寿命周期综合效益，高速公路、普通国省干线公路废旧沥青路面材料循环利用率分别达到 100%和 95%以上。

（3）治理高效化

形成完善的组织管理体系、法规制度体系、资金保障体系、标准规范体系，推进公路行业治理体系和治理能力现代化。加大关键性技术攻关及科技创新力度，全面提升公路绿色发展水平。深化“放管服”改革，行政许可项目在线办理率达到 100%；综合执法系统应用率 100%。坚持碳达峰、碳中和目标，降低公路碳排放强度。安全保障能力进一步提高，公路安全寿命防护设施完善率达到 97%，干线公路一、二类桥梁比例达 95%以上，农村公路三类及以上桥梁比例不低于 97%，高等级航道桥梁防船舶碰撞主动预警系统覆盖率 95%。高速公路、普通国省道平均超限率分别不超过 0.3%、0.6%，公路交通事故万车死亡率降至 5 人/万车。农村公路“路长制”覆盖率 100%。高速公路和普通国省道智慧升级里程 1 200 km。

（4）服务优质化

基本建成便捷舒适、高效集约、开放互联、绿色智慧、安全可靠的公路服务体系，为公众和社会提供“人悦其行”和“物优其流”的出行和运输服务。进一步提升路网管理运行和服务水平，构建全覆盖、全天候、全要素路网运行感知体系，干线公路路网运行智能监测和感知、预警覆盖率达到 95%；提升路网智能调度水平，干线公路三级及以上服务水平占比 85%；提升农村公路服务品质，鼓励农村公路驿站及慢行系统建设；促进城乡交通融合发展，规划发展村庄农村公路地图精准导航，覆盖率达 99%，城乡公交一体化达标率达到 80%。详见表 1.1-6。

表 1.1-6　江苏“十四五”公路发展规划指标体系

<table>
<tr><th>目标体系</th><th>编号</th><th colspan="2">具体指标</th><th>现状值</th><th>目标值</th><th>类型</th></tr>
<tr><td rowspan="7">路网畅达化</td><td>1</td><td colspan="2">乡镇一级及以上公路覆盖率(%)</td><td>94</td><td>96</td><td>预期性</td></tr>
<tr><td>2</td><td colspan="2">县城实现 30 min 到达高铁站比例(%)</td><td>68</td><td>90 左右</td><td>预期性</td></tr>
<tr><td>3</td><td colspan="2">乡镇(街道、园区)30 min 上高速比例(%)</td><td>90</td><td>95</td><td>预期性</td></tr>
<tr><td>4</td><td colspan="2">二级及以上公路里程占比(%)</td><td>28.5</td><td>29.5</td><td>预期性</td></tr>
<tr><td rowspan="3">5</td><td colspan="2">乡镇至普通国省道平均时间(min)</td><td>20</td><td>15</td><td>预期性</td></tr>
<tr><td colspan="2">行政村至县道平均时间(min)</td><td>12</td><td>10</td><td>预期性</td></tr>
<tr><td colspan="2">自然村至等级公路平均时间(min)</td><td>6</td><td>5</td><td>预期性</td></tr>
<tr><td rowspan="6">养护现代化</td><td>6</td><td colspan="2">干线公路养护智能化巡查覆盖率(%)</td><td>—</td><td>90</td><td>预期性</td></tr>
<tr><td>7</td><td colspan="2">干线公路日常养护机械化率(%)</td><td>92</td><td>98</td><td>预期性</td></tr>
<tr><td>8</td><td colspan="2">长大桥隧健康监测系统覆盖率(%)</td><td>60</td><td>88</td><td>约束性</td></tr>
<tr><td>9</td><td colspan="2">“四新”技术及新基建应用率(%)</td><td>70</td><td>90</td><td>预期性</td></tr>
<tr><td rowspan="2">10</td><td rowspan="2">废旧沥青路面材料循环利用率(%)</td><td>高速公路</td><td>95 以上</td><td>100</td><td rowspan="2">预期性</td></tr>
<tr><td>普通国省道</td><td>90 以上</td><td>95 以上</td></tr>
<tr><td rowspan="5">治理高效化</td><td>11</td><td colspan="2">农村公路“路长制”覆盖率(%)</td><td>41</td><td>100</td><td>约束性</td></tr>
<tr><td rowspan="2">12</td><td rowspan="2">干线公路平均超限率(%)</td><td>高速公路</td><td>2.05</td><td>≤0.3</td><td>预期性</td></tr>
<tr><td>普通国省道</td><td>1.89</td><td>≤0.6</td><td>预期性</td></tr>
<tr><td>13</td><td colspan="2">综合执法系统应用率(%)</td><td>—</td><td>100</td><td>预期性</td></tr>
<tr><td>14</td><td colspan="2">高速公路和普通国省道智慧升级里程(km)</td><td>—</td><td>1 200</td><td>预期性</td></tr>
<tr><td rowspan="4">服务优质化</td><td>15</td><td colspan="2">干线公路路网运行智能监测和感知、预警覆盖率(%)</td><td>—</td><td>95</td><td>预期性</td></tr>
<tr><td>16</td><td colspan="2">干线公路三级及以上服务水平占比(%)</td><td>82</td><td>85</td><td>预期性</td></tr>
<tr><td>17</td><td colspan="2">规划发展村庄农村公路地图精准导航覆盖率(%)</td><td>90</td><td>99</td><td>预期性</td></tr>
<tr><td>18</td><td colspan="2">城乡公交一体化达标率(%)</td><td>0</td><td>80</td><td>预期性</td></tr>
</table>

2. 重点任务

“十四五”江苏省公路发展规划重点任务见表 1.1-7。

表 1.1-7 “十四五”江苏省公路发展规划重点任务

序号	重点任务	实施内容
1	全力打造全国知名的公路品牌体系	率先创建江苏公路现代化苏南示范区
2		推动全国“农村公路＋”江苏四好农村路融合发展
3		努力打造“廿年路面一百廿年桥”江苏公路质量品牌
4		深化拓展“苏式养护”江苏公路养护品牌
5		大力构建“一体化＋智慧执法＋信用监管”的江苏交通综合执法品牌
6		持续弘扬“两保一强”江苏交通党建品牌
7	着力构筑畅通便捷的公路网络体系	完善联城通村的公路一张网
8		强化普高结合的公路运输通道
9		优化衔接顺畅的公路集疏运体系
10		打造集约高效的都市圈快速干线公路网
11	加快建立现代先进的公路养护体系	提升公路养护管理效能
12		加强公路养护科技创新
13		提高公路养护设施和装备现代化水平
14		完善公路养护保障机制
15	积极构建科学高效的公路治理体系	深化公路重点领域改革
16		提升公路法治化水平
17		加强公路信用管理
18		实施智慧公路示范工程
19		推进公路绿色低碳发展
20	持续完善优质惠民的公路服务体系	聚力打造美丽公路
21		深化建设平安公路
22		提升优质出行水平
23		大力弘扬公路文化

1.1.2.2 江苏省高速公路网规划(2017—2035 年)

1. 规划目标

到 2035 年，全面建成“能力充分、覆盖广泛、便捷高效、开放互联”的高速公路网，交通、产业、空间更加协同发展，有效支撑国家和省重大战略的顺利实施。具体表现为：

能力充分。提升南京首位度，强化以省会为中心的辐射能力，响应重点功能区发展战略，减少瓶颈路段，重要干线保障能力明显提高；南北向线路布局更加完善，服务效率进一步提高；东西向线路布局更加均衡，苏中、苏北的供给能力显著提升。

覆盖广泛。促进枢纽经济发展，有效衔接大型综合交通枢纽、沿江沿海重点港区、运输机场等重要枢纽，加强高速公路对10万人口以上城镇的服务，强化对重点旅游景区、新兴经济节点以及经济薄弱地区的覆盖。

便捷高效。加强节点联系，省会与设区市、相邻市、设区市与下辖县(市、区)、相邻县(市、区)之间沟通更加顺捷，省内城际交通更加高效。

开放互联。提高互联互通水平，长三角地区及相邻省际高速公路衔接畅通，中心城市辐射集聚能力明显增强，与城市交通衔接转换效率进一步提高。

具体规划效果如下：

(1) 路网规模和密度的适应性显著提升：全省高速公路网规划总里程将达到6 666 km，相比于现状，增长约43%，面积密度增加至约6.2 km/100 km^2，将有力支撑全省区域协调发展战略的实施。

(2) 服务节点更加广泛：10万人口以上城镇、运输机场、沿江沿海重点港区、国家级开发区以及5A级景区覆盖率将达到95%，节点连通度提高至2.0，总体上实现四路连通。

(3) 南京首位度进一步提升：优化高速公路网格局，形成15条以南京为中心的对外放射线路，进一步提升南京首位度，增强省会城市的辐射能力。

(4) 跨江融合支撑能力增强：新增高速公路过江通道4座，高速公路过江通道达到15座，平均间距缩短至25 km，布局更加均衡。

(5) 长三角及省际互联互通更加紧密：新增省际高速公路9条，省际高速公路出入口增加至42个，完善我省与长三角地区以及其他周边省市之间的省际高速公路布局，实现省际"主动脉"全面畅通。

2. 重点任务

近中期(2017—2025年)：建设完成约1 647 km，其中新建约776 km、扩建约871 km。

远期(2026—2035年)：建设完成约1 008 km，其中新建约804 km、扩建约204 km。

规划国家高速公路原则上按照不低于八车道标准进行预控，省高速公路原则上按照不低于六车道标准进行预控。同时注重高速公路网服务功能完善，根据经济社会发展和路网建设情况，不断优化和完善高速公路互通、服务区等相关设施的布局，推动功能拓展和智慧升级。

1.1.2.3 江苏省省道公路网规划(2023—2035年)

1. 规划目标

到2035年，形成包容开放、重点突出、便捷高效、绿色智能、安全可靠的现代化高质量省道公路网，具备世界一流的服务品质和网络效率，有力支撑江苏公路率先实现现代化，彰显公路"更好地为公众服务"的发展价值观，全面适应人民群众日益增长的美好出行需求。规划后全省省道公路网规划总里程约 13 940 km，国省道公路总规模约 2.43 万 km。

包容开放。全省所有乡镇镇域范围至少有一条普通国省道。完善与周边省市路网互联互通，省际毗邻县(市、区)基本实现短直连通。强化重要通道保障能力，全省范围内形成高速公路和普通国省道相结合的复合型公路通道。

重点突出。省道公路网布局适应“1＋3”重点功能区发展需求。全面提升城市群地区路网效率，完善与城市节点的关系，有条件的县级及以上城市节点、城区人口 20 万以上的城镇节点形成干线公路环线。构建“能力充分、网络贯通、集约高效、安全可靠”的货运干线公路网络。

便捷高效。便捷连接全省重要交通枢纽，与其他交通运输方式衔接更加顺畅。乡级镇区 15 min 进入国省道公路，县城与所辖乡镇基本实现 45 min 通达。

绿色智能。数字化转型迈出坚实步伐，基本实现运行管理智能化和出行场景数字化。绿色可持续发展理念贯穿规划、设计、建设、养护、运营管理全过程，提高省道公路网运行效率、减少消耗、降低碳排放，节约集约利用资源，新增省道老路利用率不低于 60%，有效避让生态保护区、环境敏感区，与国土空间和生态协调性明显提升。

安全可靠。重点区域、重要通道实现多条路径连通，工程内在质量稳步提高，路网应急保障能力明显提升，省道公路网韧性显著增强。不断提升安全水平，完善城镇段、交叉口等重点路段安全防护。构建能力适应、规模适当的服务设施和养护工区体系，公路运输主通道上服务设施间距不宜大于 50 km，养护工区间距宜控制在 30～50 km。

2. 重点任务

统筹考虑建设规模、土地需求、资金需求等因素，注重与国土空间规划衔接协调、节约集约利用资源、严防地方债务风险，协同推进省道公路网实施。规划新建 2 280 km、改扩建 550 km。

优先推进具备战略功能的线路，重点围绕“一带一路”建设、长江经济带发展、长三角一体化发展及沿海地区高质量发展等国家战略，支撑“1＋3”重点功能区发展。优先实施区域干线功能显著的线路，完善“七纵六横”综合运输通道内省道公路布局。优先形成城市干线公路环线，有序推进繁忙干线、市县短直联系道路等重点路段快速化改造，理顺省道公路与城市节点的关系。优先安排省际、市际贯通衔接线路，进一步加强省际、市际互联互通。

资源利用，节约集约。注重线位统筹，促进通道线位资源共用共享，改扩建公路要充分利用原通道资源。强化生态选线选址，合理避让生态敏感区。将生态优先绿色发展理念贯穿于规划、设计、施工、养护、运营管理等全过程，不断降低全寿命周期能耗和碳排放。

区域衔接，步调一致。对承担省际和市际间衔接功能，具有促进区域一体化发展重要意义的线路，应注重区域间沟通协作，统筹推进，保持技术标准协调、建设时序同步，保证区域公路网互联互通。

功能完善，精细提升。统筹推进服务设施、养护工区、治超设施、监测设施、交安设施、公交站点等配套设施的建设，纳入主体工程一并实施，做到同时设计、同时施工、同时验收。提升安全保障能力，对有安全风险的路段进行精细化提升，加大穿城镇段、平面交叉口综合整治。落实平安百年品质工程建设要求，进一步塑造质量品牌。

数字赋能，加速推进。在满足实用性、可靠性、先进性、经济性、可维护性、可扩展性要求的基础上，结合省道公路发展需求、路网特征、工程特点、交通特性等，按照以人为本、因地制宜、适度超前的原则，推动规划、设计、施工、养护、运营管理等全要素、全周期数字化。重点推进基础设施数字化、路运一体、云控平台、伴随式服务系统等建设。

关联产业，融合发展。依托省道公路网发展路衍经济，注重与沿线景区、产业园、物流园区等关联产业深度融合，有效促进沿线产业布局优化、产业链结构稳定，完善和增强省道公路网的经济服务功能。

1.1.2.4 “十四五”江苏省农村公路发展规划

1. 规划目标（表 1.1-8）

到 2025 年，建成“畅通安全、智慧绿色、治理高效、美丽富民”的农村交通运输体系，实现全省规划发展村庄农村公路高质量“村村通”，即通达等级公路、通达地图导航、通达快递服务，建设数字农路、平安农路、绿色农路、美丽农路和法治农路，打造品质优良、成效显著、全国知名的江苏农路品牌，推动苏南地区率先建成农村公路现代化示范区，实现“人悦其行、物优其流”，全省农村公路建管养运协调发展水平保持全国领先，“四好农村路”高质量发展成为交通强国样板。

畅通安全：基本形成便捷高效的农村公路骨干网络与普惠公平的农村公路基础网络。苏南率先基本实现农村交通基础设施现代化，达到世界先进水平。基本建成农村公路省际、市际、县际规划待建路段，推进具备条件的县道改造提升达到三级公路及以上标准，农村公路与国省干线公路、城镇道路、村内道路衔接更加顺畅，规划发展村庄和重要产业、旅游、交通节点基本实现等级公路通达。农村公路危桥处治及时，全省农村公路三类及以上桥梁比例保持在 97%以上；基本完成农村公路安全隐患治理。全省行政村至县道、自然村至等级公路平均时间有效缩短。

智慧绿色：农村公路数字化、智能化水平大幅提升，对外部资源环境更加友好，赋能数字乡村和美丽乡村建设。建成全省农村公路建管养运“一网一平台”智能化、信息化管理和服务平台，实现农村公路数字化管理。规划发展村庄农村公路地图精准导航覆盖率达到 99%。开展现代化数字农路基础设施建设，5G、北斗、互联网、物联网、大数据、卫星遥感等新技术在农路管养中广泛应用。资源节约集约利用、环境保护和节能减排落实到农村公路发展各环节，农村公路绿色发展水平显著提升。

治理高效：建立完善体现江苏特色、引领高质量发展的农村公路组织保障体系、管理制度体系、资金保障体系和标准规范体系，基本实现治理体系和治理能力现代化。农村公路治理权责清晰，各级政府履行建管养运职责更加规范，成效更加明显；全面建立权责清晰、齐抓共管、高效运转的县、乡、村三级“路长制”；农村公路执法能力进一步强化；全面建立以公共财政投入为主、多渠道筹措为辅的资金保障机制；农村公路应急保障能力得到全面提升；农村公路信用管理体系更加完善。

美丽富民：实现乡乡都有美丽农村路，农村公路与乡村产业、旅游、文化、生态深度融合发展，显著带动乡村经济增长和农民增收致富，人民群众获得感、幸福感显著增强。农村公路基础设施耐久可靠，路况水平显著提升，路域环境整洁优美。全省农村公路路况优良中等路率不低于95%。全省90%以上的县(市、区)达到城乡交通运输一体化AAAAA发展水平；行政村物流快递服务点基本实现全覆盖。提供农村公路建设、管理、养护、运营相关岗位1万个，助力农村地区稳定和扩大就业。

表1.1-8 “十四五”江苏省农村公路发展规划指标体系

目标体系	编号	具体指标	2020年	2025年	类型
畅通安全	1	规划发展村庄等级公路通达率(%)	99	基本全覆盖	预期性
	2	农村重要产业、旅游、交通等节点等级公路通达率(%)	92	基本全覆盖	预期性
	3	农村公路安全隐患治理率(%)	82	基本完成	预期性
	4	农村公路三类及以上桥梁比例(%)	97	≥97	约束性
智慧绿色	5	全省农村公路建管养运“一网一平台”智能化、信息化管理服务平台	试点开展	全面建成	预期性
	6	规划发展村庄农村公路地图精准导航覆盖率(%)	90	99	预期性
	7	路面旧料循环利用率(%)	—	明显提高	预期性
治理高效	8	农村公路“路长制”覆盖率(%)	41	100	约束性
	9	农村公路信用管理体系	—	全面建立	预期性
美丽富民	10	农村公路路况优良中等路率(%)	95	≥95	约束性
	11	乡(镇)美丽农村路覆盖率(%)	—	100	预期性
	12	城乡交通运输一体化AAAAA发展水平县(市、区)占比(%)	45	90	预期性
	13	行政村物流快递服务点	—	基本全覆盖	预期性
	14	提供“四好农村路”就业岗位数(个)	—	10 000	预期性

2. 重点任务(表 1.1-9)

表 1.1-9 “十四五”江苏省农村公路发展规划重点任务

序号	重点任务	实施内容
1	高质量建好农村公路,全力打造通城通乡通村的城乡一体、融合发展的农村交通基础设施网	巩固农村公路网规模优势
2		增强战略支撑引领能力
3		提升综合交通运输效率
4		畅通农村出行和资源配置
5	高效能管好农村公路,全面提升治理体系和治理能力现代化水平	强化管理养护责任落实
6		全面推进“路长制”实施
7		强化农村公路执法能力建设
8		打造数字化农村公路
9		提升农路应急管理水平
10		加强信用管理体系建设
11	高标准养好农村公路,努力打造绿色生态文明的全域美丽农村路	提升农村公路本质安全
12		打造全域美丽农村路
13		深化养护市场化改革
14		提升养护机械化水平
15		推进绿色可持续发展
16		充分调动群众积极性
17	高水平运营好农村公路,致力实现“人悦其行、物优其流”的智慧富民路	深化“农村公路+”融合模式
18		推动城乡交通运输一体化建设
19		提升城乡公交服务品质
20		推动城乡物流服务一体化

1.2 江苏省绿色公路内涵与特征

1.2.1 江苏省公路发展资源环境制约因素

1.2.1.1 资源制约压力持续增加

公路建设对资源的需求主要是土地资源和矿产资源。对土地资源的影响主要是公路工程永久占地、施工临时占地、取土场、弃渣场等对土地的占用，改变土地原有的使用功能，减少耕地、林地、草地、水域等具有生态生产功能的土地面积。对矿产资源的影响主要是公路建筑材料水泥、黄沙、石子、石灰、沥青等开采对矿产资源的消耗，以及间接产生的对土地资源、水文水质、生态环境的影响。

截至 2023 年末，江苏国土面积为 10.72 万 km^2，常住人口 8 526 万人，分别约占全国的 1.1%和 6.0%，人口密度 795 人/km^2，是典型的人多地少的省份，人均耕地只有 0.72 亩，远低于全国 1.36 亩左右的人均水平，全省土地开发面积比例为 22.5%，居全国各省（区、市）首位，尤其是苏南地区接近或超过国际标准开发强度的警戒线（国际标准开发强度的警戒线是 30%，国际宜居标准开发强度是 20%）。2019 年 11 月，中共中央办公厅、国务院办公厅印发《关于在国土空间规划中统筹划定落实三条控制线的指导意见》，要求统筹划定落实生态保护红线、永久基本农田、城镇开发边界三条控制线，落实最严格的生态环境保护制度、耕地保护制度和节约用地制度。按照江苏省国土空间规划，要确保全省耕地面积不低于 5 977 万亩，永久基本农田面积不低于 5 344 万亩，可供公路基础设施建设使用的土地资源指标已十分有限。根据《江苏省高速公路网规划（2017—2035 年）》匡算，至 2035 年全省高速公路建设需征用土地约 21.9 万亩。

紧缺的土地资源也带来公路建设所必需的土石方资源的紧缺。江苏地处长江三角洲冲积平原，区内以平原微丘地形为主，大部分丘陵岗地具有生态和景观价值，而平原区土地大多具有农业生产和城镇开发功能，可供取土采石的区域十分有限。黄沙是公路建设的另一项重要资源。江苏的砂石资源原先主要来自区内大型湖泊和长江的采砂，但随着河湖管理和生态保护要求的日益严格，长江、洪泽湖、骆马湖等省内大江大湖水域逐步禁止采砂，公路建设所需的黄沙、石子等矿产资源紧缺，需要外购和远距运输，不仅增加工程建设成本，运输过程也产生额外的能源消耗和污染排放。

综上，土地资源和矿产资源是江苏公路发展的重要制约因素，加强土地资源的节约集约利用，加强传统筑路材料替代和废弃物的资源化利用是江苏公路发展的必然要求。

1.2.1.2 环境制约要求日益提升

公路建设对生态环境的影响主要有：公路穿越和占用自然保护区、风景名胜区、饮用水水源保护区等生态环境敏感区，影响生态环境敏感区的主导生态功能和环境质量；公路占用土地从而破坏原有植被，侵占野生动物栖息地，对野生动物觅食、繁殖、迁徙通道形成阻隔；公路路面和桥面径流排放及危险化学品运输事故对跨越敏感水体水质的影响；公路收费站、服务区、养护工区、管理中心等房建设施排放的生活、生产废水和固体废弃物；公路上行驶的机动车排放的尾气和噪声。此外，公路施工期产生的扬尘、废水、噪声、固体废弃物也是影响公路环境的重要组成部分。

2017 年中共中央办公厅、国务院办公厅印发的《关于划定并严守生态保护红线的若干意见》提出划定并严守生态保护红线的要求。2018 年,《江苏省国家级生态保护红线规划》发布。2020 年,《江苏省生态空间管控区域规划》发布,共划定 15 大类 811 块陆域生态空间保护区域,总面积 23 216.24 km^2,占全省陆域国土面积的 22.49%。根据生态保护红线的管控要求,国家级生态保护红线原则上按禁止开发区域的要求进行管理,严禁不符合主体功能定位的各类开发活动,严禁任意改变用途;生态空间管控区域以生态保护为重点,原则上不得开展有损主导生态功能的开发建设活动,不得随意占用和调整。江苏省公路面积密度在全国各省(区、市)排名第四,高速公路密度居全国各省(区、市)第一,随着新一轮公路网建设的推进,公路与生态保护红线的交叉不可避免。如何协调公路建设与生态红线保护之间的关系,是江苏公路发展面临的重要课题。

江苏省水网密布、河道纵横,饮用水源地、重要湿地、清水通道维护区、水产种质资源保护区等水环境敏感区分布广、面积大。饮用水源保护区、重要湿地、清水通道、水产种质资源保护区构成江苏省生态保护红线重要组成部分,也是江苏省构筑生态安全、维护社会稳定的重要因素。公路运营期对水环境的影响主要包括路面初期雨水径流、危险品运输事故产生的泄漏等。因此,公路建设必须考虑水环境和水生态安全,这是促进公路建设运营与水生态环境和谐发展的必然要求。

江苏城镇化率于 2023 年末达到 75.04%,高密度的公路网与居民的生活学习日益接近,公路交通噪声污染问题也日益引起关注。近年来,人民群众对公路噪声污染问题投诉较多,反映强烈。2018 年 3 月,省"263"办印发《关于加强高速公路噪声污染防治和集中整治餐饮油烟扰民问题的通知》(苏 263 办〔2018〕7 号),要求切实加强高速公路噪声污染防治,并要求坚决防止出现新的噪声扰民问题。普通国省干线虽然车流量和行驶速度低于高速公路,但普通公路与人口密集区距离更近、里程更长,噪声防治设施建设难度大于高速公路。公路交通噪声污染成为江苏公路高质量发展、提升沿线居民满意度和幸福感的重要制约因素。

施工扬尘是公路建设重要的污染因素。省委省政府《关于全面加强生态环境保护坚决打好污染防治攻坚战的意见》(苏发〔2018〕24 号)和省交通运输厅《全面加强生态环境建设坚决打好污染防治攻坚战三年行动计划实施方案》均明确提出施工工地扬尘治理的要求。随着污染防治攻坚战的持续推进,我省部分城市对施工工地实施差别化管理,对施工污染防治设施完备、效果显著的工地给予政策支持,对施工扬尘污染严重的工地实施停工处罚,使得施工污染防治工作的成效成为影响公路建设项目施工进度的重要控制因素。

江苏公路下阶段建设将面临大量的公路改扩建工程。改扩建工程带来了大量的旧路拆除废弃物。如果对旧路拆除废物进行再生循环利用,不仅可实现固体废弃物的减量化和资源化,也能节约可观的资源消耗;如果未能妥善处置旧路拆除废物,则会对生态环境带来巨大的压力。改扩建工程的废物处置与再生利用是江苏公路未来发展面临的重要资源与环境问题。

综上,根据江苏省生态与人居环境特征,未来江苏公路的建设发展面临与生态保护红线的协调、跨越敏感水体保护、交通噪声防治、施工扬尘管控、旧路拆除废物再生利用等重大生态环境问题的挑战。

1.2.2 江苏省绿色公路的内涵与特征

1.2.2.1 江苏省绿色公路内涵

借鉴国内外绿色公路发展经验,结合江苏公路现实基础和发展要求,江苏绿色公路的定义为:在公路的全寿命周期内,在满足工程质量、安全、功能的前提下,最大限度地控制资源占用、降低能源消耗、减少污染排放、保护生态环境、提升服务品质、提高运行效率,推动公路转型升级和高质量、可持续发展,实现公路与自然和谐共生。

江苏绿色公路的内涵归纳为以下方面:

1. 全寿命周期是绿色公路的基本思路

绿色公路的全寿命周期包含两方面含义:一是绿色公路是建立在全寿命周期成本控制思想上的,综合考虑包含规划、设计、建设、养护、管理、服务等全过程的整体效益,统筹公路全寿命周期中各个阶段之间的有机联系,实现协同推进;二是绿色公路贯穿于规划、设计、建设、养护、管理、服务各个阶段,各个阶段均需针对自身相对独立的特征采取相对应的绿色发展措施,实现本阶段的绿色发展目标。

2. 质量、安全、功能是绿色公路的根本前提

绿色公路的首要属性是“公路”,首先必须满足路网功能和通过能力的要求;同时应符合公路工程技术标准和保证工程质量,公路工程应具有必要的耐久性,这也是全寿命周期成本控制思想的基本要求;此外,安全是交通运输“以人为本”的本质要求,要严守公路安全底线,把保障人民群众生命安全放在首要地位。因此,绿色公路应以质量、安全、功能为根本前提,在保证质量、安全和实现功能的基础上最大限度地附加“绿色”属性,抛开质量、安全、功能谈“绿色”是没有意义的。

3. 节约资源、生态环保、节能高效、服务提升是绿色公路的特征要素

绿色公路的“绿色”属性紧紧围绕党中央、国务院绿色发展理念,借鉴国内外绿色公路理论,结合江苏公路发展形势,并与品质工程、智慧公路、平安交通等相关概念相对独立、界限清晰,确定节约资源、生态环保、节能高效、服务提升作为绿色公路的特征要素。节约资源就是控制资源占用,促进资源循环利用;生态环保就是减少污染物排放,保护生态环境;节能高效就是降低能源消耗,提高能源利用效率;服务提升就是提升服务品质,

提高运行效率。

4. 高质量发展、可持续发展是绿色公路的最终目标

党的十九大报告指出我国经济已由高速增长阶段转向高质量发展阶段。2017 年底江苏省委十三届三次全会确定了江苏“推动高质量发展走在前列”的目标定位和推动经济发展、改革开放、城乡建设、文化建设、生态环境、人民生活“六个高质量”的实践路径。江苏交通运输将按照“补基础设施短板、降交通物流成本、强公众出行服务、优交通生态环境、增创新发展动能”的总体思路，加快构建安全畅通、集约高效、便捷公平、智慧绿色的现代化综合交通运输体系，为推进“两聚一高”新实践、建设“强富美高”新江苏发挥先行引领作用。绿色公路以对标生态环境高质量、人民生活高质量、文化建设高质量为核心，通过实现公路与自然的和谐共生促进江苏公路的健康可持续发展，进而发挥公路对经济发展高质量、改革开放高质量、城乡建设高质量的推动作用，最终为全面实现江苏高质量发展服务。

1.2.2.2 江苏省绿色公路特征

江苏绿色公路的特征突出江苏公路发展面临的瓶颈，注重与综合交通运输体系的衔接和自身可持续发展要求，具体如下：

全视野：公路发展不仅是自身发展理念和发展方式的提升，更要引导和服务经济社会发展，服从现代综合交通运输体系构建，适应高速铁路和水运加速发展要求，强化公路集疏运和互联互通功能，继续做好公路在综合交通运输体系率先发挥示范作用，有效支撑经济社会发展和绿色交通建设。

全寿命：在江苏公路基础设施基本实现现代化的基础上，适应公路通畅性和安全性要求进行提升，绿色公路由注重公路建设领域向公路全寿命周期包括规划、设计、建设、养护、运营、服务等各个阶段协同推进转变，综合考虑全过程效益发挥，实现公路发展提质增效。

全要素：公路发展过程涉及要素众多，既要考虑土地、资金、装备、人员等传统要素影响，更要充分应用互联网、大数据、三新技术等具有时代特征的发展要素，着重突出提升土地利用效率、资源循环利用和生态环境保护的相关要素，有效提升公路生态环保、集约节约、节能减排、出行高效要求。

全方位：公路发展是一项复杂的系统工程，涉及多级政府、多个部门以及社会企业之间的协调和协作，需要进一步完善绿色公路发展协调机制，发挥政府主导优势，强化政府发展决策和管理监管职能，充分发挥市场在资源配置中的决定性作用，调动各方积极性。

2 第二章

江苏省绿色公路可持续发展战略

2.1 江苏省绿色公路发展形势

2.1.1 优势分析

2.1.1.1 政策环境

近年来，交通运输及其中的公路行业始终坚持“生态优先、绿色发展”理念。2014 年交通运输部提出以绿色交通为引领的“四个交通”发展战略框架，2016 年 5 月《交通运输节能环保“十三五”发展规划》发布实施，2016 年 8 月交通运输部《关于实施绿色公路建设的指导意见》印发。党的十八大首次把生态文明建设纳入中国特色社会主义事业“五位一体”总体布局。2019 年 10 月 31 日党的十九届四中全会通过的《中共中央关于坚持和完善中国特色社会主义制度推进国家治理体系和治理能力现代化若干重大问题的决定》第十条提出，坚持和完善生态文明制度体系，促进人与自然和谐共生，再次强调了生态文明建设的重要性并提出了生态文明建设的具体任务和目标。2022 年 10 月 16 日，党的二十大报告再次强调：尊重自然、顺应自然、保护自然，是全面建设社会主义现代化国家的内在要求。必须牢固树立和践行绿水青山就是金山银山的理念，站在人与自然和谐共生的高度谋划发展。要推进美丽中国建设，坚持山水林田湖草沙一体化保护和系统治理，统筹产业结构调整、污染治理、生态保护、应对气候变化，协同推进降碳、减污、扩绿、增长，推进生态优先、节约集约、绿色低碳发展。

2019 年 9 月，中共中央、国务院印发《交通强国建设纲要》，在第七条明确提出“绿色发展节约集约、低碳环保”，要求建设交通强国要促进资源节约集约利用，强化节能减排和污染防治，强化交通生态环境保护修复。2020 年 4 月，江苏印发《交通强国江苏方案》，重点任务第四条明确提出“着力构建高水平的绿色交通体系”。

2021 年 2 月，《国务院关于加快建立健全绿色低碳循环发展经济体系的指导意见》(国发〔2021〕4 号)正式印发，提出到 2025 年基础设施绿色化水平不断提高、市场导向的绿色技术创新体系更加完善、法律法规政策体系更加有效等目标，明确提出提升交通基础设施绿色发展水平，鼓励绿色低碳技术研发，加速科技成果转化，完善绿色标准、绿色认证体系和统计监测制度等重点任务。

随着社会经济不断发展进步，国家对于生态文明建设愈发重视，交通行业一直扮演社会发展先行官的角色,其绿色公路的发展得到了国家、江苏省内良好政策环境的支持。

2.1.1.2 经济基础

江苏综合经济实力在中国一直处于前列,近年来产业结构持续优化,第三产业占比超过50%,高新技术产业发展较快,非公有制经济总量提升、占比提高,城镇化水平进一步提高,区域经济协调发展,交通运输业运输量、高速公路里程、汽车保有量稳定上涨。强大的经济基础为绿色公路建设发展提供稳定的资金支持。

2.1.1.3 公路发展基础

改革开放40多年来,四通八达的公路改善了居民的出行情况,促进了江苏综合交通体系的发展。

1. 公路网络进一步完善

截至2020年底,江苏省高速公路里程达到4 924 km,比2015年增加385 km,面积密度4.8 km/100 km^2,位列全国各省区第三。完成取消高速公路省界主线收费站任务,高速公路服务区变为"新景区"。普通国省干线公路里程超过1.2万km,较2015年新增2 050 km,一级公路占比全国最高。农村公路里程达到14.28万km。公路路况及服务水平居全国前列。

"十三五"时期,江苏省在全国率先实现全省行政村双车道四级公路全覆盖。9个县被授予"四好农村路"全国示范县称号,数量位居全国前列。溧阳"1号公路"获评全国"十大最美农村路"。全省城乡客运一体化发展水平升至最高的5A级,镇村公交基本实现全覆盖。

2. 智慧化水平不断提高

建成沪宁高速公路、五峰山过江通道接线、G524、S342等一批智慧公路。与江苏移动、电信、联通、铁塔签署战略合作协议,加快推动5G应用落地。出台了全国首个交通运输领域新基建行动方案,聚焦"新网络、新设施、新集群、新平台、新应用"5大方向,拟订了第一批97项新基建项目清单,投资规模约33亿元。在全国率先出台《江苏省智慧高速公路建设技术指南》《江苏省普通国省道智慧公路建设技术指南》。

3. 行业治理体系显著增强

完成"加快推进综合交通运输体系建设"重点改革任务。省交通运输厅承担行政职能的事业单位改革和综合执法改革在全国交通运输系统率先落地。

全面深化"信用交通省"建设,在"两客一危"、超限超载、交通建设市场等领域落实红黑名单管理制度。江苏省在2019年和2020年连续两年被交通运输部和国家发展改革委联合授予"信用交通省"建设典型省份称号,成为全国第一批被授予此称号的省份。

全面加强交通运输法治建设。颁布6部交通运输地方性法规和省政府规章,制定

21件省级交通运输行政规范性文件，初步构建了涵盖交通运输各领域的地方综合交通法规制度体系。

路网管理和应急保障能力进一步提升。江苏省级路网管理与服务应急指挥中心功能得到完善，全省300多个公路管养节点统一纳入中心指挥调度范围。路网运行监测体系建设进一步加强，全省累计建成监控视频6 317路、交通流监测设施863套。突发事件应急处置能力进一步提升，全面建成77个普通国省道养护应急处置基地。

4. 绿色发展水平不断提升

江苏公路路况水平保持全国领先，在交通运输部"十一五""十二五"国检中两度夺冠。率先探索推进绿色循环低碳公路建设，再生技术在公路养护工程中的应用比例达到60%，废旧沥青路面材料循环利用率达到100%。养护科学决策体系基本建成，CiCS路面技术状况自动快速检测技术得到全面应用。

未来，江苏将继续系统谋划公路交通高质量发展新思路，2020年到2035年，江苏公路全面实现现代化，公路基础设施供给、公路服务质量和管理水平达到世界发达国家水平；从2035年到21世纪中叶，全面建成高质量的现代化公路交通，公路交通发展水平进入世界领先行列。江苏公路具有较高的发展水平，为绿色公路发展奠定了良好的基础。

2.1.2 劣势分析

2.1.2.1 资源环境制约

资源环境是一个地区发展的基础。江苏经济发达，国土面积小，人口密集，大中城市较多，路网密度高，地处长江三角洲区域，资源环境承载能力在一定程度上制约了绿色公路的发展。江苏国土面积为10.72万km^2，约占全国的1.1%，全省土地开发面积比例为22.5%，居全国各省(区、市)首位，已接近江苏省国土开发规划确定的全省国土开发强度上限25%。而公路建设需要占用土地，江苏紧缺的土地资源成为江苏公路建设发展的重要制约因素。

2.1.2.2 区域发展差异

江苏区域发展存在一定的不均衡，苏南是江苏经济最发达的区域，也是中国经济发展最快、最发达的区域之一。新中国成立以来，尤其是改革开放以来，苏南地区一直扮演着"领跑者"的角色，经济社会发展水平稳居全省乃至全国前列。2018年，苏南以0.3%的国土面积创造了全国6%的经济总量和7.7%的规模以上工业利润，人均地区生产总值是全国平均水平的2.5倍。2007年，苏南基本实现以全面建成小康社会为目标的"第一个率先"，并率先开启以基本实现社会主义现代化为目标的"第二个率先"的新征程，在示范率先之路上继续阔步领航。

相较苏南地区，苏中、苏北地区经济发展和交通行业发展水平均存在一定差距，区域发展的不平衡决定了全省绿色公路发展需要差异化统筹规划。

2.1.2.3 行业污染控制

营运车辆排放等问题仍未得到根本解决，行业温室气体排放量依然处于增长阶段，碳排放总量控制难度很大，碳排放强度下降面临瓶颈。绿色能源等关键技术、产品的推广应用进展缓慢，5G、大数据、互联网＋、云计算等现代信息技术在运输效率提升、行业污染排放监测以及绿色公路治理等方面的应用推广相对滞后。在工业、建筑等领域节能减排潜力日益收缩的情况下，对交通运输行业碳排放碳达峰的要求将更加严格。

2.1.3 机会分析

2.1.3.1 国家级战略部署

美丽中国、高质量发展、交通强国等国家战略的相继提出，标志着交通行业发展迈入了一个新的历史时期，发展理念、发展方向、发展要求均有所转变。

2019 年 5 月 28 日，自然资源部印发《关于全面开展国土空间规划工作的通知》。2020 年 3 月，中共中央政治局常务委员会召开会议提出，加快 5G 网络、数据中心等新型基础设施建设进度。2021 年 2 月，中共中央、国务院印发《国家综合立体交通网规划纲要》。在国家战略部署的格局下，江苏绿色公路的发展迎来了新的机遇和契机。

2020 年 9 月 22 日，习近平总书记在第七十五届联合国大会一般性辩论上讲话指出“人类需要一场自我革命，加快形成绿色发展方式和生活方式，建设生态文明和美丽地球”。2020 年 12 月 12 日，习近平总书记在气候雄心峰会上再次强调“绿水青山就是金山银山”。

新时代，我国向世界提出“力争 2030 年前二氧化碳排放达到峰值，努力争取 2060 年前实现碳中和”的发展目标。绿色发展已经成为全世界、全行业的共识，加速绿色交通、绿色公路发展是新时代趋势。

2.1.3.2 省级发展转型

当前，江苏正处在转型升级的重要“关口”。在充分肯定成绩的同时，必须清醒认识到产业层次不够高、发展动能转换不够快、环境资源瓶颈制约突出等问题，牢牢把握高质量发展要求，强化问题导向，采取有力措施，加快推动制造强省、交通强省建设。在江苏省发展转型的背景下，要全面推动绿色发展，制定产业负面清单，提高环保准入门槛，优化产业布局，坚决打好污染防治攻坚战，坚决摒弃“黑色 GDP”。

2.1.4 威胁分析

2.1.4.1 政策保障

尽管近年来交通运输行业在推动绿色发展中已取得一定成绩，但在加强生态文明建设、建设美丽中国和交通强国的更高要求下，仍有较大提升空间。绿色交通相关政策有待健全，政策延续性和配套政策仍有提升空间，绿色标准建设滞后，尚未实现从建、管、养、运等各领域规范绿色交通发展。

2.1.4.2 产业发展

目前，绿色公路“共治共享、共建共管”治理模式尚不完善，缺乏绿色公路发展水平评价体系、工作考核体系，难以有效引导各地查找绿色公路发展的差距与不足、确定发展方向和推进路径。绿色公路节能减排、生态环保、再生利用等技术尚未实现产业化推广，市场配置资源作用尚不明显，更多依赖于政策支撑和激励机制，缺乏完善的绿色公路产业链。在绿色公路示范项目取消的背景下，如何发挥政府监管导向作用和市场对资源配置的决定性作用，促进绿色公路产业良性发展，是亟待解决的问题之一。

2.2 江苏省绿色公路发展定位与目标

2.2.1 指导思想

坚持以习近平新时代中国特色社会主义思想为指导，贯彻落实党的十八大、十九大、二十大及历次全会精神，科学把握新发展阶段，深入贯彻新发展理念，加快构建新发展格局，坚持稳中求进工作总基调，以交通强国建设为统领，以交通运输高质量发展为导向，以交通运输现代化为目标，以交通运输供给侧结构性改革为主线，以建设人民满意的交通为目的，把积极稳妥推进碳达峰、碳中和纳入绿色公路发展全局，加快实现绿色公路发展节约集约、低碳环保，支撑引领高水平绿色交通体系构建，为推动江苏省率先实现社会主义现代化、加快建设“强富美高”新江苏当好先行军。

2.2.2 基本原则

1. 战略导向

江苏省入选第一批交通强国建设试点，承载着光荣而艰巨的使命，江苏省绿色公路发展必须紧扣国家战略，牢记习近平总书记对江苏“为全国发展探路”的嘱托，必须坚定不移地响应国家战略要求，以交通强国、品质工程要求为指引，充分利用经济基础和行业发展基础的优势，为国家绿色公路建设先试先行，支撑行业发展，探索可复制可推广的实施路径。

2. 示范引领

江苏省应充分发挥全国范围内绿色公路发展示范引领作用，依托绿色公路示范项目建设经验成果，形成绿色公路管理体系、技术体系、标准体系，支撑后续绿色公路的建设实施。在此基础上，规划一批新建、改扩建典型绿色公路示范项目，持续保持绿色公路建设活力，通过示范效应带动行业绿色公路发展。

3. 统筹协调

政府应充分发挥引导作用，统筹协调全省绿色公路发展，强化顶层设计、营造良好的政策环境、加强过程管控、激发各方活力，引导绿色公路高质量发展。通过形成全过程建设指南、评价体系、保障机制，有效引导各方主动参与绿色公路建设，构建完善绿色公路产业链，激发市场活力，发挥市场在资源配置中的决定性作用和政府的宏观调控作用，双轮并行支撑绿色公路高质量可持续发展。

4. 分类引导

一方面，江苏省省内区域发展存在差异性，应坚持顶层策划先行，整体把握绿色公路发展总体方向，考虑不同区域绿色公路建设的特征需求及目标，保障绿色公路建设可操作可落地。另一方面，考虑高速公路、干线公路、农村公路等不同等级公路，进行差异化规划部署，在技术标准、评价要求、发展目标等方面给予差异化顶层把控。

2.2.3 战略定位

2.2.3.1 江苏省绿色公路发展“十四五”战略定位

1. 绿色公路主体定位

随着公路基础建设的逐步完善，公路建设管理工作的重心也产生了变化。“十二五”时期已实施的绿色公路大都以新建高速公路为主，少部分高速公路涉及改扩建和运营，但随着交通基础设施建设的逐步完善，新建高速公路里程逐渐减少，绿色公路主体也势必会发生比较大的变化。在“十三五”期间，行业公路管理逐步倾向于公路的改建与扩建，也逐渐囊括普通国省干线公路。“十四五”时期，随着路网逐步完善，江苏绿色公路建设主体不仅仅局限于新建高速公路，应囊括新建、改扩建高速公路、普通国省干线公路、农村公路等不同等级公路。

2. 绿色公路模式定位

绿色交通体系的建成不可能一蹴而就，需要经过不断的尝试与探索，绿色公路亦是如此。“十二五”期间，根据绿色交通发展的系统规划，在行业内逐步落实“十百千”计划，通过区域性和主题性项目的实施，绿色交通体系建设初见成效。在“十三五”时期，生态公路、品质工程、智慧公路等新理念的出现，使得绿色公路的发展模式和理念内涵不断外延。“十四五”时期，江苏省绿色公路建设模式不能局限于主题性项目创建，还应结合品质工程、智慧公路等要素，适当外延绿色公路内涵，以质量、安全、耐久、服务为根本，融合品质、智慧等属性，以多种形式推进绿色公路建设发展。

3. 绿色公路目标定位

绿色公路的发展目标，一方面要对交通行业乃至社会经济发展作出贡献，服务国家战略实施，支撑行业高质量发展，另一方面要满足人民对交通基础设施服务品质日益增长的需求。

“十四五”时期江苏省绿色公路发展定位为：广泛推广、全面贯彻绿色公路理念，积极探索管理模式，进行科学技术创新，提升绿色公路发展质量和效益，率先探索全寿命周期绿色公路建设运营技术路径及发展模式，绿色公路发展水平国内领先，有力支撑江苏省打造交通强国建设先行区，引领公路行业高质量发展，更好地满足人民对公路服务品质日益增长的需求。

2.2.3.2 江苏省绿色公路新发展阶段战略定位

习近平总书记强调，全面建成小康社会、实现第一个百年奋斗目标之后，我们要乘势而上开启全面建设社会主义现代化国家新征程、向第二个百年奋斗目标进军，这标志着我国进入了一个新发展阶段。

2020 年 4 月，《交通强国江苏方案》指出，要在交通强国建设中打造先行区，率先在国内建成现代化综合交通体系；在“强富美高”新江苏建设中当好先行军，以交通运输的率先发展服务国家战略实施，支撑引领江苏高质量发展，更好地满足人民日益增长的美好生活需要；在全面深化交通领域改革中勇做探路者，积极探索交通运输体制机制改革、管理模式及科技创新，提升交通运输发展质量和效率。其中重点任务第四条指出，着力构建高水平的绿色交通体系，促进资源集约循环利用，强化节能减排和污染防治，推进生态保护，打造交通绿色廊道，提升绿色发展保障能力。强化跨部门协同合作，建立完善节能降碳、污染防治等相关标准规范体系，强化交通能耗、排放监测监管，完善绿色发展考核机制，推进绿色信贷、绿色债券等应用。

2020 年 9 月以来，习近平总书记先后在联合国大会、气候雄心峰会等会议上，向世界作出了“二氧化碳排放力争于 2030 年前达到峰值，努力争取 2060 年前实现碳中和”的重大宣示，并宣布了提高中国国家自主贡献的一系列新目标新举措。实现碳达峰、碳中和中长期目标，既是我国积极应对气候变化、推动构建人类命运共同体的责任担当，也是我国贯彻新发展理念、推动高质量发展的必然要求。2021 年 9 月，《中共中央 国务院关于完整准确全面贯彻新发展理念做好碳达峰碳中和工作的意见》为完整、准确、全面贯彻新发展理念，做好碳达峰、碳中和工作提出了明确的工作要求、主要目标和实施路径。

绿色公路发展要立足新发展阶段，从新阶段出发，对标“十四五”生态文明建设实现新进步的目标，2035 年生态环境根本好转、美丽中国建设目标基本实现的远景目标，以及我国 2030 年前力争实现二氧化碳排放达到峰值的目标、2060 年前努力争取实现碳中和的愿景，在我国经济社会发展大历史方位中，找准绿色公路发展的定位，据此科学谋划江苏省绿色公路发展目标任务，推动生态环境持续改善。

在交通强国建设及碳达峰、碳中和目标背景下，江苏省绿色公路新发展阶段的战略定位为：到 2035 年，率先建设绿色公路体系，促进资源节约集约利用，强化节能减排和污染防治，实现减污降碳协同效应，强化公路生态环境保护修复，打造省内绿色公路廊道，实现公路行业碳达峰，绿色公路发展节约集约、低碳环保，推动生态环境质量根本好转和美丽中国建设目标基本实现，支撑引领高水平绿色交通体系构建，当好交通强省、“强富美高”新江苏建设中的先行军。

2.2.4 发展目标

2.2.4.1 “十四五”发展目标

到 2025 年，形成一批在全国达到领先水平、具有典型示范意义的绿色公路工程，基本构建具有江苏特色的全寿命周期绿色公路建设运营管理体系、技术体系、标准体系，体制机制更加完善，制度环境明显改善，创新驱动能力提升，资源利用和功能服务水平明显提升，能源消耗和污染排放水平显著降低，绿色公路和智慧公路发展协同融合，全省公路行业绿色发展意识深入人心。在全国率先基本建成绿色公路高质量发展示范省，推动江苏省公路行业碳排放强度明显降低，绿色公路发展水平适应美丽江苏和交通强省建设阶段性要求。

1. 绿色公路生态友好程度显著提升

建成一批绿色公路基础设施，基础设施全寿命周期资源消耗水平有效降低，废旧材料循环利用率进一步提高，高速公路废旧沥青路面材料循环利用率 100%。

2. 绿色公路行业治理能力加快形成

行业绿色公路管理体系构建完善，标准体系规范逐步健全，绿色公路统计、评估、考核与激励机制基本健全，绿色公路监管能力明显提升。

3. 绿色公路技术支撑水平明显增强

构建绿色公路技术体系，深化5G、大数据、“互联网＋”、云计算等现代信息技术在绿色公路全寿命周期的应用推广，“绿色＋智慧”发展路径基本形成，行业碳排放强度显著降低。

2.2.4.2 中长期发展目标

到2035年，构建高水平绿色公路管理体系、技术体系、标准体系，建立绿色公路发展长效化机制，高速公路、干线公路、农村公路绿色路网基本形成，公路领域实现碳排放总量达到顶峰并稳中有降，碳中和迈出坚实步伐，绿色公路总体发展水平进入世界先进行列。绿色公路发展有力推动构建高质量的综合交通网络体系、高品质的客运服务体系、高水平的绿色交通体系、高水准的智慧交通体系、高层次的创新发展体系，具备世界领先的交通运输可持续发展能力，为基本建成交通强省，形成安全、便捷、高效、绿色、经济的现代化综合交通体系，交通运输总体发展水平进入世界先进行列提供有力支撑。

1. 推动构建高质量的综合交通网络体系

新建公路过江通道深入贯彻绿色公路理念，最大限度实现长江岸线资源保护与利用。路网绿色服务水平明显提升，公路建设与地方特色农产品和旅游资源深度融合。围绕“一县一品牌，一区一特色”高质量建设“四好农村路”，覆盖全省所有县市。

2. 推动构建高品质的客运服务体系

公路客运服务不断创新，人民群众公路出行体验明显提升，建设一批绿色公路旅游风景道，大型服务区建设自驾车房车营地，推动客运服务新模式和绿色公路融合发展。

3. 推动构建高水平的绿色交通体系

实现土地、海域、岸线、空域等资源节约集约利用，绿色公路建设技术体系广泛推广应用。依托“十五射六纵十横”高速公路网、干线公路网、“四好农村路”，打造全路域、多层次绿色公路廊道。构建绿色公路发展跨部门协同合作工作机制，节能降碳、污染防治等相关标准规范体系完善，构建公路能耗、排放监测监管及绿色公路考核机制。

4. 推动构建高水准的智慧交通体系

提升基础设施建管养运效率，推进公路全周期数字化，完善公路运营综合监测体系。实现跨江大桥、水下长隧道等关键基础设施全寿命周期健康性能监测。全面推进绿色公路和智慧公路建设深度融合，推动交通重点路段、重要节点的交通感知网络全覆盖，实现智慧基础设施网络化运营管理。

5. 推动构建高层次的创新发展体系

开展工业化、标准化设计与施工技术、钢结构技术、长寿命高性能新材料技术等建养工程技术研究与应用，实施公路建设工厂化生产、装配化施工、标准化建设。弘扬科学精神和工匠精神，完善以企业为主体、市场为导向、产学研用深度融合的绿色公路创新体系，激发创新主体活力。推进标准化工作，促进绿色公路标准体系提档升级。

2.3 江苏省绿色公路发展趋势展望

2.3.1 问题导向

我国以往绿色公路建设得益于政府财政资金引导，取得了很大的进步，但我国公路行业能源资源利用效率不高、生态环境影响较大、建设发展方式粗放的格局尚未根本改变，还存在绿色公路标准规范少、市场机制不健全等交通发展不平衡不充分等问题。

一是绿色公路结构性矛盾仍然存在。新时代我国主要矛盾已成为人民日益增长的美好生活需要和不平衡不充分的发展之间的矛盾，而交通运输发展不平衡不充分问题仍然存在。目前，公路建设仍存在资源能源大幅消耗、能源资源利用效率不高、生态环境破坏等问题。公路的修建，不可避免地会对原有生态系统产生影响，包括减少耕地面积、改变周围水系结构、减少物种多样性、破坏植被等。绿色公路建设应坚持创新驱动，大力推动理念创新、技术创新、管理创新和制度创新，高度重视公路、资源、环境、社会各方面、各要素的关系，提高资源和能源利用率，发挥公路先导性和基础性作用，实现在发展中保护、在保护中发展，实现公路建设健康可持续发展。

二是目前界定绿色公路的相关标准规范较少。现阶段绿色公路评价体系、技术体系、标准体系尚不完善，缺乏合理定量的评估及验收标准，近年来绿色公路示范项目的经验成果未完全通过成果转化而形成成套可复制可推广的技术，应积极推广应用公路节能环保先进适用技术目录，对应淘汰落后的技术制定强制性退出标准，定期更新绿色公路建设标准指南等。

三是绿色公路建设中市场配置资源作用尚未充分发挥，需要有效的市场机制来支撑绿色产业发展。目前公路节能减排、生态环保、资源循环利用等技术推广还不能完全通过市场机制来实现，还需依靠国家行业主管部门的有效引导和大力推动，市场配置资源作用没有充分发挥，需要企业通过建立能源合同管理、建设能源管理体系等市场机制推动绿色公路发展。

四是缺乏绿色公路建设全过程管理体系及配套保障机制。目前，有关绿色公路建设的标准、机制还不够完善，无论是政策、资金、技术、人才都很缺乏，未形成绿色公路项目全过程管理体系及考核机制，面向全寿命周期经济效益、社会效益、环境效益最优的实施路径尚不明确，建设过程中跨行业问题难以很好解决。

2.3.2 趋势展望

1. 绿色公路逐步定量化、标准化

交通运输部发布的《关于实施绿色公路建设的指导意见》(交办公路〔2016〕93号)明确提出到2020年，绿色公路建设标准和评估体系基本建立，这意味着绿色公路的建设发展从理念走向定量化、标准化。交通运输部正大力推动制定绿色公路相关标准规范，已出台《绿色公路建设技术指南》，同时鼓励各地也根据自身情况，制定具有当地区域特色的绿色公路评价标准和技术规范。

未来行业将在绿色公路的规划、设计、施工、运营等领域全面推出成套的评价方法及技术指南。例如，在全面实施标准化施工方面，将建立标准化施工长效机制，实现工地标准化、工艺标准化和管理标准化，鼓励工程构件生产工厂化与现场施工装配化，注重工程质量，提高工程耐久性，实现工程内外品质的全面提升。

2. 绿色公路示范项目成果广泛推广应用

总结提炼已建绿色公路示范工程成功经验，丰富绿色公路新内涵，强化绿色公路设计、建设、运营等各环节技术积累，组织开展绿色公路建设专项技术成果转化和学术交流，及时总结经验教训，以点带面，实现全行业绿色公路快速发展。

3. 绿色公路进一步实现产业融合

绿色公路涉及筑路材料、机械装备、工程制造、信息产业等一系列相关行业，各学科深度交叉融合。相关行业将同公路行业深度渗透融合，使公路全寿命周期各环节产生深刻变革。

随着云计算、大数据、移动互联网、社交网络媒体等新兴技术的发展，新一代信息技术在绿色公路建设中的应用更加普及。面对增长迅速的海量数据，在云计算、大数据等技术支撑保障下，未来的公路交通管理系统将具备强大的存储能力、快速的计算能力以及科学的分析能力，系统模拟现实世界和预测判断的能力更加出色，为交通管理和驾乘人员提供应需而变的解决方案，公路建设与管理的预见性、主动性、及时性、协同性、合理性将大幅提升。

4. 绿色公路建设参与主体趋向多元化

《国家发展改革委关于开展政府和社会资本合作的指导意见》(发改投资〔2014〕2724号)支持社会资本参与重点领域建设。《交通运输部关于全面深化交通运输改革的意见》(交政研发〔2014〕242号)提出完善社会资本参与交通建设机制。未来,社会资本参与绿色公路建设将日趋增多。而政府要更多地考虑政策创新,制定相关政策法规,积极鼓励多方资本进入绿色公路领域,同时通过营造创新文化氛围、推动数据开放等举措,为绿色公路领域的业务创新、商业模式创新等提供良好的环境。此外,政府还要更多地承担起建设项目的监督管理职责,通过制定绩效评估考核指标体系等,对建设项目进行监督管理。相关行业协会、产业联盟将在绿色公路的建设领域发挥愈发重要的作用。

5. 绿色公路与智慧公路融合发展

智慧公路是在整个交通运输领域充分利用物联网、空间感知、云计算、移动互联网等新一代信息技术,综合运用交通科学、系统方法、人工智能、知识挖掘等理论与工具,以全面感知、深度融合、主动服务、科学决策为目标,通过建设实时的动态信息服务体系,深度挖掘交通运输相关数据,形成问题分析模型,实现行业资源配置优化能力、公共决策能力、行业管理能力、公众服务能力的提升,推动交通运输更安全、更高效、更便捷、更经济、更环保、更舒适地运行和发展,带动交通运输相关产业转型、升级。随着物联网技术的发展,公路与车辆在行驶过程中的交互逐步成为研究热点。车路协同是采用先进的无线通信和新一代互联网等技术,全方位实施车车、车路动态实时信息交互,并在全时空动态交通信息采集与融合的基础上开展车辆主动安全控制和道路协同管理,充分实现人、车、路的有效协同,保证交通安全,提高通行效率,从而形成的安全、高效和环保的道路交通系统。

智慧公路是解决现有交通问题的重要突破口。发展智慧交通可保障交通安全、缓解拥堵难题、减少交通事故。据分析,智能化交通可使车辆安全事故率降低20%以上,每年因交通事故造成的死亡人数下降30%~70%;可使交通堵塞减少约60%,使短途运输效率提高近70%,使现有道路网的通行能力提高2~3倍。另外,发展智慧交通可提高车辆及道路的运营效率,促进节能减排。车辆在智能交通体系内行驶,停车次数可以减少30%,行车时间可以减少13%~45%,车辆的使用效率能够提高50%以上,从而减少燃料消耗量和排出废气量。据分析,汽车油耗也可由此降低15%。

6. 绿色公路需求愈发多样,旅游公路方兴未艾

旅游公路已成为交通行业供给侧改革的样板。旅游业是国民经济重要的战略性支柱产业,交通运输是旅游业发展的基础支撑和先决条件。《国务院关于促进旅游业改革发展的若干意见》(国发〔2014〕31号)要求进一步扩大交通运输有效供给,优化旅游业发展的基础条件,加快形成交通运输与旅游融合发展的新格局。随着近年来我国综合交通运输体系不断完善,交通运输与旅游融合发展已经成为旅游业转型发展的新趋势。旅游公路越来越成为全域旅游与交通建设行业的新热点。旅游公路是兼具交通与旅游双重功能的公路,是绿色公路建设的重要内容,是促进交通与旅游融合发展的重要载体。

在宏观环境的营造下,各地政府和各级交通运输主管部门均高度重视旅游公路建

设，创新理念、整合资源、统筹推进，涌现了一批旅游公路样板工程，以旅游公路示范工程为载体，因地制宜，以点带面，实践探索旅游公路建设经验。通过旅游公路建设，促进区域旅游产业发展，有效增加沿线工业及农业的附加值，实现全民参与、全民受益的目的，达到交通引领产业发展的目的，最终实现“路、景、产”三位一体的建设目标。

2.4 江苏省绿色公路发展实施路径

2.4.1 江苏省绿色公路发展重点任务

1. 建设高质量绿色公路管理体系

构建绿色公路发展协同工作机制。识别绿色公路规划、建设、运营全过程参与者，明确绿色公路管理组织结构。制定落实权责清单，建立权责分明的绿色公路管理机制。贯彻全寿命周期理念，统筹绿色公路行业管理、规划建设、运营养护等各方主体，建立各参与者之间跨部门协同合作沟通渠道和工作机制，构建全过程、全要素、全行业立体绿色公路管理体系。

完善绿色公路行业管理制度体系。探索现代化工程管理模式手段，建立健全绿色公路规划期、建设期、运营期全过程管理制度，形成长效化绿色公路高质量发展机制。结合当前碳达峰碳中和要求，进一步完善公路行业低碳发展、节能减排、生态环保等方面管理制度和运行机制，形成一系列措施配套、操作可行的绿色公路管理制度体系。加强绿色公路管理参与企业节能减排监管、能效管理体系建设、绿色认证等制度建设。

强化绿色公路考核监管保障体系。建立健全绿色公路能耗统计监测与分析评估体系，结合部省关于碳达峰碳中和以及深入打好污染防治攻坚战的相关工作部署，运用信息化手段进一步加强行业节能减排统计、监测业务能力建设、创新数据采集方式、强化数据分析功能，提高公路行业节能减排工作成效。完善绿色公路考核评价体系，健全绿色公路发展监督管理体制，加强绿色公路监管队伍建设，通过严格的考核奖惩机制和监管体制，促进行业绿色管理工作常态化、制度化。

2. 打造高水平绿色公路技术体系

促进绿色公路建设关键技术研发。分析国内绿色公路在设计、施工、运营等阶段中已利用技术，形成适用于我省绿色公路的技术清单。开展工业化、标准化设计与施工技术、钢结构技术、长寿命高性能新材料技术等建养工程技术研究与应用，创新路面基层结构、土方利用、路基防护、桥面径流污染治理、绿色建造等关键技术。推进固碳降噪路面应用、碳捕捉及利用技术在公路领域内的应用研究。深化交通污染综合防治等关键技术研究，重点推进交通能耗与污染排放监测监管等新技术、新工艺和新装备研发。

开展先进适用性技术推广应用。持续推进绿色公路基础设施设计、建设及运维成套技术研究，深入开展长寿命路面、养护再生材料、风光储一体化、智能微电网等节能新工艺、新材料、新技术的研发与集成应用。淘汰落后工艺工法和设施设备，积极推动绿色公路"四新技术"和优秀工法的推广应用。依托5G、物联网、大数据、云计算和车路协同等新基建技术，开展碳排放差异化通行策略、"互联网+货运物流""出行即服务"等新业态、新模式的创新应用，进一步实现减污降碳协同治理。

强化绿色科技创新技术体系建设。注重科技创新赋能，进一步促进前沿科技与绿色公路的深度融合，充分运用大数据、5G、区块链、人工智能、新材料、新能源等先进信息技术，提升公路运输系统运行效率和服务水平。推动"BIM+GIS"技术在设计、施工、养护、运营全寿命周期中的应用。推广无人机遥感、低硫油快速检测、视频AI识别技术等在公路污染防治执法中的应用。探索公路领域碳达峰碳中和关键核心技术攻关与成果转化应用的新路径。

3. 构建高层次绿色公路标准体系

完善绿色公路规章制度标准体系。组织开展公路领域节能降碳、生态保护、污染防治等相关标准需求调研，研究制订绿色公路标准体系建设专项行动计划，加大基础性研究力度，进一步健全我省绿色公路相关标准体系。研究路面材料、弃渣循环利用和行业建筑垃圾应用等相关标准，制定营运车辆、服务区等污染防治标准及公路生态保护修复相关规范。推进标准化工作，完善公路节能减排、生态保护、污染防治等相关标准规范体系，构建具有江苏特色的绿色公路标准规范，促进绿色公路标准体系提档升级。

构建绿色公路考核评价标准体系。进一步健全适应于我省各个建设时期、各个等级标准的绿色公路、绿色服务区等绿色交通基础设施建设指南和评价考核成套指标体系。完善绿色公路建设项目环境影响评价标准，加强公路交通基础设施节能环保和风险防控能力。

4. 推进高品质绿色基础设施建设

全面推进绿色公路建设。落实碳达峰碳中和要求，加快推进绿色低碳公路建设，在规划、设计、施工和运营全寿命周期推广绿色交通技术应用，开展省级绿色公路主题性示范项目创建。新建高速公路按照绿色公路要求建设，鼓励普通国省道按照绿色公路要求开展建设，有条件的农村公路参照绿色公路要求开展建设。依托平安百年品质工程创建示范项目，大力推广钢结构桥梁、装配式桥梁、低碳薄层桥面铺装、耐久性路面等技术在过江通道、大中桥梁、干线公路中的应用。强化公路建设与国土空间规划"三区三线"的衔接，加强生态选线，合理避开声环境敏感区。通过科学管理和技术创新，强化公路生态环境保护修复，打造全路域、多层次绿色公路廊道，实现公路建设绿色化、工业化、信息化、集约化和产业化。

实现公路服务区零(低)碳建设。推进新改建高速公路服务区在设计、建设、运营各阶段融入照明节能、通风节能、综合节能理念。推进公路服务区新能源与清洁能源供给设施建设,实现新能源汽车充电桩设施全覆盖,为运输出行提供便利。鼓励在服务区因地制宜使用光伏太阳能、自然光照明、光导照明、自然通风、雨水调蓄等节能、环保、循环技术,实现污水收集处理或纳管、垃圾分类,降低服务区能源消耗和碳排放。

5. 促进高标准绿色公路低碳循环

优化公路交通运输用能结构。开展全寿命周期公路工程碳监测,深化非化石能源在公路建设、运营阶段的应用。进一步推广应用新能源和清洁能源公路运输装备,积极推进新能源汽车的应用。鼓励替代燃料在公路运输中的应用,加大混合动力、纯电动汽车在公路交通行业的示范与推广,加快完善配套基础设施建设。鼓励公共交通出行方式,深入推进运输结构调整。加快车用液化天然气加气站、充电桩布局建设,在高速公路服务区、机场、交通枢纽、物流中心、公交场站等区域建设充电基础设施,为绿色运输和绿色出行提供便利。创新公路货运模式,鼓励和支持公共"挂车池""运力池""托盘池"等共享模式和甩挂运输等新型运输模式。加快淘汰高能耗、低效率的老旧车辆,持续推进国三及以下排放标准柴油货车提前淘汰更新。

促进绿色公路资源节约集约。统筹考虑建筑工程质量、安全、效率、环保、生态等要素,合理布局交通线路、枢纽设施,坚持因地制宜,坚持策划、设计、施工、交付全过程一体化协同。按照"统筹规划、合理布局、集约高效"原则,加强线位资源保护,综合利用通道资源,提倡公路与铁路、高速公路与普通公路共用线位,改扩建公路充分发挥原通道资源作用,高效利用原有设施。加强过江通道统筹布局,鼓励建设功能复合型过江通道,最大限度实现长江岸线资源保护与利用。充分利用地上、地下空间,推进城镇连绵段干线公路快速化建设,节约集约用地。

加强绿色公路基础设施污染防治。加强公路建设、养护和运营过程中的大气、水、土壤及噪声污染防治。加强施工扬尘与噪声监管,推进公路施工、养护作业机械尾气处理,尾气排放不达标机械不得进场施工。加强施工过程中的植被与表土资源保护和利用,落实环境保护、水土保持要求,做好临时用地的生态恢复。完善施工现场和驻地的污水垃圾收集处理措施。鼓励采用温拌沥青等先进工艺,减少建设过程中的废气排放。推广降噪路面、降噪绿化林、声屏障等措施,重点推进高速公路、高架桥等两侧噪声敏感点的隔声设施建设和绿色廊道建设。继续开展公路绿化美化工程。推进公路沿线附属设施污水处理和利用,以及垃圾分类收集和无害化处置。

实现绿色公路交通资源循环利用。全面推进施工材料、废旧材料再生综合利用,构建"资源—产品—再生资源"的循环利用系统,实现沥青路面旧料"零废弃"。支持公路管理部门开展绿色养护工区建设,合理规划布局养护基地、养护工区位置,降低原材料运输车辆和养护机械的能耗排放。利用公路存量用地、废弃场地建设养护基地，与养护管理中心、收费站同址合建养护工区，节约土地资源。

6. 推动高水准公路产业融合发展

构建绿色数字一体化公路网络。深化物联网、人工智能、BIM、5G 等新一代信息技术在全寿命周期公路建设的应用，提升基础设施建管养运效率，推进全省公路全周期数字化，推动智慧工地、智慧交通发展。推进高速公路"绿色＋智慧"服务区建设，促进全省服务区信息服务连线成网，实现人、车、服务区信息交互，提升服务区数字化水平。实现跨江大桥、水下长隧道等关键基础设施全寿命周期健康性能监测。

打造绿色公路交旅融合发展模式。鼓励交通运输与旅游融合发展，打造"路、景、产"三位一体交旅融合样板，建设一批绿色公路旅游风景道，公路建设与地方特色农产品和旅游资源深度融合。大型服务区建设自驾车房车营地，推动客运服务新模式和绿色公路融合发展。围绕"一县一品牌，一区一特色"高质量建设"四好农村路"，覆盖全省所有县市。

推进绿色公路产学研用深度融合。弘扬科学精神和工匠精神，完善以企业为主体、市场为导向、产学研用深度融合的绿色公路创新体系，激发创新主体活力。推进绿色公路科技成果资源整合与开放共享，强化技术宣传、交流、培训和推广应用。

2.4.2 江苏省绿色公路发展专项行动

1. 绿色公路支撑体系升级专项行动

建立绿色公路管理体系。明确绿色公路管理组织机构和职责，建立跨部门协同合作工作机制和管理体系。制定绿色公路规划、设计、建设、运营、管理、服务全过程管理制度，形成长效化绿色公路高质量发展制度体系。健全绿色公路发展监督管理体制，完善绿色公路考核评价体系。

构建绿色公路关键技术体系。调研国内绿色公路示范工程已利用技术，研究适用于江苏省绿色公路建设技术体系。会同相关部门和单位，开展纯电动车适用性及关键技术研究，攻关智能网联汽车、电气化公路等技术，破解它们在中长(短)途运输中的应用难题。关注大功率电动汽车充电站等能源应用技术的发展趋势，及时开展公路运输领域应用研究。

完善绿色公路标准体系。梳理绿色公路规划、设计、建设、养护、运营管理等方面现有标准，加强江苏省绿色公路标准化工作的统筹规划，研究提出绿色公路领域标准制修订需求。修订完善现行绿色公路相关的技术标准、规范、指南，加强标准规范的有效供给。研究编制严格的营运客货车燃料消耗限值、公路运输企业碳排放核查、碳达峰碳中和示范项目评定等相关地方标准。推动地方、社会团体和有关企业积极参与绿色公路标准制修订，鼓励制定严于国家和行业标准的企业标准和团体标准。

2. 绿色公路基础设施建设专项行动

建设绿色公路。“十四五”时期新开工高速公路、国省干线公路、农村公路工程全部按照绿色公路建设发展要求，开展绿色设计、绿色施工、绿色运营和绿色养护。广泛采用风能、太阳能及地热能等清洁能源，广泛应用节能照明、尾气降解路面、低碳薄层桥面铺装、耐久性路面结构、智慧工地等绿色公路新技术、新工艺，按照标准化、预制化、装配化和工厂化施工原则，推进钢结构桥梁、装配式桥梁在过江通道、大中桥梁中的应用，提高预制构件比例。结合美丽乡村建设，将自然生态、风土人情、传统文化融入农村公路规划、设计、建设，积极引导有条件的农村公路协同推进“四好农村路”建设。新建公路服务区推行绿色建筑设计和建设，构建系统完备、高效实用、智能绿色、安全可靠的现代化基础设施体系。

提升绿色基础设施碳汇能力。开展绿色公路基础设施碳汇能力研究。在公路沿线、枢纽互通区等区域，根据环境条件选择适宜的高碳汇能力绿化植物，形成“乔—灌—草”立体绿化，提高固碳能力和碳汇水平。建立生态系统碳汇监测核算体系，实施生态保护修复碳汇成效监测评估。

3. 绿色公路碳达峰碳中和专项行动

做好公路领域双碳目标顶层设计。在能耗统计调查的基础上，进行交通行业碳排放专项调查工作，明确本省公路碳排放底数。开展公路行业碳排放核算方法、碳排放影响因素识别、碳排放趋势预测等关键技术应用研究，编制出台公路领域实现碳达峰碳中和相关的保障措施和行动方案。

开展碳达峰碳中和示范项目创建。以点带面促进全行业节能降碳，创建一批近零碳公路服务区和客货运枢纽，开展全电货运试点示范项目建设，逐步实现重点领域二氧化碳近零排放。开展碳中和示范试点项目创建，鼓励在公路沿线建造碳汇林、种植碳汇草，提高交通基础设施的固碳能力和碳汇水平。

优化公路领域产业能源结构。加快调整优化产业结构、能源结构，在公路建设管理运营中推广先进节能低碳技术，提高能源使用效率，大力发展新能源和清洁能源，降低化石能源比例。加强技术创新，加快推进规模化储能、碳捕集利用与封存等技术发展，推动数字化信息化技术在节能、清洁能源领域的创新融合。

强化公路领域碳排放统计监测与监督考核。优化重点领域监测样本量，构建覆盖省、市、县、企业的四级碳排放统计监测网络，实现高碳排放重点公路运输企业全覆盖。研究编制江苏省公路运输碳达峰考核办法实施细则，对重点运输企业的碳达峰碳中和发展目标和工作指标进行监督考核，建立考核指标下发、监测、评估通报机制。开展企业温室气体排放核算方法研究。

4. 绿色智慧公路协同发展专项行动

推进绿色智慧公路基础设施建设。开展常泰过江通道、G204 南通段等 11 条绿色智慧公路建设，建成农村公路综合信息服务平台（无锡、南通）、苏式养护智慧工区（苏南地区）。积极应用废旧材料和建筑垃圾，推广节能技术和清洁能源，鼓励通过BIM技术应用逐步实现基础设施数字化。系统布局新型基础设施，加快发展第五代移动通信、工业互联网、大数据中心等新一代信息技术，推动智慧绿色公路基础设施建设。建设公路网运行监测与数据综合分析决策支持示范工程，打造绿色、智慧一体化公路网全国示范区。

推动绿色公路领域信息技术应用。推动“BIM＋GIS”技术在绿色公路设计、施工、养护、运营全寿命周期中的应用，降低能源消耗及碳排放总量。推动大数据、人工智能、区块链等技术在公路基础设施网络监测预警、重点客货运车监测、交通污染防治、能耗及碳排放统计、绿色出行等领域的应用，提高运营服务水平和绿色治理能力，助力实现节能减排、减污降碳。统筹谋划绿色养护、绿色运营和未来自动驾驶、车路协同技术等战略性新兴产业，深化绿色公路与智慧交通、高新技术产业、先进制造业、数字化等信息技术协同发展。

5. 绿色公路治理体系构建专项行动

完善战略规划体系。鼓励各设区市和交通运输企业结合自身实际制定绿色发展专项规划或实施方案，强化规划引领和指导作用。建立健全绿色公路发展评价体系和标准体系，创新监测与数据采集方式方法，完善能耗监测统计体系。开展公路领域碳达峰碳中和潜力分析、实施路径研究等基础性工作，制定实施《江苏省交通运输碳减排三年行动计划（2021—2023年）》《江苏省交通运输领域绿色低碳发展实施方案》等指导性文件。

深化行业体制机制。落实财税体制改革和财政事权划分要求，继续深化行业体制改革，制定落实权责清单，落实公路事权主体责任，建立权责分明的公路行业管理机制。探索深化绿色公路养护体制改革，加快建立省、市、县建管养相协调、事权和支出责任相适应的管理体制。深化绿色公路投融资改革，完善政府主导、分级负责、多元筹资、风险可控的资金保障和运行管理体制。

提高数字化治理能力。不断加强绿色交通科技创新，加强新一代信息技术、人工智能等前沿科技关键技术研发，促进先进技术与绿色公路深度融合，不断提升绿色公路数字化治理能力。推进全省绿色公路运行监测、行业分析及辅助决策、能耗管理应用，完善路网运行与绿色公路方面的环境监测平台，努力实现数字赋能现代化先行。

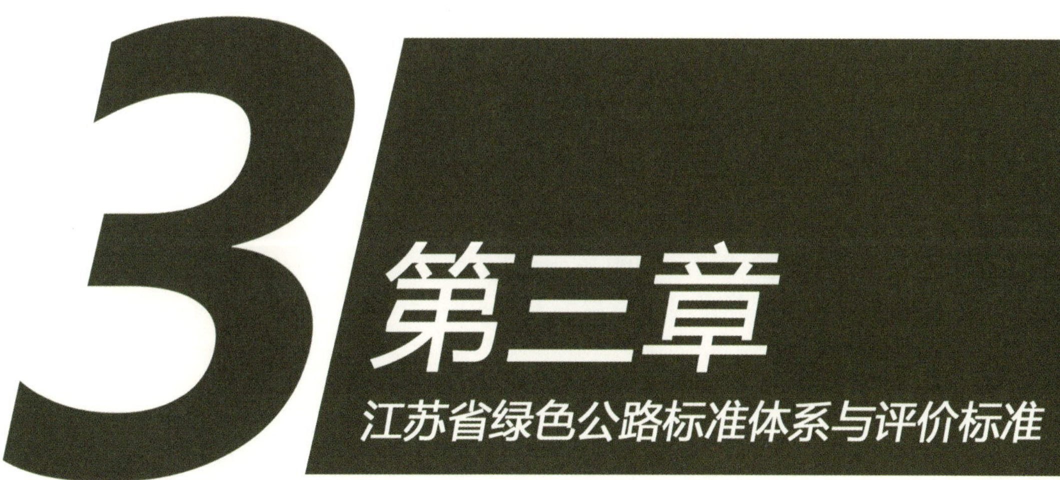
3
第三章
江苏省绿色公路标准体系与评价标准

3.1 江苏省绿色公路标准体系

3.1.1 制定背景

2017 年，江苏省交通运输厅印发《江苏省绿色公路建设实施意见》（苏交公〔2017〕5 号），提出了江苏省绿色公路建设的指导思想、基本原则、主要目标、工作举措和保障措施。该实施意见提出，“十三五”期间，全面践行绿色公路建设理念，推进建立具有江苏特色和时代特征的绿色公路发展标准体系、技术体系、管理体系，2016 年至 2018 年建成一批绿色公路示范工程。

目前国内最新的公路工程标准体系为《公路工程标准体系》（JTG 1001—2017），它将公路工程标准的体系结构分为三层：第一层为板块，按照公路建设、管理、养护、运营协调发展要求所做的标准分类；第二层为模块，在各板块中归纳现有、应有和计划修订的标准的具体类别；第三层为标准。“绿色公路”的理念在公路工程标准体系中以条文形式呈现，主要体现在资源节约、节能减排、生态环保等方面。例如，通用标准的基础模块中与绿色公路有关的是《公路工程技术标准》（JTG B01—2014），其中的“绿色”条文规定了公路修建在环境保护、资源节约等方面应注重的部分内容；设计模块中的“绿色”条文融入路线、路基、路面、桥涵、隧道、交通工程及沿线设施等专项设计标准中。从现行的公路工程标准体系来看，没有专门的绿色公路专用标准，涉及的内容也较少，只有一般要求这种突出原则性的条文，缺乏针对性的技术规范或标准，对绿色公路建设的指导性不强。

交通运输部于 2017 年曾发布《绿色交通标准体系（2016 年）》，该标准包含了公路建设与管理、航道建设与管理、运输工具的管理等各个方面。但《绿色交通标准体系（2016 年）》由于发布时间较早，标准规范的制定方向集中在节能降碳、生态保护、污染防治、资源循环利用等 4 大环保方向。目前国家政策和行业对于绿色公路的定义与内涵已经进行了拓展升级，除以上 4 大方向以外，品质提升、智慧服务等新技术、新理念也纳入了绿色公路理念的总体框架内。同时，《绿色交通标准体系（2016 年）》并没有按照时间阶段区分标准。一方面，绿色公路的理念是全寿命周期的，并且是注重源头控制的，因此应加强规划设计标准规范的研究和制定；另一方面，运营、养护和管理对发挥绿色公路长效机制、监督绿色公路实施将起到非常至关重要的作用。考核评价标准的制定，不仅对未来新建项目具有指导意义，对于江苏省这样公路存量巨大的省份来说，还能够对既有公路项目追根溯源，验证和考核存量公路的绿色水平，为未来实施进一步的绿色公路升级改造提供可靠的依据。

因此，江苏省的绿色公路标准体系是《公路工程标准体系》的再发展，是对交通运输部《绿色交通标准体系(2016 年)》的补充和完善，是在现有标准体系基础上，体现江苏省绿色公路内涵特征以及全寿命周期公路交通基础设施特征的标准体系。

3.1.2　适用范围

江苏省绿色公路标准体系是江苏省绿色公路建设标准化工作的统筹规划，适用于江苏省绿色公路建设标准的现有标准引用、新地方标准的制定、旧地方标准的修订。

江苏省绿色公路标准体系形成能够覆盖江苏省绿色公路建设所需标准规范方向的基本框架，可指导省内各有关单位有计划、有步骤地开展绿色公路建设相关的标准规范研究和制定工作，充分发挥标准体系在规范公路节能降碳、生态保护、污染防治、资源节约、品质建设、智慧服务、监督管理等方面起到的支撑作用。

3.1.3　江苏省绿色公路标准体系框架

江苏省绿色公路建设标准体系框架采用三级分类结构，一级标准分类包括基础标准、规划设计标准、建设施工标准、运营养护标准、管理评价标准 5 个类别，各个一级标准类别对应进一步细分的二级至三级标准类目。标准体系一级至二级标准分类结构框架见图 3.1-1。标准体系明细表见表 3.1-1。

1. 一级标准分类：按基础标准、规划设计标准、建设施工标准、运营养护标准、管理评价标准等 5 大类划分。

2. 二级标准分类：规划设计、建设施工、运营养护的二级标准按通用、节能降碳、生态保护、污染防治、资源节约、品质建设、智慧服务等类别划分，基础标准按术语、标志标识划分，管理评价按监测检测、统计核算、监督管理划分。

3. 三级标准分类：为二级标准分类的细化，其中只有节能降碳、生态保护、污染防治、资源节约、品质建设、智慧服务等二级类别划分三级标准类目。

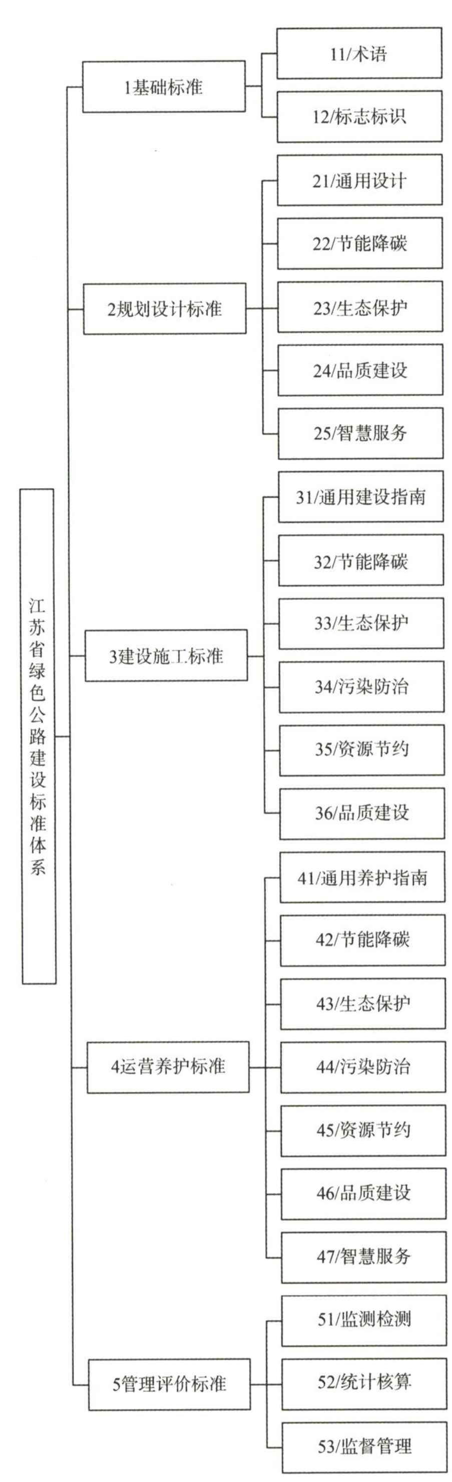

图 3.1-1 江苏省绿色公路建设标准体系结构框架图(一、二级结构)

表 3.1-1　江苏省绿色公路建设标准体系明细表

一级标准类别			二级标准类别			三级标准类别		
分类号	标准类别	标准内容说明	分类号	标准类别	标准内容说明	分类号	标准类别	标准内容说明
1	基础标准	绿色公路领域涉及的基础标准	11	术语	绿色公路领域涉及的专业术语和定义、分类等方面的标准	—	—	—
			12	标志标识	绿色公路领域涉及的图形符号、文字代号等标志标识方面的标准	—	—	—
2	规划设计标准	绿色公路领域涉及的规划设计阶段技术标准	21	通用设计	绿色公路通用设计规范	—	—	—
			22	节能降碳	绿色公路规划设计涉及的节能降碳相关标准	221	节能设计	与公路工程节能(节电、节油、节煤等)相关的设计标准和技术规范
			23	生态保护	绿色公路规划设计涉及的生态保护相关标准	231	环境保护设计	公路工程建设环境保护设计标准,涉及生态环境保护、水污染防治、噪声污染防治、大气污染防治、固废处置、环境风险应急等环保工程的设计标准,包含源头控制和末端治理的环保工程设计
						232	生态修复设计	包含对由于公路建设造成的生态环境破坏的修复设计标准和技术规范
			24	品质建设	绿色公路规划设计涉及的品质建设相关标准	241	品质提升设计	精品桥隧或其他精品工程的专项设计标准和规范
						242	信息化设计	采用信息化技术提升设计质量的技术方法标准
			25	智慧服务	绿色公路规划设计涉及的智慧服务相关标准	251	智能交通设计	与智能交通相关的规划设计标准与规范
						252	人性化设计	在满足公路基本服务以外的,面向人性化服务扩展和提升的相关绿色公路设施设计标准与规范,如绿色服务区、加气站和充电桩、慢行交通系统、路侧综合型停车区等的设计标准与规范

续表

一级标准类别			二级标准类别			三级标准类别		
分类号	标准类别	标准内容说明	分类号	标准类别	标准内容说明	分类号	标准类别	标准内容说明
3	建设施工标准	绿色公路领域涉及的建设施工阶段技术标准	31	通用建设指南	绿色公路通用建设施工指南	—	—	—
			32	节能降碳	绿色公路建设施工涉及的节能降碳相关标准	321	能耗强度	施工期生产设施设备能耗强度与限值标准
						322	碳排放强度	施工期生产设施二氧化碳排放强度与限值标准
						323	能源节约	施工期运载工具、生产机械等节能操作规范和相关节能设施设备技术条件等标准，以及路面混合料等节能铺装技术、工艺或材料标准
			33	生态保护	绿色公路建设施工涉及的生态保护相关标准	331	资源保护利用	公路工程建设中对植物、水、表土等资源的保护与利用技术标准
						332	生态修复	公路工程建设中植被恢复、水生动物种群恢复等生态修复技术标准和相关材料产品标准
			34	污染防治	绿色公路建设施工涉及的污染防治相关标准	341	大气污染防治	公路工程建设过程中大气污染物环保处理技术和作业要求，以及相关处理装置标准
						342	污水排放处理	公路工程建设过程中生产废水的收集方法，环保处理技术和相关收集处理设备标准
						343	噪声污染防治	公路工程建设过程中的噪声污染防治技术标准和产品标准
						344	固体废弃物处置	公路工程建设中产生的固体废弃物的环保处置技术和收集处理设施技术要求标准
			35	资源节约	绿色公路建设施工涉及的资源节约相关标准	351	污水再生利用	公路工程建设中对污水进行循环处理、再生利用的技术标准
						352	废旧材料循环利用	公路工程建设中对废旧材料进行加工处理、循环利用的技术标准
			36	品质建设	绿色公路建设施工涉及的品质建设相关标准	361	品质提升	公路工程建设中关于长寿命、高性能、功能型、精品桥隧结构的施工技术、产品和材料标准
						362	施工标准化	公路工程建设中关于工艺标准化、工地标准化的技术标准
						363	建设管理信息化	公路工程建设中关于施工管理信息化、建设管理新技术等的应用技术标准和规范

续表

一级标准类别			二级标准类别			三级标准类别		
分类号	标准类别	标准内容说明	分类号	标准类别	标准内容说明	分类号	标准类别	标准内容说明
4	运营养护标准	绿色公路领域涉及的运营养护阶段技术标准	41	通用养护指南	绿色公路通用养护指南	—	—	—
			42	节能降碳	绿色公路运营养护涉及的节能降碳相关标准	421	能耗强度	运营养护设备设施能耗强度与限值标准
						422	碳排放强度	运营养护设备设施二氧化碳排放强度与限值标准
						423	能源节约	运营养护设备设施节能操作规范和相关节能设施设备技术条件等标准，以及养护材料等节能技术、工艺或材料标准
			43	生态保护	绿色公路运营养护涉及的生态保护相关标准	431	资源保护利用	公路运营养护中对植物、水、表土等资源的保护与利用技术标准
						432	生态修复	公路运营养护中植被恢复、水生动物种群恢复等生态修复技术标准和相关材料产品标准
			44	污染防治	绿色公路运营养护涉及的污染防治相关标准	441	大气污染防治	公路运营中大气污染物环保处理技术和作业要求，以及相关处理装置标准
						442	污水排放处理	公路运营中设施污水的收集方法，环保处理技术和相关收集处理设备标准
						443	噪声污染防治	公路运营中的噪声污染防治技术标准和产品标准
						444	固体废弃物处置	公路运营中产生的固体废弃物的环保处置技术和收集处理设施技术要求标准
			45	资源节约	绿色公路运营养护涉及的资源节约相关标准	451	污水再生利用	公路运营养护中对设施污水进行循环处理、再生利用的技术标准
						452	废旧材料循环利用	公路运营养护中对废旧材料进行加工处理、循环利用的技术标准
			46	品质建设	绿色公路运营养护涉及的品质建设相关标准	461	养护管理信息化	日常养护管理信息化相关的技术标准
						462	预防性养护	预防性养护规划方案的编制规范、预防性养护技术的标准规范

续表

一级标准类别			二级标准类别			三级标准类别		
分类号	标准类别	标准内容说明	分类号	标准类别	标准内容说明	分类号	标准类别	标准内容说明
4	运营养护标准	绿色公路领域涉及的运营养护阶段技术标准	47	智慧服务	绿色公路运营养护涉及的智慧服务相关标准	471	智能交通	绿色公路智能交通系统相关的新系统、新技术、新能源等应用技术标准
						472	人性化服务	绿色公路在人性化服务功能拓展方向上关于旅游、出行信息服务、旅游服务功能拓展、ETC(不停车收费系统)等技术标准
5	管理评价标准	绿色公路领域涉及的监督、管理、考核评价标准	51	监测检测	公路工程建设运营过程中的环境监测技术、能耗检测方法标准	511	环境监测	公路工程建设和运营过程中污染物排放监测技术方法和规范
						512	能耗检测	公路工程建设和运营过程中能耗强度检测技术方法和规范
			52	统计核算	公路工程建设运营过程中的环境保护统计、能耗统计分析方法和碳排放核算方法标准	521	环境保护统计	绿色公路建设和运营过程中环境保护指标(污染物排放、环保投资等)的统计与核算方法标准
						522	能耗统计分析	绿色公路建设和运营过程中能耗指标、碳排放指标等的统计与核算方法标准
			53	监督管理	公路工程建设运营过程中的环境监理规程、相关交通设施和运输设备的节能评定方法、绿色公路设施评价、品质工程评定、环境影响评价和节能降碳监督管理等标准	531	考核评价	绿色公路建设和运营过程中技术、产品的节能评定,绿色公路设施评价、品质工程评定、环境影响评价等标准规范
						532	监管标准	绿色公路施工监理、环境监理等管理规程,公路施工和运营过程中节能降碳监管等标准规范

3.1.4 江苏省绿色公路标准体系名录

3.1.4.1 基础标准名录(表 3.1-2)

表 3.1-2 基础标准名录

序号	二级标准分类号/类别	三类标准分类号/类别	标准号	标准名称	级别	实施日期	被代替标准号或作废
1	11/术语	—	JT/T 643.1—2016	交通运输环境保护术语 第1部分:公路	JT/T	2016-04-10	JT/T 643—2005, JT/T 644—2005
2	12/标志标识	—		暂无			

3.1.4.2 规划设计标准名录(表 3.1-3)

表 3.1-3 规划设计标准名录

序号	二级标准分类号/类别	三类标准分类号/类别	标准号	标准名称	级别	实施日期	被代替标准号或作废
1	21/通用设计	—	JT/T 647—2016	公路绿化设计制图	JT/T	2017-04-01	JT/T 647—2005
2			DGJ32/J 173—2014	江苏省绿色建筑设计标准	DGJ/J,江苏	2015-01-01	
3	22/节能降碳	221/节能设计	GB 50189—2015	公共建筑节能设计标准	GB	2015-10-01	GB 50189—2005

续表

序号	二级标准 分类号/类别	三类标准 分类号/类别	标准号	标准名称	级别	实施日期	被代替标准号 或作废
4	23/生态保护	231/环境保护设计	GB/T 51335—2018	声屏障结构技术标准	GB/T	2019-04-01	
5			JTG B04—2010	公路环境保护设计规范	JTG	2010-07-01	JTJ/T 006—98
6			JT/T 646.1—2016	公路声屏障 第1部分:分类	JT/T	2016-04-10	
7			JT/T 646.2—2016	公路声屏障 第2部分:总体技术要求	JT/T	2016-04-10	
8			JT/T 646.3—2017	公路声屏障 第3部分:声学设计方法	JT/T	2018-02-01	
9		232/生态修复设计		暂无			
10	24/品质建设	241/品质提升设计		暂无			
11		242/信息化设计		暂无			
12	25/智慧服务	251/智能交通设计	GB/T 37694—2019	面向景区游客旅游服务管理的物联网系统技术要求	GB/T	2020-03-01	
13		252/人性化设计	LB/T 035—2014	绿道旅游设施与服务规范	LB/T	2015-04-01	
14			LB/T 025—2013	风景旅游道路及其游憩服务设施要求	LB/T	2013-07-01	

3.1.4.3 建设施工标准名录(表 3.1-4)

表 3.1-4 建设施工标准名录

序号	二级标准 分类号/类别	三类标准 分类号/类别	标准号	标准名称	级别	实施日期	被代替标准号 或作废
1	31/通用建设指南	—		暂无			

续表

序号	二级标准分类号/类别	三类标准分类号/类别	标准号	标准名称	级别	实施日期	被代替标准号或作废
2	32/节能降碳	321/能耗强度	GB 50189—2015	公共建筑节能设计标准	GB	2015-10-01	GB 50189—2005
3		322/碳排放强度	GB/T 51335—2018	声屏障结构技术标准	GB/T	2019-04-01	
4		323/能源节约	DB32/T 2285—2012	水泥混凝土桥面水性环氧沥青防水粘结层施工技术规范	DB/T,江苏	2013-03-28	
5	33/生态保护	331/资源保护利用		暂无			
6		332/生态修复	JT/T 1108.1—2016	公路路域植被恢复材料 第1部分:植物材料	JT/T	2017-04-01	
7			JT/T 1108.2—2017	公路路域植被恢复材料 第2部分:辅助材料	JT/T	2017-11-01	
8			JT/T 1108.3—2018	公路路域植被恢复材料 第3部分:植物纤维毯	JT/T	2018-08-01	
9	34/污染防治	341/大气污染防治		暂无			
10		342/污水排放处理		暂无			
11		343/噪声污染防治		暂无			
12		344/固体废弃物处置		暂无			
13	35/资源节约	351/污水再生利用		暂无			
14		352/废旧材料循环利用	DB32/T 2286—2012	湿法橡胶沥青路面施工技术规范	DB/T,江苏	2013-03-28	
15			DB32/T 1087—2008	江苏省高速公路沥青路面施工技术规范	DB/T,江苏	2008-12-01	
16			DB32/T 2701—2014	硫黄温拌沥青混合料路面施工技术规程	DB/T,江苏	2014-08-20	
17			DB32/T 2883—2016	旧水泥混凝土路面碎石化施工技术规范	DB/T,江苏	2016-04-10	
18			DB32/T 3312—2017	沥青路面厂拌热再生施工技术规范	DB/T,江苏	2017-10-25	
19			DB32/T 3134—2016	沥青路面就地热再生施工技术规范	DB/T,江苏	2016-11-20	

续表

序号	二级标准分类号/类别	三类标准分类号/类别	标准号	标准名称	级别	实施日期	被代替标准号或作废
20	36/品质建设	361/品质提升		暂无			
21		362/施工标准化		暂无			
22		363/建设管理信息化		暂无			

3.1.4.4 运营养护标准名录（表 3.1-5）

表 3.1-5 运营养护标准名录

序号	二级标准分类号/类别	三类标准分类号/类别	标准号	标准名称	级别	实施日期	被代替标准号或作废
1	41/通用养护指南	—		暂无			
2	42/节能降碳	421/能耗强度		暂无			
3		422/碳排放强度		暂无			
4		423/能源节约	GB/T 24716—2023	公路沿线设施太阳能供电系统通用技术规范	GB/T	2023-12-01	GB/T 24716—2009
5	43/生态保护	431/资源保护利用		暂无			
6		432/生态修复		暂无			

续表

序号	二级标准分类号/类别	三类标准分类号/类别	标准号	标准名称	级别	实施日期	被代替标准号或作废
7	44/污染防治	441/大气污染防治		暂无			
8		442/污水排放处理	JT/T 802—2011	高速公路服务区生物接触氧化法污水处理成套设备	JT/T	2011-09-01	
9			JT/T 1147.1—2017	公路服务区污水处理设施技术要求 第1部分:膜生物反应器处理系统	JT/T	2017-11-01	
10			JT/T 1147.2—2017	公路服务区污水处理设施技术要求 第2部分:人工湿地处理系统	JT/T	2017-11-01	
11		443/噪声污染防治		暂无			
12		444/固体废弃物处置		暂无			
13	45/资源节约	451/污水再生利用	JT/T 645.1—2016	公路服务区污水再生利用　第1部分:水质	JT/T	2016-04-10	JT/T 645.1—2005
14			JT/T 645.2—2016	公路服务区污水再生利用 第2部分:处理系统技术要求	JT/T	2016-04-10	JT/T 645.2—2005
15			JT/T 645.3—2016	公路服务区污水再生利用　第3部分:处理系统操作管理要求	JT/T	2016-04-10	JT/T 645.3—2005
16		452/废旧材料循环利用	JTG F41—2008	公路沥青路面再生技术规范	JTG	2008-07-01	
17			JTG/T F31—2014	公路水泥混凝土路面再生利用技术细则	JTG/T	2014-06-01	
18			JT/T 797—2011	路用废胎硫化橡胶粉	JT/T	2011-09-01	
19			JT/T 798—2011	公路工程 废胎胶粉橡胶沥青	JT/T	2011-09-01	
20			JT/T 819—2011	公路工程 水泥混凝土用机制砂	JT/T	2012-04-01	
21			JT/T 1086—2016	沥青混合料用钢渣	JT/T	2017-01-01	
22			DB32/T 2676—2014	泡沫沥青冷再生路面施工技术规范	DB/T,江苏	2014-06-20	
23			DB32/T 3601—2019	高速公路沥青路面日常养护修补施工技术规范	DB/T,江苏	2019-08-01	

续表

序号	二级标准 分类号/类别	三类标准 分类号/类别	标准号	标准名称	级别	实施日期	被代替标准号或作废
24	46/品质建设	461/养护管理信息化		暂无			
25		462/预防性养护		暂无			
26	47/智慧服务	471/智能交通	JTG B10-01—2014	公路电子不停车收费联网运营和服务规范	JTG	2014-08-01	
27		472/人性化服务	DB32/T 2638—2014	房车旅游服务区 基本要求	DB/T,江苏	2014-04-30	
28			DB32/T 3220—2017	道路旅游标志设置规范	DB/T,江苏	2017-06-05	

3.1.4.5 管理评价标准名录(表 3.1-6)

表 3.1-6 管理评价标准名录

序号	二级标准 分类号/类别	三类标准 分类号/类别	标准号	标准名称	级别	实施日期	被代替标准号或作废
1	51/监测检测	511/环境监测	DB32/T 3581—2019	路面噪声测试方法	DB/T,江苏	2019-04-30	
2		512/能耗检测		暂无			
3	52/统计核算	521/环境保护统计	JT/T 1176.1—2017	交通运输环境保护统计 第 1 部分:主要污染物统计指标及核算方法	JT/T	2018-03-31	
4			JT/T 1176.2—2020	交通运输环境保护统计 第 2 部分:环境保护资金投入统计指标及核算方法	JT/T	2020-11-01	
5		522/能耗统计分析		暂无			

续表

序号	二级标准分类号/类别	三类标准分类号/类别	标准号	标准名称	级别	实施日期	被代替标准号或作废
6	53/监督管理	531/考核评价	GB/T 50640—2010	建筑工程绿色施工评价标准	GB/T	2011-10-01	
7			GB/T 50378—2019	绿色建筑评价标准	GB/T	2019-08-01	
8			JT/T 1199.1—2018	绿色交通设施评估技术要求 第1部分:绿色公路	JT/T	2018-08-01	
9			JT/T 1199.2—2018	绿色交通设施评估技术要求 第2部分:绿色服务区	JT/T	2018-08-01	
10			DB32/T 943—2006	道路声屏障质量检验评定	DB/T,江苏	2006-10-05	
11			DB33/T 718—2008(2013)	旅游咨询服务中心等级划分与评定	DB/T,浙江	2008-12-17	
12			DB32/T 4306—2022	绿色公路评价规范	DB/T,江苏	2022-08-02	
13			JT/T 646.4—2016	公路声屏障 第4部分:声学材料技术要求及检测方法	JT/T	2016-04-10	JT/T 646—2015
14			JT/T 646.5—2017	公路声屏障 第5部分:降噪效果检测方法	JT/T	2018-02-01	
15			JTG F80/1—2017	公路工程质量检验评定标准 第一册 土建工程	JTG	2018-05-01	JTG F80/1—2004
16			JTG 2184—2020	公路工程质量检验评定标准 第二册 机电工程	JTG	2021-03-01	JTG F80/2—2004

续表

序号	二级标准分类号/类别	三类标准分类号/类别	标准号	标准名称	级别	实施日期	被代替标准号或作废
17	53/监督管理	532/监管标准	DB32/T 3565—2019	公路工程环境监理规程	DB/T,江苏	2019-04-30	
18			HJ 1358—2024	环境影响评价技术导则 公路建设项目	HJ	2024-07-01	
19			JTG B03—2006	公路建设项目环境影响评价规范	JTG	2006-05-01	JTJ 005—96
20			JT/T 1146.1—2017	交通运输专项规划环境影响评价技术规范　第1部分:公路网规划	JT/T	2017-11-01	
21			GB 50433—2018	生产建设项目水土保持技术标准	GB	2019-04-01	
22			GB/T 50434—2018	生产建设项目水土流失防治标准	GB/T	2019-04-01	GB 50434—2008
23			HJ 169—2018	建设项目环境风险评价技术导则	HJ	2019-03-01	HJ/T 169—2004
24			HJ 552—2010	建设项目竣工环境保护验收技术规范　公路	HJ	2010-04-01	
25			HJ/T 394—2007	建设项目竣工环境保护验收技术规范　生态影响类	HJ/T	2008-02-01	

3.2 江苏省绿色公路评价标准

3.2.1 制定背景

2016 年交通运输部印发的《关于实施绿色公路建设的指导意见》(交办公路〔2016〕93 号)提出“鼓励各地制定具有当地区域特色的绿色公路评价标准”。2013 年,云南省率先发布地方标准《绿色公路评价标准》(DB53/T 449—2013),规定了绿色公路评价的基本规定、评分标准和等级评定规则,适用于云南省新建、改扩建的高速公路、一级公路、二级公路,其他等级公路可参照执行。2018 年,交通运输部《绿色交通设施评估技术要求 第1部分:绿色公路》(JT/T 1199.1—2018)发布,规定了绿色公路评估的基本要求、评估指标体系和评估方法,适用于新建、改扩建的二级及以上等级公路,其他等级公路可参照使用。

江苏公路历来重视绿色发展,“十二五”以来持续大力推动省内绿色公路建设,但仍欠缺针对性强、成体系的江苏省绿色公路评价标准。我国幅员辽阔,自然地理和社会经济发展水平差异明显,江苏省的公路发展阶段和资源环境特点具有自身的特点,国家层面和外省市的绿色公路评价标准直接应用于江苏绿色公路建设存在指标场景和标准值不匹配的问题,亟须制定一套充分体现江苏省地方特色和公路发展水平的绿色公路评价标准,以期有效指导江苏省绿色公路可持续发展。

3.2.2 适用范围

江苏省绿色公路评价标准规定了绿色公路评价的基本要求、评价指标体系、评价方法,适用于新建、改扩建和已运营的高速公路、普通国省道、农村公路的绿色公路评价。

3.2.3 江苏省绿色公路评价指标体系

江苏省绿色公路评价指标体系框架采用三级指标结构。一级指标由 5 类指标构成,包括绿色理念、生态环保、资源节约、节能低碳、智慧服务,各一级指标下设若干二级和三级指标,见表 3.2-1。

表 3.2-1 江苏省绿色公路评价指标体系

一级指标	二级指标	三级指标
绿色理念	战略	全过程管理
		专业咨询
		专项资金
	绿色文化	品牌建设
		培训教育
		宣传活动
生态环保	生态保护	生态空间保护区域
		野生动物及其栖息地环境保护
		植被保护与修复
	水土环境保护	水环境保护
		土壤环境保护
		水土流失防治
		固体废弃物污染防治
	空气环境保护	污染气体排放控制
		扬尘控制
		场站布置
	声光环境保护	噪声污染防治
		光污染防治
资源节约	土地资源节约、集约利用	土地占用
		土石方填挖
		临时用地控制
		工地标准化
	水资源节约、集约利用	雨水径流控制与资源化利用
		污水再生利用
		节水措施
	节材与材料循环利用	可循环材料利用
		旧路材料利用
		资源再生利用
		材料存储
		新型环保材料
	全寿命周期管理	长寿命路面
		功能型路面
		精品桥、隧
		绿色养护

续表

一级指标	二级指标	三级指标
节能低碳	节能技术应用	能耗控制
		绿色建筑节能
		路面节能技术
		施工节能措施
		公路机电系统
	能源利用	新能源使用
		清洁能源使用
智慧服务	智能交通系统	智能交通硬件建设
		多元化系统建设与维护
	管理信息化	施工管理信息化
		养护管理信息化
	建设管理新技术	BIM 技术应用
		QHSE 管理体系
	景观融合	环境融合
		景观维护
	交旅融合	交旅融合专项设计
		旅游服务设施
		旅游标识系统
	人性化服务	信息服务
		人性化设计

3.2.4 江苏省绿色公路评价方法

绿色公路评价的时段包括设计阶段、施工阶段、运营阶段三个阶段，可分别在设计阶段、施工阶段、运营阶段单独开展绿色公路评价，也可在某一阶段向前追溯包含全部前期阶段进行整体评价。其中设计阶段评价宜在施工图设计阶段开展，施工阶段评价宜在工程交工验收后开展，运营阶段评价宜在工程交工验收两年后开展。

绿色公路评价采用定量打分评价方法。满分为 100 分，评价标准体系中的各一级指标按权重分别占不同分值，权重分布见表 3.2-2。

表 3.2-2 绿色公路评价一级指标权重

评估指标	绿色理念	生态环保	资源节约	节能低碳	智慧服务
权重	0.10	0.26	0.26	0.18	0.20

绿色公路评价的最终得分应按各一级指标实际得分除以该一级指标总分值再乘以一级指标权重后加和，评价得分统计方法见表 3.2-3。

表 3.2-3 绿色公路评价最终得分统计表

一级指标	权重（f_i）	项目得分（A_i）	适用分值（B_i）	一级指标得分（Q_i）	不参评指标编号
绿色理念	0.10	A_1	B_1	Q_1	
生态环保	0.26	A_2	B_2	Q_2	
资源节约	0.26	A_3	B_3	Q_3	
节能低碳	0.18	A_4	B_4	Q_4	
智慧服务	0.20	A_5	B_5	Q_5	
合计	1.00			$\sum Q_i$	
绿色公路评价的最终得分按此公式进行计算：$Q_i=\frac{A_i}{B_i}\times f_i\times 100$，$Q=\sum Q_i$					

注：适用分值是指去除不参评指标后的指标项满分值。

各一级指标总分值是该一级指标下适用于待评价公路的所有指标分值的总和。当评价指标体系中某指标受外部自然条件、环境制约因素等影响，或受公路不同建设特点影响，不适用于待评价公路时，该指标可不参与评价。例如，公路本身不涉及环境敏感区、不涉水，则关于绿色公路需要对环境敏感区、水域等环境保护目标采取生态保护措施的评价指标不参与评价；公路主体和附属工程不包含特大桥梁、隧道、互通立交、服务区、收费站等设施，则相应工程内容对应的评价指标不参与评价。

3.2.5 江苏省绿色公路评价标准

各级评价指标的主要评价标准见表 3.2-4。

表 3.2-4 江苏省绿色公路评价指标计分表

一级指标	二级指标	三级指标	计分标准	编号	分值	评价适用时段		
						设计	施工	运营
绿色理念 10 分	战略 7 分	全过程管理	建立绿色公路项目全过程管理体系及考核机制	1.1.1	1	√	√	√
			体系分工明确，设有专人负责	1.1.2	1	√	√	√
			建立项目反馈机制，实施动态调整	1.1.3	1	√	√	√
		专业咨询	制定绿色公路实施方案，按照全寿命周期理念制定绿色设计、绿色施工、绿色运营管理实施方案和细则，并将相关内容纳入工程设计、施工组织方案、运营管理制度当中	1.1.4	1	√	√	√
			开展节能评估	1.1.5	1	√	√	
			开展环境影响后评价	1.1.6	1			√
		专项资金	有开展绿色公路建设专项资金	1.1.7	1	√	√	√
	绿色文化 3 分	品牌建设	项目开展绿色公路品牌或主题创建活动，或成功申报绿色公路试点示范项目	1.2.1	1	√	√	√
			项目获得市级以上科技创新相关奖项 1 项以上	1.2.2	1	√	√	√
		培训教育	组织开展绿色公路相关培训教育 2 次/年以上	1.2.3	0.5	√	√	√
		宣传活动	开展绿色公路宣传活动或技术交流 2 次/年以上	1.2.4	0.5	√	√	√
生态环保 26 分	生态保护 8 分	生态空间保护区域	优化选线绕避生态空间保护区域，符合以下情形之一计分： (1) 完全绕避，得 1 分； (2) 采取无害化穿越，或减少穿越距离、减少桥墩数量等，得 0.5 分	E2.1.1	1	√		
			施工期、运营期对公路沿线生态敏感区的生态环境及其影响程度进行合理的监测与预测，跟踪评价工程建设和运营期间的生态环境影响	E2.1.2	1		√	√
		野生动物及其栖息地环境保护	野生动物出没路段设置迁徙通道、警示标志、遮光声屏障等野生动物保护设施	E2.1.3	1	√	√	√
			将动物通道列入日常养护计划	E2.1.4	1			√

续表

一级指标	二级指标	三级指标	计分标准	编号	分值	评价适用时段		
						设计	施工	运营
生态环保 26 分	生态保护 8 分	植被保护与修复	具备完整的生态修复环保专项设计，满足项目环评要求	E2.1.5	0.5	√	√	
			对受影响的生态敏感区实施生态修复或补偿措施，满足项目环评要求	E2.1.6	0.5	√	√	√
			边坡防护以生态防护为主、工程防护为辅，与路基工程同步准备、同步实施、同步完成	2.1.7	1	√	√	√
			公路沿线可绿化区域绿化覆盖率达到 100%	2.1.8	1	√		√
			将公路沿线绿化工程列入日常养护计划	2.1.9	1			√
	水土环境保护 8 分	水环境保护	路基有保护水系连通的措施	2.2.1	0.5	√	√	√
			涉水工程采取保护水体的措施	E2.2.2	0.5	√	√	√
			水源保护区范围不设置服务区等附属设施、沥青混合料及混凝土搅拌站和施工营地，不堆放或倾倒任何含有有害物质的材料或废弃物	E2.2.3	0.5	√	√	√
			经过水环境敏感区路段有完善的公路排水系统和路(桥)面径流收集处理设施	E2.2.4	0.5	√	√	√
			对“两区三厂”(生活区、办公区、预制厂、拌和厂、钢筋加工厂)排水、隧道施工排水、桥梁基础施工泥浆水采取有效收集处理措施	2.2.5	0.5		√	
			施工污废水集中处理达标后方可排放，满足 GB 8978 和 GB 3838 要求；或处理达标后回用，满足 GB/T 18920 要求	2.2.6	0.5		√	
			沿线服务区等附属设施污水处理达标后方可排放，满足 GB 8978 和 GB 3838 要求；或处理达标后回用，满足 GB/T 18920 要求	I2.2.7	0.5	√		√
		土壤环境保护	施工中妥善保存剥离表土，临时堆放做好必要的排水、挡护、防尘措施，及时回用	2.2.8	1		√	
		水土流失防治	针对工程建设破坏的地表采取永久性和临时性防护工程措施	2.2.9	0.5	√	√	√
			对取弃土场采取绿化防护工程，取土场进行复垦	I2.2.10	0.5	√	√	
			弃渣场设置有效的拦挡措施	I2.2.11	0.5	√	√	
		固体废弃物污染防治	隧道工程初期支护喷射混凝土采用湿喷工艺，降低喷射混凝土回弹量	I2.2.12	0.5		√	
			对施工期全部生产废料、生活垃圾进行分类收集和处置	2.2.13	0.5		√	
			工地试验室危险废物按规范贮存、运输，100%交有资质单位处置	I2.2.14	0.5		√	
			沿线服务和管理设施设置生活垃圾分类收集箱，厨余垃圾做到日产日清、集中贮存、定期清运	I2.2.15	0.5	√		√

续表

一级指标	二级指标	三级指标	计分标准	编号	分值	评价适用时段		
						设计	施工	运营
生态环保 26 分	空气环境保护 5 分	污染气体排放控制	采用温拌沥青混合料、热拌减排沥青混合料等减排技术，降低沥青烟、硫氧化合物等有毒气体的排放量	2.3.1	1		√	√
			拌和楼、施工机械使用清洁燃料或尾气排放达标，符合 GB 4915 和 GB 20891 的要求	2.3.2	1		√	√
		扬尘控制	施工场地采取洒水、苫盖、监控等防尘措施且污染防治达标率为 100%	2.3.3	1		√	
			“两区三厂”实现 100%工地周边围挡、100%物料堆放覆盖、100%土方开挖湿法作业、100%路面硬化、100%出入车辆清洗、100%渣土车辆密闭运输	2.3.4	1		√	
		场站布置	有污染气体排放的拌和站、发电站、堆料场等设施设置在当地施工季节最小频率风向的敏感区的上风侧	2.3.5	0.5		√	
			搅拌场(站)距居民区等敏感区的距离不小于 200 m，沥青混合料拌和站距敏感区的距离不小于 300 m	2.3.6	0.5		√	
	声光环境保护 5 分	噪声污染防治	施工期间合理组织安排强噪声辐射机械的施工时间、施工方式，排放噪声符合 GB 12523 的规定	2.4.1	1		√	√
			采取低噪声路面、声屏障、隔声窗等降噪措施且沿线敏感点声环境质量达标或不恶化，环境噪声符合 GB 3096 的规定	2.4.2	1	√	√	√
			使用光伏声屏障	I2.4.3	1	√		√
			施工人员职业噪声防护措施完备	2.4.4	1		√	
		光污染防治	因地制宜控制照明设施的照度，合理采取遮光措施，不干扰公路沿线周边居民生活，若临近自然保护区等生态敏感区则不影响野生动物生存	2.4.5	1	√	√	√

续表

一级指标	二级指标	三级指标	计分标准	编号	分值	评价适用时段		
						设计	施工	运营
资源节约 26 分	土地资源节约、集约利用 9.5 分	土地占用	统筹利用通道资源，符合以下情形之一计分： (1) 新建公路与其他公路、铁路共用通道资源，新建公路与现有公路、铁路相邻布线； (2) 改扩建现有公路	3.1.1	1	√		
			避让基本农田，减少耕地占用，符合以下情形之一计分： (1) 工程实际占用耕地数量少于工可批复的用地指标； (2) 工程实际占用基本农田数量少于国土部门批复的用地指标	3.1.2	1	√	√	
			灵活利用设计指标，减少路基宽度和高度，实现路基工程节约占地，符合以下条件计分：路基工程分项占地小于《公路工程项目建设用地指标》(建标〔2011〕124 号)中对应车道数下标准路基宽度最低值的占地指标	3.1.3	1	√		
			设计采用护脚墙、桩板结构、路改桥等方案进行节约用地	3.1.4	1	√		
			互通立交形式布置紧凑，节约占地	I3.1.5	1	√		
		土石方填挖	纵断面设计均衡，尽量做到填挖平衡，可利用土石方做到 100%综合利用	3.1.6	1	√	√	
			公路用土分类开挖、分类使用，利用开挖的原土回填路基，对于无法直接利用的废渣采用再生利用技术加以综合利用	3.1.7	0.5	√	√	
			全线路基工程填高小于 6 m，挖深小于 20 m	3.1.8	0.5	√		
		临时用地控制	利用荒地、废弃地、工矿仓储建设用地或主线、互通立交区、服务区等永久性征地作为施工临时用地	3.1.9	0.5		√	
			施工便道永临结合，符合以下条件之一可计分： (1) 利用现有道路或主线永久性征地，不新增临时用地； (2) 临时施工便道在使用完成后改造为地方永久道路	3.1.10	1		√	
			临时用地借用结束后恢复原有功能，耕地复垦率达到 100%	3.1.11	0.5		√	
		工地标准化	预制场、拌和站、营地等集中布置，建设标准化工地环境，科学布设施工作业区、办公区和生活区，料场、拌和站及运输道路应紧凑集约布局	3.1.12	0.5		√	

续表

一级指标	二级指标	三级指标	计分标准	编号	分值	评价适用时段		
						设计	施工	运营
资源节约 26分	水资源节约、集约利用 4分	雨水径流控制与资源化利用	排蓄水工程采用植草沟、透水路面、人工湿地等海绵设计	3.2.1	1	√		√
			沿线服务区等附属设施应用海绵城市技术	I3.2.2	0.5	√		√
		污水再生利用	施工期配有中水回用设施，施工用水优先采用再生水	3.2.3	0.5		√	
			公路服务管养设施配有中水回用设施，服务设施和公路清洗作业优先采用再生水	I3.2.4	1	√		√
		节水措施	施工机具、生活用水设施采用节水器具或措施	3.2.5	0.5		√	
			公路服务管养设施采用节水器具或措施	I3.2.6	0.5	√		√
	节材与材料循环利用 5.5分	可循环材料利用	采用粉煤灰、矿渣、煤矸石及橡胶粉等工业废料，计分规则如下： $\text{可循环材料使用率(\%)}=\frac{\text{全部可循环材料总体积}}{\text{全部同类用途材料总体积}}\times 100\%$ （1）使用率20%（含）以上，得1分； （2）使用率20%以下，得0.5分； （3）未使用，不得分	3.3.1	1	√	√	
		旧路材料利用	公路改扩建和运营养护时，对旧路面材料进行再生利用，如沥青路面再生，水泥路面、水稳基层、路缘石等碎石化再利用等，计分规则如下： $\text{旧路面材料再生利用率(\%)}=\frac{\text{旧路面材料再生利用量}}{\text{旧路面材料总量}}\times 100\%$ （1）利用率95%（含）以上，得1分； （2）利用率65%（含）～95%，得0.5分； （3）利用率低于65%，不得分	I3.3.2	1	√	√	√
			公路改扩建和运营养护时，护栏、片石、标牌等旧路废旧材料再利用	I3.3.3	1	√	√	√

续表

一级指标	二级指标	三级指标	计分标准	编号	分值	评价适用时段		
						设计	施工	运营
资源节约 26 分	节材与材料循环利用 5.5 分	资源再生利用	工程弃渣(包含淤泥等有机质土、建筑垃圾、隧道洞渣等可利用固废资源)综合利用,包含采用固化稳定剂等改良技术处理后用于自身项目,或者将剩余废渣用于其他工程项目,计分规则如下: $$弃渣综合利用率(\%)=\frac{弃渣综合利用量}{弃渣总量}\times 100\%$$ (1) 利用率 80%(含)以上,得 1 分; (2) 利用率 60%(含)~80%,得 0.5 分; (3) 利用率低于 60%,不得分	3.3.4	1	√	√	√
		材料存储	施工物料存储采用密闭方式或防尘防雨设施完备	3.3.5	0.5		√	
		新型环保材料	采用新型环保材料,包括聚合物水泥混凝土、轻质混凝土、抗裂嵌挤水泥稳定碎石、油砾石技术、橡胶沥青、环保土体稳定技术、耐候钢、新型促锈剂等	3.3.6	1	√	√	√
	全寿命周期管理 7 分	长寿命路面	采用耐久性路面结构	3.4.1	1	√		√
		功能型路面	在不影响路面正常性能的前提下,应用排水路面、降噪路面等功能型路面	3.4.2	1	√		√
		精品桥、隧	采用装配式桥梁	I3.4.3	1	√	√	
			桥梁采用钢结构	I3.4.4	0.5	√	√	√
			隧道洞口形式采用削竹式设计,施工采用"零开挖"进洞	I3.4.5	0.5	√	√	
			桥梁采用顶升、拖拉等先进施工工艺	I3.4.6	0.5	√	√	
		绿色养护	采用桥梁健康监测、隧道运营监测、边坡安全监测等预防性养护监测系统	3.4.7	1	√		√
			有预防性养护规划,建立预防性养护措施决策方案	3.4.8	0.5			√
			按照预防性养护规划和养护措施决策方案进行预防性养护设计、施工	3.4.9	0.5			√
			采用微表处、含砂雾封层、碎石封层、薄层罩面、超薄磨耗层等预防性养护技术	3.4.10	0.5			√

续表

一级指标	二级指标	三级指标	计分标准	编号	分值	评价适用时段		
						设计	施工	运营
节能低碳 18分	节能技术应用 12分	能耗控制	完善建立公路施工、运营单位能耗控制管理制度体系	4.1.1	1		√	√
			运营设备高效节能，满足或优于国家标准要求，且达到国家一级能效	4.1.2	1	√		√
		绿色建筑节能	公路沿线设施建筑设计符合 GB 50176、GB 50189 的要求	I4.1.3	1	√		√
			沿线服务管理设施和施工临时建筑采用建筑节能措施，符合以下条件之一可得分： (1) 采用节能材料或节能措施的墙体； (2) 采用节能材料或者节能措施的门窗； (3) 采取屋顶绿化	I4.1.4	1	√	√	√
		路面节能技术	采用成品橡胶沥青、温拌沥青、厂拌热再生技术、沥青路面智能施工系统等低碳技术	4.1.5	1		√	
			路面修补采用冷拌冷铺沥青混合料、自粘式沥青路面贴缝带等节能型材料或工艺	4.1.6	1			√
		施工节能措施	采用低能耗施工机械，符合 HJ 1014 和 GB 20891 要求	4.1.7	1		√	√
			施工工区采用集中供电措施	4.1.8	1		√	
		公路机电系统	供配电系统采用节能技术	4.1.9	1	√		√
			公路照明采用智能控制系统	4.1.10	1	√		√
			节能灯具覆盖率 100%	4.1.11	1	√		√
			隧道通风采用智能控制系统	I4.1.12	1	√		√
	能源利用 6分	新能源使用	交通机电系统采用太阳能、风能等新能源的供电比例超过用能的 10%	4.2.1	1	√		√
			服务区、收费站、施工办公生活区采用太阳能、风能、地热能或生物质能等新能源的供电比例超过用能的 10%	I4.2.2	1	√	√	√
			地源热泵空调系统覆盖率 60%以上	EI4.2.3	1	√		√
			公路服务区配置或预留充电桩安装条件，高速公路服务区单侧设置不少于 8 个充电桩车位	I4.2.4	1	√		√
		清洁能源使用	拌和站采用清洁能源替代燃煤、燃油	4.2.5	1		√	
			加油站配置清洁能源供能设施	I4.2.6	1	√		√

续表

一级指标	二级指标	三级指标	计分标准	编号	分值	评价适用时段		
						设计	施工	运营
智慧服务 20 分	智能交通系统 6 分	智能交通硬件建设	设置视频采集和识别的智能硬件设施，可提供实时动态交通信息，实现交通智能分流	5.1.1	1	√		√
			路域范围内 5G 网络覆盖率达到 100%	5.1.2	0.5	√		√
			设置车路协同硬件基础设施	5.1.3	1	√		√
		多元化系统建设与维护	实施车辆超限不停车预检管理	5.1.4	1	√		√
			将项目运营监控、救援管理纳入“江苏高速云平台”	I5.1.5	1	√		√
			将环境风险应急纳入智能交通管理系统	5.1.6	0.5	√		√
			采用 ETC 不停车收费设施，建设联网联控的公路不停车收费与服务系统	I5.1.7	0.5	√		√
			制订专门的智能交通系统维护计划，定期进行故障排查及系统校准	5.1.8	0.5			√
	管理信息化 5 分	施工管理信息化	采用低碳运行指示系统，实现远程在线统计各种能源消耗数据	5.2.1	1		√	
			采用路面施工质量信息监管系统	5.2.2	0.5		√	
			采用施工安全信息管理系统、试验检测信息管理系统、进度计划信息管理系统	5.2.3	0.5		√	
			深化公路工程施工安全管理指数应用，使用指数对安全管理工作进行量化评价	5.2.4	0.5		√	
			采用施工区环境在线监测系统	5.2.5	0.5		√	
		养护管理信息化	建立公路智能化日常养护管理系统	5.2.6	0.5			√
			建立公路边坡、桥梁、隧道风险事故预警系统	5.2.7	0.5			√
			采用环境在线自动监测设备监控管理公路主要污染源和养护环保设施	5.2.8	1			√
	建设管理新技术 1.5 分	BIM 技术应用	应用建筑信息模型(BIM)技术	5.3.1	1	√	√	√
		QHSE 管理体系	在工程安全质量管理工作中引入质量(Quality)、健康(Health)、安全(Safety)、环境(Environment)四位一体的 QHSE 管理体系	5.3.2	0.5		√	√

续表

一级指标	二级指标	三级指标	计分标准	编号	分值	评价适用时段		
						设计	施工	运营
智慧服务 20分	景观融合 2.5分	环境融合	进行专项景观设计，注重公路与环境景观的协调融合	5.4.1	1	√		
			公路实体工程与环境景观协调融合	5.4.2	1	√		√
		景观维护	公路景观维护完善	5.4.3	0.5			√
	交旅融合 3分	交旅融合专项设计	开展专项的交旅融合设计	E5.5.1	1	√		√
		旅游服务设施	沿线增加旅游服务设施	EI5.5.2	0.5	√		√
			公路服务区采用开放式服务区、商旅综合体或具有其他显著特色和创新的经营开发模式	I5.5.3	1	√		√
		旅游标识系统	标识标志系统融合或增加旅游服务标识标志	E5.5.4	0.5	√		√
	人性化服务 2分	信息服务	整合公路沿线地理区位、交通条件和旅游景点等信息，设置指引牌及交通动态公告牌等	5.6.1	0.5	√		√
			利用短信平台、微信及微博等新媒体手段，构建公益服务与个性化定制相结合的公路出行信息服务系统	5.6.2	0.5			√
		人性化设计	服务区进行功能区划和人车流线的优化设计	I5.6.3	0.5	√		√
			服务区设置无障碍通道、第三厕所、母婴室、女性专用车位、残疾车位等人性化设施	I5.6.4	0.5	√		√

注："√"代表此项在该评价时段适用，无此标识代表不适用；"E"代表受外部自然条件、环境制约因素等影响的评价指标；"I"代表受公路不同建设特点影响的评价指标。

第四章 江苏省绿色公路管理体系

4.1 绿色公路管理体系构建策略

4.1.1 绿色公路管理体系内涵

“十三五”期间，全国绿色公路发展取得显著成效，但绿色公路管理体系的不完善成为制约绿色公路进一步发展的瓶颈，主要表现在：国家和地方现有绿色公路政策要求大多较为宏观，绿色公路建设的基本流程和奖惩机制尚未成形，绿色公路建设仍以“展示型”示范工程为主，尚缺乏向自主自律行为发展的制度引导和约束等。因此，构建绿色公路管理体系，明晰绿色公路建设的职责分工、工作流程和奖惩机制，将业已发布的绿色公路评价标准、绿色公路建设技术指南串联起来，实现落地见效，从而推动绿色公路长效发展，是十分必要和迫切的。

根据 ISO 19000 质量管理体系的定义，管理体系指组织建立方针和目标以及实现这些目标的过程的相互关联或相互作用的一组要素。绿色公路管理体系就是为实现绿色公路发展目标，有效开展绿色公路建设活动而建立的一系列管理制度的有机组合。绿色公路管理体系以管理制度为抓手，有利于推动绿色公路理念和技术在工程项目中的实践应用，实现绿色公路长效、规范发展。

4.1.2 绿色公路管理体系构建依据

首先，绿色公路管理体系应当以绿色公路相关指导性文件为依托，贯彻行业绿色公路发展政策中的管理要求。交通运输部《关于实施绿色公路建设的指导意见》(交办公路〔2016〕93 号)在第三部分“保障措施”中提出了绿色公路的管理要求，包括：加强组织领导，充分发挥各级交通运输主管部门积极性，建立协调机制；加强制度建设，制定绿色公路建设激励约束机制，建立健全绿色公路建设综合评价制度；加强行业协同，交通运输主管部门加强与国土、环保、林业、旅游等相关部门的沟通与协调；加强专家指导，成立绿色公路建设典型示范工程专家组；加强宣传推广，开展绿色公路系列宣传活动，组织开展绿色公路设计、建设技术研讨和交流，推广经验。此外，各省(区、市)发布的各自省级绿色公路发展政策也可作为地方绿色公路管理体系构建的指引。如江苏省交通运输厅发布的《江苏省绿色公路建设实施意见》(苏交公〔2017〕5 号)提出的绿色公路建设管理要求包括:加强组织领导,成立绿色公路领导小组;加强政策保障,完善绿色公路建设专项资金保障制度,制定全过程的绿色公路管理制度,建立绿色公路激励约束机制,制定绿色公路建设评价考核及验收制度;加强部门协同,加强与发改、国土、环保、林业、旅游、水利、公安、财政等相关部门的沟通与协调;加强技术指导,推进成立省市级绿色公路建设专家库;加强试点示范,按步骤、分时序、分批次精心组织开展不同类型、不同层次的试点工作。

其次,绿色公路管理体系应当与现行法律法规、部门规章、规范性文件协调,与公路基本建设程序和运营管理模式有机融合。如,《中华人民共和国公路法》《中华人民共和国节约能源法》《中华人民共和国土地管理法》《中华人民共和国环境影响评价法》《中华人民共和国水土保持法》等法律,《公路网规划编制办法》《公路水路交通运输信息系统建设项目可行性研究报告编制办法(试行)》《公路工程基本建设项目设计文件编制办法》《公路工程竣(交)工验收办法》等行业规范性文件,以及地方颁布的公路以及资源节约、节能减排、生态环保方面的地方法规,均应当作为构建绿色公路管理体系的依据。

4.1.3 绿色公路管理体系结构

以交通运输部《关于实施绿色公路建设的指导意见》(以下简称《指导意见》)中的管理要求为依据,结合管理体系的一般性定义,可以确定绿色公路管理体系的基本结构。管理体系要素一般包括组织的结构、角色和职责、策划和运行、绩效评价和改进。《指导意见》中的"加强组织领导"可对应于"组织的结构、角色和职责",此外,"加强行业协同""加强专家指导"指的是交通运输主管部门以外的部门和专家在绿色公路管理中的作用,也可归为绿色公路的"组织的结构、角色和职责"范畴。上述内容构成绿色公路的组织制度。《指导意见》中的"加强制度建设"属于"策划和运行",此外,"加强宣传推广"可以认为是绿色公路建设管理活动的组成部分。上述内容构成绿色公路的过程管理制度。《指导意见》中的激励约束机制和综合评价制度主要用于"绩效评价和改进",因此激励约束机制和评价考核验收制度构成管理体系中的保障措施。综上所述,绿色公路管理体系可由组织制度、过程管理制度、激励约束与考核评价制度三部分构成。组织制度是指明确绿色公路建设参与者及其相互间关系与各自职责分工的制度。过程管理制度是指明确绿色公路全寿命周期各阶段的工作程序和工作内容的制度。激励约束与考核评价制度是指明确绿色公路考核评价和奖惩办法的制度。绿色公路管理体系基本结构见图4.1-1。

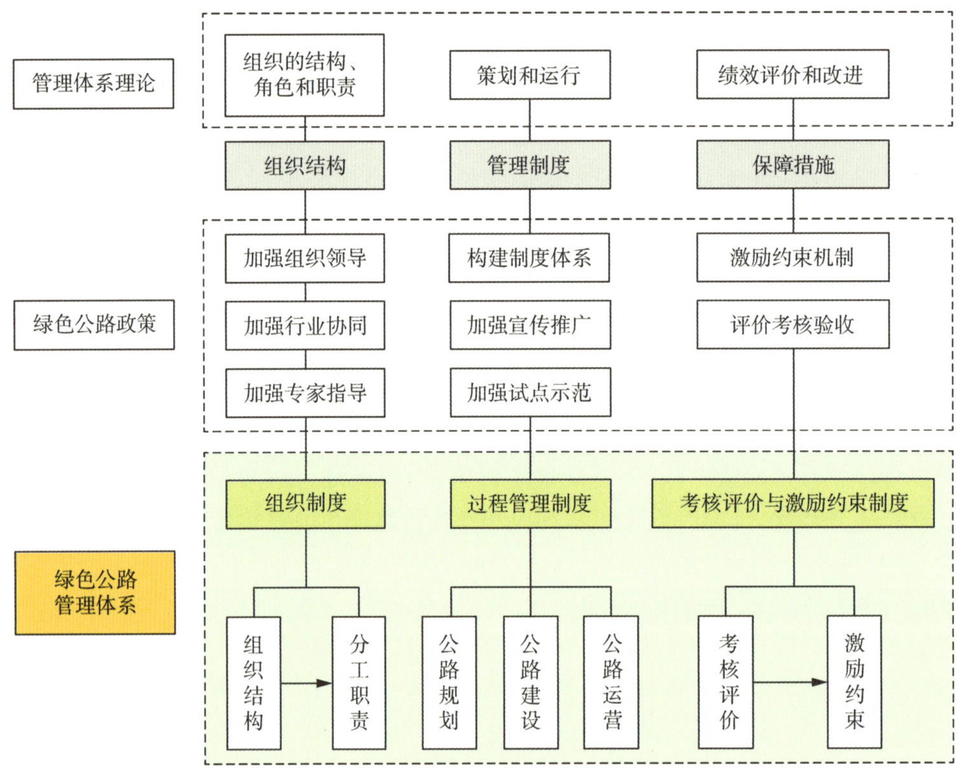

图 4.1-1　绿色公路管理体系结构图

4.2　绿色公路组织制度

4.2.1　绿色公路管理组织结构

绿色公路组织结构指绿色公路建设的参与者及其相互间关系。从绿色公路规划、建设、运营全寿命周期和资源节约、节能高效、生态环保、服务提升全要素两个维度识别，与绿色公路有关的参与者主要包括：各级人民政府及同级的交通运输主管部门和发展改革、自然资源、生态环境、住建、水利、农业农村、文化旅游、公安等其他部门，各级公路管理机构（包括高速公路经营管理机构），公路建设单位、可行性研究单位、勘察设计单位、施工单位、工程监理单位、其他专题咨询单位等，公路养护作业单位，客货运输企业、驾乘人员，公路沿线环境敏感区域，专家、媒体、行业学(协)会等。

绿色公路各参与者之间的关系包括：同行业各级政府部门之间的隶属关系、同级各行业政府主管部门之间的协作关系、政府部门与企事业单位之间的行政监督关系、企事业单位之间的合同关系、公路行业与行业外的相互关系等。绿色公路管理组织结构见图4.2-1。

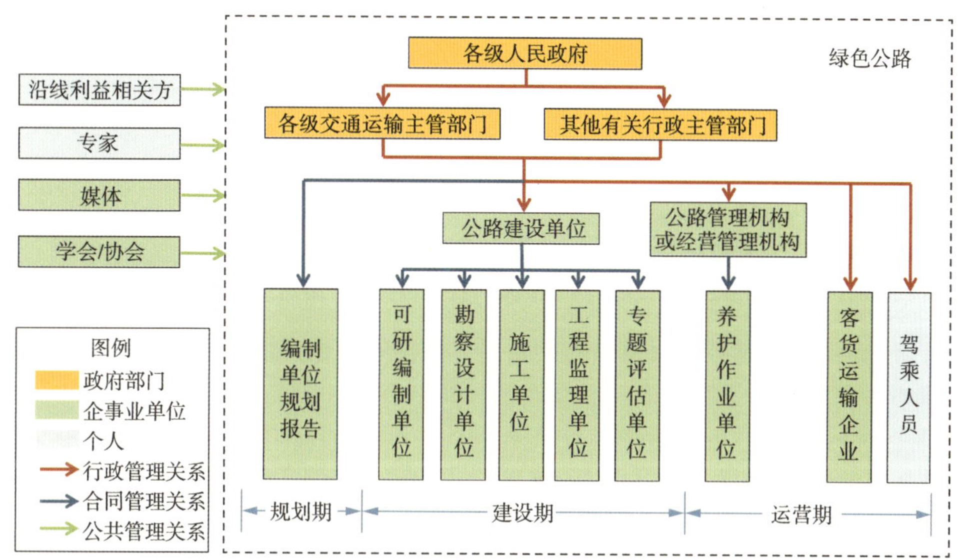

图 4.2-1 绿色公路管理组织结构图

4.2.2 绿色公路管理职责分工

4.2.2.1 绿色公路的主管部门

绿色公路属于公路工作的一个组成部分，其主管部门应当与公路主管部门一致。根据《中华人民共和国公路法》规定的法定公路主管部门及其职责权限，各级人民政府交通运输主管部门主管本行政区内的绿色公路工作；相应地，交通运输主管部门可委托其下设的公路事业发展机构具体承担公路绿色发展工作，各级人民政府交通运输主管部门的内设机构和直属单位按照各自职责，做好绿色公路相关工作，如：计划部门负责公路规划、建设前期工作阶段的绿色公路有关工作，建设管理部门负责公路工程实施阶段的绿色公路有关工作，科技部门负责绿色公路有关发展规划、科技研发、标准制修订工作，财务部门负责绿色公路资金保障工作等。

4.2.2.2 绿色公路实施主体

1. 公路规划阶段

根据《中华人民共和国公路法》，省道规划由省、自治区、直辖市交通运输主管部门编制，由省、自治区、直辖市人民政府批准；县道规划由县级交通运输主管部门编制，由上一级人民政府批准；乡道规划由县级人民政府交通主管部门协助乡、民族乡、镇人民政府编制，由县级人民政府批准。因此，各级人民政府及交通运输主管部门应根据公路规划的级别，按照《中华人民共和国公路法》有关规定，在公路规划编制与审批工作中做好绿色公路有关工作。

绿色公路发展规划是交通运输规划体系的重要组成部分，是指导绿色公路发展的顶层设计。省交通运输主管部门应当负责制定本省绿色公路发展规划，县级以上交通运输主管部门可依据上级绿色公路发展规划制定本行政区绿色公路发展规划。

2. 公路建设与运营阶段

公路建设与运营阶段的绿色公路实施主体依据有关法律法规对不同类型公路在不同阶段的责任主体进行确定。

高速公路建设项目的项目建议书、工程可行性研究阶段的绿色公路工作由省交通运输主管部门负责，初步设计和项目建设实施阶段的绿色公路工作由高速公路建设单位负责；高速公路运营阶段的绿色公路工作由高速公路经营管理单位负责。

普通国省道建设阶段的绿色公路工作由设区市、县（市、区）人民政府明确或组建的普通国省道建设单位承担；普通国省道养护和管理中的绿色公路工作由设区市交通运输主管部门负责。

农村公路中，县道的建设、管理、养护，乡道的管理，县道与乡道运营中的绿色公路工作由县（市、区）交通运输主管部门负责；乡道、村道的建设和养护，村道管理中的绿色公路工作，由乡镇人民政府负责。

4.2.2.3 绿色公路的其他参与单位

绿色公路工作涉及公路规划、建设、运营全过程。该过程中，除了公路规划、建设、运营的责任主体外，还有实行合同管理制度的有关单位参与。因此，除公路实施主体外，承担公路规划研究、勘察设计、施工、监理、咨询、养护作业等的从业单位通过合同管理方式参与绿色公路建设，按照合同约定负责各自工作范围内的绿色公路有关工作。

4.3 绿色公路全过程管理制度

4.3.1 公路规划期

4.3.1.1 公路网规划编制中的绿色公路要求

公路网规划是公路全寿命周期的起点，是确定公路建设项目的基础，是公路合理布局、协调发展的重要手段。在公路规划中落实绿色公路理念，体现了“源头预防”“顶层设计”思想。

根据《公路网规划编制办法》，编制公路网规划必须贯彻国家的方针和政策，严格执行国家颁布的有关法规、制度，以及相关技术规范、标准；满足经济社会发展要求，与生产力布局、国土规划和城镇体系规划相适应，与其他运输方式相衔接；注重经济和社会效益，集约利用土地，保护环境，实现可持续发展。因此，公路网规划编制的技术要求中已包含与绿色公路内涵相关的节约用地、保护环境、可持续发展等内容，公路网规划报告中包含的经济社会影响评价、环境影响分析、土地利用影响分析等章节即是公路网规划阶段落实绿色公路相关要求的表现。

4.3.1.2 公路网规划的环境影响评价

依据《中华人民共和国环境影响评价法》《规划环境影响评价条例》有关规定，我国实行规划环境影响评价制度。公路网规划编制和审批过程中应当执行规划环境影响评价制度。

公路网规划环境影响评价的主要作用是：识别公路网规划实施面临的主要资源环境制约因素，提出规划应该满足的环境保护要求，为规划决策提供所需的资源环境信息；评价规划实施对区域生态系统、环境质量、自然资源、社会环境等方面的影响，论证规划公路网规模、布局的环境合理性和规划实施环境目标的可达性，针对性地提出规划优化调整建议与环境保护措施，从源头上预防或减缓公路网规划实施可能造成的生态破坏和环境污染，促进规划区域社会、经济和环境三者之间的协调发展。

规划环境影响评价的形式包括编制环境影响报告书、编制环境影响篇章或说明两种。根据《中华人民共和国环境影响评价法》、《关于印发〈编制环境影响报告书的规划的具体范围（试行）〉和〈编制环境影响篇章或说明的规划的具体范围（试行）〉的通知》（环发

〔2004〕98 号)有关规定,国道规划、省道规划、高速公路网规划应编制环境影响报告书,农村公路规划应当依据《公路网规划编制办法》有关规定编制环境影响分析篇章。

公路规划的环境影响评价工作应尽早启动,在公路规划研究阶段即同步开展规划环境影响评价研究,及时识别资源环境制约因素,从资源环境角度提出规划优化调整建议,作为公路规划研究、报告编制、审批的依据。

公路规划编制机关应充分重视规划环境影响评价的结论,应当组织公路规划研究和报告编制单位认真研究规划环境影响评价提出的规划优化调整建议,对于合理建议应予以采纳,对规划草案作出相应修改和调整;对于经综合比选不宜采用的,应做好规划研究和报告编制单位与规划环境影响评价单位的沟通和互动,共同研究确定资源环境影响可接受的解决方案。

4.3.2 公路建设期

4.3.2.1 项目前期工作阶段的绿色公路管理

公路建设项目的前期工作主要包括项目建议书、可行性研究报告、初步设计,是决定公路工程实体的智力活动过程。由于公路工程的资源能源消耗和生态环境影响均是依托公路工程实体产生的,因此,项目前期工作也是决定公路绿色发展的关键环节。

在前期工作阶段,应充分贯彻绿色公路理念,提升公路设计的绿色内涵与特质。在可行性研究、初步设计中将资源节约、节能低碳、生态环保作为重要因素融入建设方案的比选论证中,同时在推荐建设方案中积极推动绿色公路技术应用,并将绿色公路建设有关费用纳入工程投资估算和概算,为绿色公路建设注入原生动力。此外,在前期工作阶段还应当依法开展环境影响评价、水土保持评估、用地预审报告编制、节能评估、不可避让生态保护红线论证等涉及资源节约、节能低碳、生态环保的专项评价并办理相应的行政许可手续。

公路建设项目前期工作文件和施工图设计文件的审查和审批是落实基本建设程序、规范行政审批行为、保证公路工程建设质量的重要环节,也是在公路建设中落实绿色公路建设的重要抓手。在公路建设项目前期工作文件和施工图设计文件的审查和审批中需关注与绿色公路有关的要点,主要包括:①交通运输部与江苏省绿色公路有关政策落实情况;②有关资源节约、节能低碳、生态环保的标准条文落实情况;③用地预审、环境影响评价、水土保持评估等专项评价结论及行政许可决定落实情况;④绿色公路技术应用情况。

4.3.2.2 工程建设实施阶段的绿色公路管理

工程建设实施阶段是指自公路建设项目初步设计批准之日起至通过竣工验收正式

交付使用之日止。工程建设实施阶段是公路工程实体实现的过程,其本身也是一个独立的资源消耗和生态环境影响过程,因此该阶段的绿色公路管理既需要以工程质量、进度为前提,保证绿色公路设计的如期实现,也要关注工程建设施工活动本身的绿色发展。

1. 建设单位的绿色公路管理

建设单位是公路工程建设实施阶段中开展绿色公路有关工作的主体。建设单位在绿色公路建设中应当开展的工作包括:

(1) 公路建设单位应当结合本工程和本单位实际,制定绿色公路建设的方案或计划,建立绿色公路建设管理的规章制度,配备负责绿色公路建设管理的人员。

(2) 公路建设单位应当定期对绿色公路建设管理工作开展自评估,必要时可根据评估结果对绿色公路建设方案或计划、绿色公路建设管理规章制度进行调整。

(3) 公路建设单位应当组织开展绿色公路有关教育培训活动。鼓励公路建设单位开展有关绿色公路的对外宣传、技术交流活动。

(4) 公路建设单位可委托具备条件的专业单位协助开展绿色公路建设管理。

(5) 公路建设单位应当在公路勘察设计、施工、监理、咨询等招标文件中明确绿色公路建设有关要求。

(6) 公路建设单位应当在与承担公路勘察设计、施工、监理、咨询等单位签订的合同中,明确承担单位应履行的绿色公路建设有关义务及违约责任。

(7) 公路建设单位应当为承担公路勘察设计、施工、监理、咨询等单位履行合同中绿色公路建设有关义务创造良好条件,并对承担单位履行绿色公路建设有关义务情况进行监督检查。

(8) 鼓励公路建设单位组织有关单位开展科技创新活动。

2. 施工单位的绿色公路管理

施工单位按照合同条款履行绿色公路建设有关义务。施工单位在绿色公路建设中应当开展的工作包括:

(1) 公路施工单位应当在施工组织设计及分部分项工程专项施工方案中编制绿色施工实施方案篇章,推动绿色施工技术在公路施工中的应用。

(2) 公路施工单位应当依据经批复后的施工组织设计及分部分项工程专项施工方案中的绿色施工实施方案,建设必要的设施,配备必要的人员、设备,开展绿色施工活动。

3. 监理单位的绿色公路管理

绿色公路建设作为公路建设的组成部分,应纳入公路工程监理。绿色公路建设的监理内容包括绿色公路设施监理和绿色施工监理两个方面。绿色公路设施监理指对具有资源节约、节能低碳、生态环保等绿色公路效益的公路工程设施的建设质量、进度、费用等进行监理。绿色施工监理指对公路工程施工活动中的资源节约、节能低碳、生态环保等绿色施工行为进行监理。

监理单位在绿色公路建设中应当开展的工作包括：依照法律、法规、有关公路技术规范以及设计文件、公路工程承包合同、监理合同中绿色公路建设有关条款，代表公路建设单位对绿色公路设施的施工质量、进度、费用等和公路工程的绿色施工实施监理。

4. 其他参建单位的绿色公路管理

公路工程的其他参建单位还包括设备和材料供应单位、试验检测单位、咨询单位和其他社会中介机构等。其他参建单位在绿色公路建设中应开展的工作执行合同管理制度。公路建设项目的其他参建单位应当按照合同约定，履行绿色公路建设有关义务。

5. 工程建设实施阶段的监测与监理

绿色公路包括资源节约、节能低碳、生态环保等特征，涉及资源、能源、生态、环境等要素。在绿色公路建设过程中开展资源、能源、生态、环境要素的监测、计量、统计，对于掌握绿色公路建设动态，评估绿色公路建设效益具有重要作用。

绿色公路在工程建设实施阶段应当开展的监测与监理工作包括：

(1) 公路建设单位应当在工程建设实施阶段组织有关单位配备和使用能源计量器具，建立能源计量数据采集、监测和管理制度。鼓励公路建设单位在工程建设实施阶段组织开展公路施工过程的节能评估。

(2) 公路建设单位应当在工程建设实施阶段依法组织开展水土保持监理和监测。

(3) 公路建设单位应当按照经批准的环评文件有关要求组织开展工程建设实施阶段的生态环境监测，并可委托具备条件的专业单位依据有关技术规范开展公路工程环境监理。

6. 竣(交)工的绿色公路管理

交工验收时应检查施工合同中绿色公路建设有关条款的执行情况，评价绿色公路设施质量是否符合技术标准及设计要求，对参建各单位绿色公路建设有关工作进行初步评价；竣工验收时综合评价绿色公路建设成果，对绿色公路设施质量、参建单位开展绿色公路建设有关工作情况和绿色公路建设情况进行综合评价。

依据公路工程竣(交)工有关法律法规规定，结合绿色公路建设特点，绿色公路的竣(交)工应当开展以下工作：

(1) 公路建设项目交、竣工阶段有关参建单位编制的项目执行报告、设计工作报告、施工总结报告、监理工作报告中应当包含绿色公路建设有关内容。

(2) 项目执行报告宜在建设管理情况章节总结绿色公路建设管理情况；设计工作报告宜在设计要点章节总结绿色设计情况；施工总结报告宜在施工安全与文明施工情况、环境保护与节约用地措施章节总结绿色施工情况；开展水土保持监理和环境监理的建设项目，应当在交、竣工阶段提交水土保持监理工作报告和环境监理工作报告。

(3) 公路建设单位应当在工程交工验收后、竣工验收前，按照有关规定组织完成水土保持、环境保护等设施专项验收。

4.3.3 公路运营期

4.3.3.1 绿色管理和服务

1. 公路管理机构

公路管理机构是公路运营阶段开展绿色公路有关工作的主体。在绿色公路运营期，公路管理机构应当开展的工作包括：

(1) 公路管理机构应当制定公路运营阶段绿色公路实施方案与管理制度，配备绿色公路管理人员。

(2) 公路管理机构应当定期对绿色公路运营情况开展自评估，必要时可根据评估结果对绿色公路实施方案和管理制度进行调整。

(3) 公路管理机构应当推动绿色公路科技创新，推动信息技术在运营期绿色公路管理中的应用。

(4) 公路管理机构应当组织开展绿色公路有关培训教育活动。鼓励公路管理机构开展有关绿色公路的对外宣传、技术交流活动。

(5) 公路管理机构可委托有条件的专业单位协助开展公路运营期绿色公路管理工作。

(6) 公路管理机构应当将运营阶段绿色公路建设有关费用纳入公路日常管理、养护费用。

2. 绿色公路运营的监测与评价

绿色公路运营阶段应当开展以下与资源、能源、生态环境有关的监测与评价：

(1) 公路管理机构应当配备和使用能源、资源计量器具，建立公路运营阶段能源、资源计量数据采集、监测和管理制度。

(2) 公路管理机构应当按照经批准的环评文件有关要求，组织开展公路运营阶段的生态环境监测。

(3) 公路管理机构应当按照有关规定组织开展环境影响后评价，并根据后评价结果对公路环境保护设施进行必要的增补或改造。

4.3.3.2 绿色养护

1. 预防性养护

预防性养护是针对公路路基路面、桥隧构造物在结构强度充足、功能性能保持良好或有较轻微病害的情况下，以预防性能过快衰减、延长使用寿命为目标而采取的主动防护工程。预防性养护通过早期养护和小修延缓公路大中修时限，以达到全寿命周期内养护活动的最优效益。因此预防性养护是绿色养护的重要举措。

为推动预防性养护的实施，各级交通运输主管部门和公路管理机构应当按照预防性养护理念制定相应的公路养护标准，并在制定公路养护规划和制订年度养护计划时，逐步提高预防性养护所占的比例，保障预防性养护的资金投入，使预防性养护能够落到实处。

2. 绿色养护作业

绿色养护作业是指运用科学管理手段和先进检测、维修技术，在保证公路养护质量与安全的同时，显著降低资源占用、减少环境污染和能源消耗，实现公路长期高水平服役。

为保证绿色养护技术应用和绿色养护实施效果，养护作业单位应当事前制定绿色养护方案，按照预定方案有序开展绿色养护，并按照绿色养护方案配备技术和管理人员、必要的设备设施，保证绿色养护的实施效果，切实减轻养护作业对资源环境的影响，有效提升养护作业对公路使用寿命和服务质量的正效益。

公路养护作业目前正在向社会化和专业化方向发展。对于公路养护管理与养护作业分离的，公路管理机构应当采用招投标制度和合同管理制度与公路养护作业单位明确绿色养护责任，使其履行相关职责。首先，公路管理机构应当在公路养护作业招标文件中明确绿色养护有关要求；其次，公路管理机构应当在与公路养护作业单位签订的合同中，明确养护作业单位应履行的绿色养护有关义务及违约责任；最后，在养护作业中，公路管理机构应当对公路养护作业单位履行绿色养护有关义务情况进行监督检查。

3. 绿色公路附属设施养护

绿色公路附属设施指为保障绿色公路实施效益而修建的专用设施，如能耗与环境计量监测设施、水土保持设施、环境保护设施、景观绿化等。公路管理机构应当提高对绿色公路附属设施养护的重视程度，组织制定公路节能管理、水土保持、环境保护、景观绿化、管理服务等绿色公路附属设施的专项养护标准和养护计划，组织开展专项养护，实现绿色公路基础设施的全面养护，确保绿色公路整体效益。

4.4 绿色公路建设保障

4.4.1 绿色公路考核评价

绿色公路考核评价是指运用量化指标对绿色公路有关工作开展情况与实施成效进

行评估定级，是检验绿色公路有关工作开展情况和工作质量的重要手段，是实施绿色公路约束与激励的重要依据，是绿色公路管理体系中不可缺少的环节。

4.4.1.1 考核评价对象、实施主体和时间

考核评价对象包括新建、改扩建公路建设项目和已运营的公路项目。一般可由交通运输主管部门或公路管理机构组织本行政区或管辖范围内的公路项目进行考核评价。考核评价周期一般可采取一年一次。

4.4.1.2 绿色公路考核评价的评定标准

考核评价的技术要求可执行《绿色交通设施评估技术要求 第1部分：绿色公路》(JT/T 1199.1—2018)或各省(市、区)已发布的绿色公路评价地方标准。针对不同类型的公路，可以采用差异化的考核评价标准。以江苏省为例，按照江苏省地方标准《绿色公路评价规范》(DB32/T 4306—2022)评分方法所得评分，将高速公路、普通国省道、农村公路三种不同类型的绿色公路项目等级从低到高分为一星级、二星级、三星级三个级别，见表4.4-1。评分值达到相应分值要求的，评定为对应的等级。绿色公路评定设定最低分值，对于评分值低于最低分值的，不评定为绿色公路。

表4.4-1 江苏省绿色公路项目评价等级分值表

	不评定为绿色公路	一星级	二星级	三星级
高速公路	分值＜70分	70分≤分值＜80分	80分≤分值＜90分	分值≥90分
普通国省道	分值＜60分	60分≤分值＜70分	70分≤分值＜80分	分值≥80分
农村公路	分值＜50分	50分≤分值＜60分	60分≤分值＜70分	分值≥70分

4.4.1.3 绿色公路考核评价的方式

由于目前绿色公路建设还是以试点示范形式为主，因此近期考核评价可采用自愿申报方式，远期再逐步推行考核评价覆盖所有公路项目。考核评价可以以一年为周期，每年定期进行，采用申报—评审—公示的考评流程。考评的结果可作为交通运输主管部门进一步实施绿色公路激励与约束的依据。

4.4.2 绿色公路激励与约束

激励与约束是指通过奖励和惩罚手段引导和规范公路行业各参与者在公路规划、建设、运营各阶段执行绿色公路管理制度，履行绿色公路建设职责，使公路的规划、建设、运营满足绿色公路标准要求。

约束与激励的主体和对象具有多层次性。绿色公路组织结构中相联系的上级和下级之间均可构成一对约束与激励的主体和对象，如交通运输主管部门对公路建设单位、公路管理机构的约束与激励。合同关系也构成一对约束与激励的主体和对象，如公路建设单位对设计单位、施工单位、监理单位的约束与激励，公路管理机构对养护作业单位的约束与激励等。

约束与激励机制包括约束与激励两个方面，采用的方法包括物质性和非物质性两类。物质性约束与激励主要是利用经济手段，即罚款和奖金。非物质性约束与激励指经济手段以外的约束与激励方法，可采用表彰与惩罚、信用评价、行政管理、法律制裁等方法。物质性和非物质性约束与激励往往是相互结合的。

4.4.2.1 绿色公路约束制度

1. 法律制裁约束

我国有关资源节约、节能低碳、生态环保的法律法规中均对相关违法行为作出罚则，如《中华人民共和国土地管理法》《中华人民共和国节约能源法》《中华人民共和国环境保护法》等。法律制裁的形式不仅有罚款等经济制裁，还有责令停工、恢复原状等影响工程进度的强制措施，甚至会对主要责任人员实施直接处罚，因此法律制裁是最为严厉的，也是最为有效的约束方式。

各级交通运输主管部门、公路建设单位、公路管理机构在公路规划、建设、运营中违反涉及资源节约、节能低碳、生态环保有关法律、法规和规章的，执行有关法律、法规和规章规定。

2. 行政管理约束

行政管理主要是发挥交通运输行政主管部门对绿色公路的监督作用。在公路工程前期工作阶段，交通运输主管部门对公路建设项目初步设计文件具有审查权限，可在初步设计文件审查管理中采用不予组织审查、审查不通过或责令整改的方式约束有关责任单位在公路设计中落实绿色公路有关要求。在公路工程竣(交)工验收阶段，交通运输主管部门对公路建设项目具有竣工验收权限，可在竣工验收管理中采用不予组织验收的方式约束有关责任单位在工程建设实施阶段落实绿色公路有关要求。

3. 合同管理约束

公路建设单位与设计、施工、监理单位之间，公路管理机构与养护作业单位之间存在合同管理关系，可以通过合同中约定的绿色公路有关工作义务及违约责任条款，约束有关单位落实绿色公路有关工作。

4. 信用管理约束

在公路工程建设市场实施信用管理。可将绿色公路建设运营及资源节约、生态环保、节能减排等工作纳入信用考核指标，通过信用评级引导有关单位积极实施绿色公路有关工作。

4.4.2.2 绿色公路激励制度

1. *表彰激励*

对满足绿色公路评定标准的公路项目，由交通运输主管部门发文授予“绿色公路”称号。被各级交通运输主管部门认定为绿色公路示范工程，或绿色公路有关工程项目或技术成果获得相关科技、咨询、工程奖项，或通过交通运输行业网站、出版物进行典型示范宣传，都属于以表彰形式实施的激励。

2. *信用管理激励*

将获得“绿色公路”称号或表彰纳入信用评定或提级条件等，可以激励公路建设单位和公路管理机构积极主动推动绿色公路有关工作。

3. *资金激励*

交通运输主管部门将绿色公路有关主题，如资源集约与循环利用、节能减排、污染防治与生态保护修复等，纳入交通运输节能减排、污染防治、科技研发等专项资金申报目录，鼓励公路建设单位和公路管理机构以绿色公路项目为依托申报专项资金补助，按照有关经费管理规定对于符合条件的项目给予资金支持。

5 第五章 江苏省绿色公路技术体系

5.1 江苏省绿色公路技术体系构建

5.1.1 绿色公路技术内涵

基于绿色公路的内涵，绿色公路技术的内涵被界定为：

(1) 体现全寿命周期思想，涵盖公路规划、设计、施工、运营、管理、服务全部阶段的技术。根据公路工程技术特点，以公路工程开工和建成通车时间为分界点，划分为绿色公路设计技术(规划、设计)、绿色公路施工技术(施工)、绿色公路运营技术(运营、服务、管理)三个阶段。

(2) 聚焦绿色公路"四大要素"，有利于实现资源节约、生态环保、节能高效、服务提升等绿色公路建设目标的技术均属于绿色公路技术。按照不同技术的目标实现途径划分，分为专项技术和主体工程技术两大类。专项技术指资源节约、生态环保、节能高效、服务提升领域的专业技术在公路工程中的应用；主体工程技术指公路工程技术中资源节约、生态环保、节能高效、服务提升效益优于同类其他技术的技术。

5.1.2 绿色公路技术体系构建原则

绿色公路技术体系是各单项绿色公路技术按照一定的逻辑结构组成的相互联系、相互作用的有机技术整体。江苏省绿色公路技术体系的构建遵循以下原则。

(1) 针对性原则。紧扣绿色公路内涵，对实现"资源节约、节能低碳、生态环保、服务提升"目标具有决定性作用，体现江苏资源环境特征和公路发展水平，能切实提升江苏公路建设的绿色化水平。

(2) 一致性原则。江苏公路要落实交通运输部《关于实施绿色公路建设的指导意见》(交办公路〔2016〕93 号)中绿色公路建设的基本要求，同时与上层位的公路工程技术体系相协调。

(3) 先进性原则。实施创新驱动，紧跟科技发展潮流，加速公路工程与节能、环保、信息化等先进技术的跨界融合，推广新技术、新材料、新工艺、新设备在绿色公路建设中的应用，树立江苏公路在全国的创新引领作用。

(4) 整体性原则。绿色公路技术体系不是各单项技术的简单堆砌，而是在绿色公路建设共同目标的指引下，通过不同专业间以及不同建设阶段间的协同衔接，形成技术集成的合力，从而实现公路建设绿色效益的最大化。

(5) 实用性原则。绿色公路技术体系最终要落实在公路工程建设中，应与现有公路工程技术紧密结合，具备工程可行性和良好的经济效益，符合公路工程专业技术人员的思维模式，从而有利于推广应用。

5.1.3 江苏省绿色公路技术体系表

江苏省绿色公路技术体系表以绿色公路技术资源节约、生态环保、节能高效、服务提升四大特征要素为指导，按照设计阶段、施工阶段、运营阶段全寿命周期划分。其中，设计阶段绿色公路技术按照设计专业划分为总体及路线、路基工程、路面工程、桥涵工程、隧道工程、交通工程、管理服务设施及房屋建筑、环保工程、景观绿化工程、通用技术，见表 5.1-1；施工阶段绿色公路技术划分为绿色工地建设、绿色施工技术、绿色施工管理，见表 5.1-2；运营阶段绿色公路技术划分为绿色公路养护、绿色公路管理与服务，见表 5.1-3。

表 5.1-1 江苏省绿色公路技术体系表(设计阶段)

专业类别	专业要求概述	技术名称	技术内容
总体及路线	总体设计的任务是论证确定公路功能、技术标准、建设规模及建设方案，具有协调路线、路基、桥涵、隧道、路线交叉、交通工程及沿线设施等各专业内、外部的关系，使公路成为完整的系统工程的重要作用。路线专业的任务是选定路线设计方案，确定路线位置。公路作为线性工程，其系统内各类构筑物的空间布局均与路线位置密切相关。因此，总体及路线设计在公路设计中具有基础性和引领性作用。总体及路线对资源环境的影响途径主要体现在：路线位置决定了公路是否穿越耕地、永久基本农田、林地、生态环境敏感区、矿产资源区等资源环境保护区域及占用规模；路线平纵断面线形和路线交叉不仅直接影响公路建设的土石方工程量，而且通过行车状态间接影响公路运营期的机动车能源消耗、温室气体及大气污染物排放。因此，总体及路线绿色设计的要点是最大限度地避让或减少占用资源环境保护区域，提高公路通行效率和服务水平，实现绿色公路资源节约、节能低碳、生态环保的总体目标	公路选线	(1) 尽量避让永久基本农田，减少占用耕地、园地、林地。 (2) 尽量避让生态保护红线、生态空间管控区域、自然保护地、世界自然遗产、饮用水水源保护区，以及其他由公路规划环境影响报告书及其审查意见或公路建设项目环境影响评价文件及其批复文件规定的须避让的其他生态敏感区域。 (3) 尽量避让以居住、医疗卫生、文化教育、科研、行政办公为主要功能的噪声敏感建筑物集中区域。 (4) 尽量避让不可移动文物、文物保护单位。 (5) 公路与铁路、不同等级公路、公路与城市道路共用通道资源
		公路线形设计	在准确掌握规范的设计原则和指标内涵的基础上，结合项目实际情况，因地制宜地灵活运用线形指标，在经过经济技术及安全性论证保证安全的基础上，尽量顺应地势、吻合地形，与地形地物和景观相协调，同时通过线形保持机动车良好运行工况，控制驾驶员驾驶行为，缓解驾驶疲劳
		路线交叉设计	(1) 优先保证主要道路的通畅。 (2) 减少或消除冲突点以提高交叉口的通行能力。 (3) 对主要交叉口和交通量大、通行能力差、易产生瓶颈的路段采用较高的设计标准。 (4) 对其他交叉口根据各相交公路的交通量、计算行车速度、交通组成及其在路网中的作用，并结合地形、用地条件和投资等因素确定交叉形式。 (5) 互通式立交尽量采用形式简单、占地小、工程规模低的型式方案，尽量避让生态环境敏感区并结合地形进行设计
		普通国省道快速化建设设计	对于国省道公路穿越城镇地区以及干线公路与城市道路共用通道的情况，考虑普通国省道兼顾城市道路的功能，通过设置主辅路、控制出入口等手段分离过境及集散交通，实现连续、快速交通流
		公路无害化穿越生态空间保护区域技术	确实无法避让生态空间保护区域的公路建设项目，在穿越生态保护红线、生态空间保护区域(具体包括：自然保护区、风景名胜区、森林公园、地质遗迹保护区、地质公园、重要湿地、湿地公园、饮用水水源保护区、清水通道维护区、洪水调蓄区、重要水源涵养区、生态公益林、重要渔业水域、水产种质资源保护区、特殊物种保护区、太湖重要保护区等)的路段，满足以下要求： (1) 符合相关法律法规，并依法履行相关行政许可手续。 (2) 采用桥梁、隧道等环境影响较小的工程方案，减少对生态格局的改变。 (3) 设置桥面径流收集、事故池、声屏障等污染防治设施，控制污染物排放和环境风险。 (4) 采用先进施工工艺，除必要的便道、栈桥等设施外，不在生态空间保护区域内设置大临工程，减少对生态系统的扰动

续表

专业类别	专业要求概述	技术名称	技术内容
路基工程	路基设计的任务是确定路基标准横断面、高填深挖路基和特殊路基设计方案、路基取弃土方案、路基路面排水系统与支挡、防护工程方案。路基工程对资源环境的影响途径主要体现在：路基横断面尺寸影响公路永久占地状况，路基取弃土方案影响公路临时占地状况，路基路面排水系统与公路对沿线地表水环境的影响有关，路基支挡与防护工程涉及公路水土保持与生态影响，高填深挖路基和特殊路基涉及土地资源占用和固体废弃物的环境影响。《公路路基设计规范》(JTG D30—2015)规定，路基设计应根据公路的功能和等级，遵循因地制宜、就地取材、节约土地、保护环境的原则，通过技术经济综合比选，合理确定路基方案，做好综合设计。因此，从绿色公路建设角度来看，路基工程应当通过优化设计，最大限度地节约土地，减轻对生态环境的影响	路基断面布设及尺寸优化	(1) 采用节约用地的横断面形式。 (2) 优化互通匝道宽度，提高互通整体运行效率。 (3) 因地制宜采用低路堤
		土石方综合利用	(1) 工程内部进行土方平衡与调配，减少弃方量和外借土方量。 (2) 对沿线土方资源进行调研，循环利用建筑基坑弃土、城市建筑垃圾、尾矿、河道/航道开挖弃土等。 (3) 工程弃土用于本工程自身利用、施工临时用地恢复、其他建设工程利用、园区和新农村建设利用、砖瓦建材企业利用、生态修复工程利用、造地利用等
		固体废弃物资源循环利用	利用建筑固体废弃物、钢渣、生活垃圾焚烧炉渣等固体废弃物作为路基路面材料的原料，拓展路基路面材料来源，促进固体废弃物循环利用，保护资源环境
		清淤底泥快速固化技术	利用土工管袋技术快速固化处理清淤底泥，使清淤底泥作为公路工程填方来源成为可能
		特殊路基处理	(1) 对于软土地基，结合软土的物理力学特性、埋深、厚度、施工条件、工期和工程造价等多种因素选择适宜的处理方法，浅层软土处理推荐方法有软土原位固化、软土原位碳化等，深层软土处理推荐方法有双向搅杆搅拌桩、桩承式路堤、板桩路堤等。 (2) 对于液化土地基，根据液化土的成因、公路沿线分布状况、埋深、厚度等液化土自身的物理力学性质，结合路基填土高度、当地的地震设防烈度、工程所在地的设计施工经验进行技术经济比选，加强与总体专业、地质勘察专业的协调，考虑全寿命周期成本，因地制宜选择安全可靠、技术先进、经济合理的处理方案，常用方法有挖除换填、直接振密、碎石桩、砂石桩、十字共振等
		融于自然的路基防护工程	(1) 喷播植草、柳编防护、客土喷播、植生带护坡、三维网植草等路基边坡植被恢复技术。 (2) 基于秸秆纤维帘的生态边坡防护技术
		路基路面排水与径流消纳净化	(1) 采用生态边沟、人工湿地等消纳净化路基路面排水径流。 (2) 采用路缘石、雨水口、初期雨水弃流设施、植草沟、砾(卵)石槽、雨水花园、渗透塘、湿塘、蓄水池、雨水罐、渗井/渗管/渗槽等设施建设体现低影响开发理念的海绵型道路

续表

专业类别	专业要求概述	技术名称	技术内容
路面工程	路面设计的任务是确定路面设计方案、路面结构类型、路面混合料类型。路面工程对资源环境的影响途径主要体现在：路面结构和材料是影响路面寿命和耐久性的重要内因，涉及路面全寿命周期的资源节约问题；路面材料的类型、来源及生产工艺的不同造成不同路面设计方案在资源与能源消耗、温室气体及环境污染物排放方面存在不同的表现。因此，绿色公路的路面设计要点是尽量采用耐久性好、节约资源、节能低碳、生态环保的路面结构和材料	耐久性沥青路面	（1）耐久性沥青路面结构：通过合理的结构组合设计、科学的材料选择、高质量的施工工艺等建设耐久性路面，一方面延长路面服役寿命、减少大中修频次，另一方面在同等使用寿命期限内，可减小路面结构层的厚度。 （2）成品橡胶沥青混合料技术：利用废旧橡胶粉替代普通的 SBS 改性剂来改善沥青混合料的性能，具备优异的抗裂性能、耐久性能及降噪效果。 （3）高模量（抗车辙）沥青混合料技术：高模量沥青混合料是提高重载交通沥青抗车辙性能的一种主要技术途径，其核心特征是采用低标号沥青和连续级配，以提高混合料的动态模量，达到增强路面抗疲劳、抗高温的性能
		沥青混合料节能技术	（1）温拌沥青混合料技术：使用添加剂或者其他方法降低混合料中沥青的黏度，从而可以保证在低温条件下沥青混合料拌和和摊铺的和易性。温拌沥青混合料的拌和温度一般在 120～130℃，施工温度为 110～120℃。该技术可以在不降低沥青路面性能的前提条件下，显著降低施工温度，从而降低沥青路面施工过程能耗及排放，缩短施工时间。 （2）常温沥青混合料技术：常温沥青混合料拌和温度低于普通的热拌、温拌沥青混合料，沥青混合料需要在 90～100℃ 进行拌和，但摊铺、碾压温度又与一般的冷拌材料相当，可以在 10～—40℃范围内进行摊铺和碾压，可大大减少沥青混合料在拌和、摊铺、碾压过程中的能耗与排放
		路面再生利用技术	（1）沥青路面再生利用技术：沥青路面材料再生方式主要有厂拌热再生、就地热再生、厂拌温再生、厂拌冷再生、就地冷再生、全深式冷再生等。 （2）水泥路面碎石化技术：水泥混凝土路面碎石化技术主要分为就地碎石化施工、就地发裂施工、集中破碎再生等
		资源节约型路面基层	（1）资源节约型路面基层材料技术：将极少量的固化剂与废弃土方进行拌和碾压，从而形成各项指标可媲美传统材料的固化稳定土，替代现有的底基层材料或基层材料，从而减少对天然石料的消耗，节约资源，保护环境。所用原材料有土壤、水泥、石灰、固化剂和水。 （2）抗裂嵌挤水泥稳定碎石基层：以连续级配粗集料形成相互嵌挤的骨架，以水泥及细料填充骨架的空隙，形成一种骨架嵌挤密实结构的无机结合料。 （3）振动搅拌水泥稳定碎石基层：振动搅拌技术是一种通过释放激振力来强化搅拌过程的有效手段，在强制式搅拌的基础上，加入振动搅拌，提高了物料的搅拌均匀性。采用振动搅拌技术的水稳基层材料离析现象明显减少，压实更加容易，在保证基层强度等指标的同时，可节约水泥20%以上，基层裂缝数量大幅度减少。 （4）废弃玄武岩水泥稳定碎石基层：碎石场在生产 SMA 集料的时候，会产生大量的 3＃、4＃玄武岩废料。路面基层及底基层可采用废弃的玄武岩 3＃、4＃料替代水稳集料中的 3＃、4＃料
		环保型路面	（1）排水降噪沥青路面：排水降噪路面利用大孔隙的沥青混合料，形成空气通道，能迅速排出路面雨水并有效减轻公路车辆轮胎与路面挤压产生的噪声。 （2）路面光催化净化尾气技术：纳米二氧化钛（TiO_2）具有良好的光催化性能，在光照条件下，能将汽车排放的一氧化碳、碳氢化合物和氮氧化物等污染物分别分解为无害的碳酸盐和硝酸盐。将纳米二氧化钛光催化材料直接添加到沥青混合料中（掺入式）或掺入载体涂覆在沥青路面上（涂覆式），可达到对汽车尾气的催化降解效果，一般应用在交叉口、收费站等机动车尾气排放较大的区域。 （3）环保型路面融雪除冰技术：采用低表面能缓释型融雪除冰技术、氨基酸环保型融雪剂、融冰降噪复合功能性混合料除冰技术等环保型路面融雪除冰技术，解决传统融雪剂腐蚀性大、影响路面寿命、污染环境等问题

续表

专业类别	专业要求概述	技术名称	技术内容
桥涵工程	桥涵设计的任务是确定特大、大、中、小桥、涵洞等的位置、孔数及孔径、结构类型及各部位尺寸。桥涵工程对资源环境的影响途径主要体现在:桥涵结构和材料、桥涵养护及附属设施是影响桥涵寿命和耐久性的重要内因,涉及桥涵全寿命周期的资源节约问题;不同的桥涵结构、材料及相应的施工工艺在资源与能源消耗、温室气体及环境污染物排放方面具有不同的表现;涉水桥涵的布置和结构对地表水环境影响较大;改扩建公路中既有桥涵的处理涉及资源循环利用和固体废弃物的环境影响问题;桥涵构筑物外形也是公路景观和景观影响的重要组成部分。因此,绿色公路的桥涵设计应尽量采用耐久性好、资源节约、节能低碳、生态环保的桥涵结构和材料,并做好桥涵景观设计和涉水桥涵的水环境保护设计	钢结构桥梁	(1) 大跨径钢结构桥梁 BIM 正向设计:大跨径钢结构桥梁采用 BIM 正向设计,将桥梁全部构件、部件模块加入参数化设计,方案优化、自动出图及安全性验算无缝关联和同步,实现智能化、自动化设计。 (2) 中小跨径钢混组合桥梁标准化设计:钢混组合板梁具有轻型化、工厂化、标准化、装配化、信息化的特点,在中小跨径桥梁中应用广泛,对断面形式、主梁片数、横梁间距、桥面板厚度、桥面悬臂板长度、主梁高度等关键参数进行标准化设计。 (3) 钢结构桥梁在公路改扩建工程中的应用:在公路改扩建工程中,钢结构桥梁具有自重轻、建筑高度低、强度高、耐久性好、施工速度快、绿色环保等优势,对于改扩建工程缩短施工周期、提升工程耐久性、减缓环境影响具有重要意义
		公路工程预制装配式桥梁建造	公路工程桥梁采用预制装配式建造,采用工厂化预制生产,现场拼装施工。规定了预制装配式桥梁建造全过程的材料、设计与构造、工厂预制、运输、现场拼装、质量验收要求
		绿色耐久钢筋混凝土桥梁	(1) 标准化预制结构:合理控制桥梁规模,在满足基本跨越功能前提下,根据地形、地貌、地质特点,合理选择标准桥梁跨径,尽量统一桥梁结构型式,采用预制装配式建造方式,采用工厂集中预制生产,现场吊装施工。 (2) 高性能混凝土:高性能混凝土采用低水胶比,选用优质原材料,且必须掺加足够数量的掺合料(矿物细掺料)和高效外加剂,具有耐久性、工作性、适用性、强度、体积稳定性和经济性的特征。 (3) 散装水泥与粉煤灰应用:混凝土拌和使用散装水泥,使用粉煤灰取代水泥应用于桥梁工程下部结构的混凝土中
		薄层桥面铺装	采用冷铺水性环氧防水黏结层替代常规改性沥青+碎石层,采用改性沥青 SMA-13 代替常规的 4 cm 沥青混凝土上面层+6 cm 沥青混凝土下面层的结构
		既有桥梁综合利用	采用模糊综合评判法对既有桥梁维修加固方案进行评价,为既有桥梁的综合利用方案提供决策依据

续表

专业类别	专业要求概述	技术名称	技术内容
隧道工程	隧道设计的任务是确定隧道位置、设计方案、结构类型及尺寸、隧道附属设施形式及尺寸。隧道工程对资源环境的影响主要体现在:隧道结构是影响隧道寿命和耐久性的重要内因,涉及全寿命周期的资源节约问题;隧道建设的弃渣量大,涉及弃渣堆置占用土地资源和资源循环利用问题;隧道洞口位置和洞门形式是隧道生态和景观影响的重要方面;隧道含有供配电、交通监控、通风、照明、排水等附属设施,是公路能源消耗及温室气体、废水、废气排放的重要节点。因此,绿色公路的隧道设计应当尽量采用耐久性好的隧道结构、与生态景观协调的洞口洞门设计,做好弃渣处置、附属设施的节能减排与污染防治	隧道选址选线	(1) 隧道选址:隧道位置满足公路功能与发展需要,服从路线总体走向,充分考虑隧道建设区域的地形、地貌、地质、气象、生态、环保、社会、人文等因素,与隧道外构造物和路线控制点衔接协调。 (2) 隧道地质选线:隧道位置首选地质构造简单、地层稳定、岩质条件较好的区域,应尽量避免穿越工程地质、水文地质极为复杂,断层、滑坡、岩溶、黄土陷穴等不良地质发育的路段。 (3) 隧道生态选线:坚持原有生态系统连续、保护自然植被的原则,综合考虑隧道工程规模、建设难度、工程投资及施工工期等因素,选择与环境协调性好、技术经济性优的隧道方案,隧道建成后要尽量做到对原生态的恢复
		隧道洞口及洞门	(1) 洞口位置选择:洞口位置应根据隧道所处地形地质条件、周边环境、洞外接线、施工条件等综合选择。 (2) 进洞方式选择:采用超前支护进洞、反压回填进洞、半明半暗进洞等进洞方式,实现仰坡"少开挖",甚至"零开挖",减少对洞口自然生态的破坏。 (3) 洞门景观设计:隧道洞口不强调人工痕迹,与周围环境协调
		隧道结构工程	(1) 隧道结构及构建标准化:隧道建筑材料、轮廓断面、小型构件、机电设备等开展标准化设计和采购。 (2) 隧道结构耐久性设计:隧道主体结构应根据不同的设计基准期、环境类别及其作用等级开展有针对性的耐久性设计
		隧道防排水	根据隧道位置的地形及水文条件、气候、生态环境要求、结构方案、施工方法等因素进行综合设计,妥善处理地表水和地下水,使洞内外形成一个完整、通畅、易维护的隧道防排水系统,对于山岭隧道宜采用"半包防水、以排为主"方式,对于水下隧道宜采用"全包防水"方式
		隧道生态环保设计	对于穿越生态敏感区的隧道采用连拱隧道外接整体式路基、盖挖法工法等设计和施工方案减少大填大挖,保护森林植被,减少水土流失
		隧道节能	(1) 隧道节能照明:隧道内照明采用发光二极管(LED)照明灯具替代高压钠灯、高压汞灯、卤素灯等传统灯具。 (2) 隧道通风智能控制:利用隧道内布设的传感器,按照CO/VI浓度变频运行公路隧道通风系统

续表

专业类别	专业要求概述	技术名称	技术内容
交通工程	交通工程设计的任务是确定交通工程及沿线设施各项工程的位置、形式、类型及尺寸。交通工程对资源环境的影响体现在正负效益两个方面：一方面，交通工程设施如交通监控、照明、交通安全设施、交通管理设施、信息感知设施等消耗以电能为主要形式的能源并产生温室气体排放；另一方面，交通工程设施是保障公路交通安全、高效运行的基础设施，可以保证公路上机动车处于良好行车状态，从而控制机动车温室气体及大气污染物排放；此外，随着互联网、物联网、大数据、人工智能、5G 等新一代信息技术在公路交通工程中的应用，交通工程设施对公路安全水平、通行效率、服务品质提升具有显著推动作用。因此，绿色公路中的交通工程设计一方面应当加强节能减排技术在交通工程设施中的应用，推广新能源应用和减少交通工程运行能耗，另一方面应当加强信息技术应用，进一步提升交通工程设施对公路运行的保障作用	交通安全设施	(1) 防撞护栏水性无铬锌铝防锈涂层：防撞护栏防锈涂层材料采用水性无铬锌铝涂料。 (2) 可变限速标志：根据实际情况随时改变现实限速数值。 (3) 可变情报板：采用超节能型可变情报板。 (4) 太阳能爆闪灯：道口爆闪灯采用太阳能供电。 (5) 恶劣天气及夜间明亮公路：采用主动发光标志、雨夜标线系统建设恶劣天气下及夜间明亮公路
		机电设施	(1) 智慧供电系统：采用三相 380 V(10 kV 或 6 kV 可选)输入，通过上端电源柜输出单相 3.3 kV (660 V～10 kV 可选)电压，通过电缆将电力输送到各用电点，在用电点(一个、多个或串型用电点)再通过下端电源箱将 3.3 kV 电压转变为 380 V/220 V 电压向负载供电。 (2) 道路节能照明：道路照明采用 LED 灯替代高压钠灯；合理布置变电所位置和选择导线截面面积，降低线路传输损耗；照明出线回路前端设置照明节能柜，上半夜稳压节电，下半夜降压降流节电。 (3) 交通监控风光互补：利用太阳能、风能发电技术，为沿线监控设备供电。 (4) 多杆合一智慧路灯：在保持灯的基本功能基础上，以灯杆为载体，整合监控摄像头、Wi-Fi 覆盖、公共广播、多媒体信息屏、新能源汽车充电桩、环境/气象信息采集器、报警器、实时数据反馈与发布、光伏发电、风能发电、应急照明系统等硬件功能，通过信息感知技术、数据通信传输技术、照明控制技术、计算机处理技术，将采集到的数据和信息传输到系统平台，实现大数据交互环境下的以智慧照明、智慧安防为核心的管理功能。 (5) 电子不停车收费：通过安装在车辆挡风玻璃上的车载电子标签与在收费站 ETC 车道上的微波天线之间进行的专用短程通信，利用计算机联网技术与银行进行后台结算处理，从而达到车辆通过收费站无须停车而能交纳通行费用的目的。 (6) 车辆超限超载不停车预检管理系统：在车辆正常行驶过程中，动态检测过往车辆的车长、轴重信息，提前对超限超载车辆进行超限预判和分拣，以减少对不超限车辆的二次检测工作，从而进一步减少车辆二次检测所带来的怠速能耗。系统由信息处理中心、石英压电传感器、感应线圈、车牌识别系统(选配)、信息显示屏(选配)、信息传输装置、系统处理软件等部分组成。 (7) 节能车速感知系统：通过收费站称重系统的数据建立车速、车型、轴载三者之间的关系模型，并将此信息用 LED 显示屏的方式在沿线进行滚动播出，提示用户采用最经济车速行驶，以达到最佳的节能效果。 (8) 公路基础设施及运行状态监测：建立公路感知系统，通过对公路主体及附属基础设施的监测、公路路域环境的监测、公路交通运行情况的监测，实现对公路基础设施及运行状态的数字化采集，提升智慧管控能力，包括桥梁健康监测、全要素气象监测、路面状态监测。 (9) 公路运行指示系统：通过外场感知设施实现，包括四大类——信息采集、信息发布、视频监控与其他设备。该系统通过车辆检测器、气象检测器和事件检测器对车辆数据及识别信息、气象数据、视频图像、环境监测数据、桥梁监测数据、异常事件等数据和信息进行监测与采集，经系统监控中心将各类数据和信息进行处理和分析，从而实现可变情报板与可变限速标志实时路况信息、气象信息、环境监测、桥梁检测、交通事故等的预警、信息发布、事故定位等功能

续表

专业类别	专业要求概述	技术名称	技术内容
管理服务设施及房屋建筑	公路管理服务设施及房屋建筑主要包括服务区、停车区、收费站、管理中心、养护工区等。管理服务设施在公路主线之外产生额外的土地占用,办公、生活、生产、服务、经营活动产生能源消耗、水耗以及温室气体、废水、废气、固体废弃物排放,具有不同于公路主线的资源环境影响特征;管理服务设施是公路面向公众服务的重要节点,是体现公路社会形象的重要窗口。因此,管理服务设施及房屋建筑设计应当进一步优化自身功能与布局,提升公路服务品质,同时加强节能减排、资源节约、污染防治技术应用,最大限度地实现资源循环利用、能源高效利用、污染有效控制	服务区综合布局规划与功能设计	(1) 服务区场地规划设计:遵循“加强规划衔接、统筹规划设计、节约集约用地、实现差异化发展”原则,对服务区功能配置、场地布局形式、停车位、加油加气站、智慧功能等开展设计。 (2) 服务区业态发展模式:在传统服务区餐饮、超市、厕所功能的基础上,出现了娱乐休闲、文创体育、艺术展览、特色餐饮等诸多新场景
		管理服务设施节能技术	(1) 绿色建筑:在建筑单体设计中,通过对建筑朝向的合理布置、建筑外墙和窗户的保温隔热技术、窗户和屋顶遮阳的设置、有利于自然通风的建筑门窗设置等非机械电气设备干预手段,来实现建筑需要的采暖、空调、通风等能耗的降低。 (2) 照明节能:室内照明用 LED 型日光灯替代普通荧光灯,或采用日光照明技术。 (3) 清洁能源应用:采用服务区或房屋建筑、路灯灯杆建设分布式光伏发电系统,主要用于服务区和公路管理设施的自用电;采用太阳能生活热水供应系统提供生活用热水,替代燃煤、燃油、燃气等传统化石燃料以及电加热;采用地源热泵空调系统替代以空气为低温热源的传统空调系统;将天然气加气和充电桩融入服务区,为燃气车和新能源汽车提供长途行驶保障。 (4) 能效智能控制信息系统:对公路服务区、管理区等,根据系统预先编排的时间程序对电力、照明、空调等设备进行最优化的管理,从而达到节能的目的
		管理服务设施污染治理技术	(1) 污水处理与中水回用:对管养服务设施和房屋建筑产生的生活污水和生产废水进行收集和处理,满足规定的排放标准后排入地表水体,或建设配套的中水回用管网和设施,将处理水用于冲厕、绿化、清扫、消防等用水。 (2) 加油站油气回收:在加油站装卸汽油和给车辆加油的过程中,将挥发的汽油油气收集起来,通过吸收、吸附或冷凝等工艺,使油气从气态转变为液态,重新变为汽油,达到回收利用的目的,并减少加油过程中挥发性有机物的排放。 (3) 餐饮油烟净化:在餐厅厨房安装油烟净化设备,将烹饪油烟全部收集处理,待满足国家餐饮油烟排放标准后集中排放,并远离相邻的居民区等敏感点
		管理服务设施海绵城市建设	在管养服务设施区域,综合运用生态滞留系统、可渗透路面铺装系统、绿色屋顶或生态屋顶等措施,进行海绵城市建设,控制雨水年径流量,同时有效控制面源污染
		综合展示场馆	依托服务区、管养设施建设绿色公路综合展示场馆,采用多媒体方式对绿色公路的理念、技术与管理应用情况向社会公众进行宣传教育,增强公众与公路的互动,推广绿色公路理念,提升公众对公路的亲近感

续表

专业类别	专业要求概述	技术名称	技术内容
环保工程	环保工程是通过环境工程手段治理公路运行产生的环境污染的专门设施。结合公路环境污染特点，按照环境要素重点分为生态保护工程、噪声污染防治工程、水污染防治工程等。环保工程的实施有利于控制公路污染物排放，保护沿线生态系统功能和人居环境质量，体现绿色公路生态环保的特征	生态保护	（1）植被保护与修复：施工期加强植物保护宣传教育，对保护物挂牌公示；控制施工临时占地范围，减少林木砍伐；对保护植物实施迁移保护或采种育苗保护。在公路中央分隔带、边坡、路侧、路线交叉区、服务区和管养设施、取弃土场、施工临时工程用地范围内实施绿化恢复。 （2）野生动物迁徙通道：公路设置野生动物迁徙通道，诱导在路线两侧生存的野生动物安全横穿公路，减少野生动物横穿公路时的伤亡，减轻公路对生态系统的分割效应，通道类型有路上式、路下式、涵洞式、平面式等
		噪声污染防治	（1）公路交通噪声综合污染防治：从源头预防到末端治理，从工程设施到管理手段，从合理规划布局、噪声源控制、传声途径噪声削减、敏感建筑物噪声防护、交通噪声管理等五个方面开展公路交通噪声综合治理，具体措施有划定防噪声距离、低噪声路面、声屏障、降噪林、隔声窗、禁鸣限行等。 （2）声屏障：在公路途经居住区、学校、医院、疗养院等噪声敏感区域路段，设置一定长度、高度的墙式构造物，达到降低公路交通噪声影响的目的。声屏障设计除满足有关规范要求外，还须考虑结构和材料的耐久性以及特殊工点的精细化设计，此外，结合生态景观和节能减排要求可因地制宜采用生态型声屏障、光伏声屏障等新型声屏障
		水污染防治	（1）桥面径流收集处理：公路跨越Ⅱ类及以上水质地表水体、饮用水水源保护区、自然保护区、重要湿地、清水通道维护区、风景名胜区、重要渔业水域、水产种质资源保护区等水环境敏感路段设置桥面径流收集处理系统，降低路面、桥面径流中污染物排放，保护沿线水环境。 （2）公路危险化学品运输事故应急处置：公路跨越Ⅱ类及以上水质地表水体、饮用水水源保护区、自然保护区、重要湿地、清水通道维护区、风景名胜区、重要渔业水域、水产种质资源保护区等水环境敏感路段设置管道收集和事故池等公路危险化学品运输事故应急处置设施，确保发生公路危险化学品运输事故时，含有有毒有害物质的事故径流不直接排入地表水体

续表

专业类别	专业要求概述	技术名称	技术内容
景观绿化工程	景观绿化工程不仅从视觉和色彩上展现了绿色公路最为朴素和纯粹的“绿色”特性，给予驾乘人员舒适的视觉和心理感受，还在公路系统内营造了一个生态系统，并通过植物固碳作用发挥降碳功能，是绿色公路的重要载体。绿色公路的景观绿化设计应当坚持人与自然、人与公路、公路与自然之间的协调关系，充分发挥景观绿色化工程的生态功能、美学功能、服务功能，促进公路与自然环境融为一体	公路景观绿化设计	对公路空间线形、中分带、边坡、互通立交区、管养服务设施、生态防护林的绿化景观进行专项设计，提升公路路域环境及两侧的风景
		交旅融合景观绿化设计	通过公路旅游选线、路域景观绿化设计、旅游型服务区设计、跨线桥梁景观文化设计等串联公路沿线景观和旅游资源，提升公路自身美学品质和旅游功能
		公路碳汇	通过合理的绿化设计，使公路沿线植被及绿化带能够充分吸收车辆运营过程中排放的二氧化碳
		绿色公路氛围设计	制定绿色公路氛围建设方案，对公路入口、路段、交叉口、互通、桥梁、隧道等开展绿色公路景观设计，利用灯杆灯箱、高杆广告、跨线桥、挡墙、服务区、公交站台等沿线设施进行绿色公路氛围设计，体现地方特色和绿色公路特征
		慢行交通	公路两侧铺设人行步道、自行车道，并可采用彩色沥青路面，为行人、非机动车提供安全、通畅的通道
通用技术	指适用于各专业的通用技术，通过设计技术手段的丰富和信息化水平的提升，提升各专业在绿色公路领域的设计水平和成果质量	建筑信息模型(BIM)在绿色公路中的应用	发挥建筑信息模型(BIM)可视化、协调性、模拟性、优化性以及可出图性优势，在绿色公路建设全寿命周期内应用 BIM 技术，提升绿色公路的建设品质

表 5.1-2　江苏省绿色公路技术体系表(施工阶段)

技术类别	技术要求概述	技术名称	技术内容
绿色工地建设	公路施工“两区三厂”(生活区、办公区、预制厂、拌和厂、钢筋加工厂)是公路施工期资源能源消耗和生态环境影响的集中区域。施工工地在工程永久占地以外增加对土地资源的临时占用和对原有动植物资源的破坏;工地生活、办公、生产消耗资源、能源,产生温室气体、废水、废气、固体废弃物、噪声排放,影响周边生态环境质量。因此,公路施工工地应当坚持以资源节约、节能低碳、生态环保为核心的绿色理念,优化选址和土地节约集约利用,加强节能减排、生态保护和污染防治技术应用,最大限度地减轻施工工地对资源环境的影响	工地标准化	(1) 按照标准化要求建设施工、监理驻地和试验室及施工便道,改善生产生活环境,提高施工管理效率。 (2) 按照标准化要求建设各类拌和站、预制加工场地和材料存放场地,实现混合料(混凝土)集中拌制,钢筋、碎石集中加工,构件集中预制,充分发挥集约化施工的优势,规范施工现场管理,保证工程质量。 (3) 按照标准化要求规范施工现场安全防护设施、安全标识及其他各类临时设施设置,消除隐患,文明施工
		临时工程选址与资源集约利用	(1) 临时工程选址:避让生态敏感区、文物保护单位、噪声敏感区域、永久基本农田,减少耕地、林地、园地占用,尽量利用未利用地和建设用地;临时工程合并建设,合理规划厂区内平面布局。 (2) 施工便道永临结合:施工临时道路与地方永久性道路建设相结合,利用地方永久性道路线位布置施工临时道路,先施工建设地方永久性道路、桥梁,并在施工过程中代替相应的临时道路发挥作用。 (3) 临时用地复垦与植被恢复:施工结束后及时对施工临时建筑进行拆除,对临时用地进行清理平整,覆盖耕植土。原占地为耕地的,恢复为耕地;原占地为林草地的,恢复原有植被;拟作为建设用地的,临时恢复为草地保持水土。 (4) 施工节水:工地采用节水型用水器具;施工现场雨污水分类收集处理后回用
		施工场地节能	(1) 拌和楼节能:沥青混凝土拌和站采用天然气作为燃料,替代重油、柴油。 (2) 施工场地集中供电:工程建设用电利用沿线的发电厂和变电站,通过外接电网的方式提供施工用电,代替传统的施工区柴油发电。 (3) 施工场地照明节能:施工场地照明采用 LED 节能灯具,采用太阳能、风能等清洁能源
		施工场地生态保护与污染防治	(1) 施工区域大气污染防治:围挡、覆盖、洒水、地面硬化、出入车辆冲洗、密闭运输、拌和站除尘。 (2) 施工区域水污染防治:施工用水优先采用回用水;生活污水优先接管,不能接管的应设置污水处理设施;施工泥浆收集处理;桥梁宜采用围堰法施工;隧道施工排水收集处理。 (3) 施工区域噪声污染防治:选用低噪声设备和工艺,安装消音器或隔音棚;合理布置施工场地;合理安排作业时间,避免夜间施工。 (4) 施工区域固体废弃物污染防治:生活垃圾分类收集;危险废物交由有资质单位处理;施工废料尽量回收利用。 (5) 施工区域光污染防治:居民点附近施工避免强光照射或采取遮挡措施。 (6) 施工区域生态保护:严格控制施工占地范围;施工前剥离表土保存;施工结束后及时恢复植被。 (7) 施工场地水土保持:表土剥离、截排水、苫盖、土地整治、复垦、植被恢复等

续表

技术类别	技术要求概述	技术名称	技术内容
绿色施工技术	绿色施工是绿色公路实体的实现过程，既是独立于公路实体的具有自身资源环境影响特征的绿色公路全寿命周期中的一个阶段，也是影响公路实体质量和寿命进而影响绿色公路全寿命周期整体效益的重要因素。绿色施工技术在满足公路施工质量、进度、成本要求的前提下，具有良好的资源节约、节能低碳、生态环保效益，是实现绿色施工的重要途径	施工标准化	(1) 按照规范要求，细化路基、路面、桥涵、隧道、绿化及防护、交通安全与机电等各项工程的施工标准化要求，优化施工工艺，严格工艺管理，提高施工效率和实体工程质量。 (2) 规范质量检验与控制，强化各类验证试验和标准试验，做到检测项目完整齐全、检测频率符合要求、检测数据真实可靠。 (3) 加强对隐蔽工程、关键工序的过程控制和验收，确保工程各项指标抽检合格率达到规范要求
		沥青路面智能施工控制系统	利用沥青路面智能施工系统对沥青混合料的拌和、运输、摊铺、压实过程施工进行智能控制： (1) 沥青混合料拌和智能管控技术：在混合料拌和环节，通过在沥青拌和楼布置传感器和控制器对生产过程中的计量数据、时间数据和温度数据进行实时采集，并实时传输至后台数据中心。数据中心对生产数据进行存储、计算分析和智能反馈，实现对沥青混合料级配、油石比、出料温度的实时控制。 (2) 沥青混合料运输智能管控技术：基于射频识别技术，在混合料装料时，识别混合料开始装料时间、结束装料时间和车辆信息；在混合料卸料时，识别混合料开始卸料时间、结束卸料时间等信息，实现路面铺装质量问题可追溯。在车辆运输过程中，利用北斗卫星定位系统对运输车进行实时追踪，实时监控运输车运输轨迹及运输速度。 (3) 沥青路面摊铺智能管控技术：在沥青路面摊铺环节，通过在摊铺断面布置红外传感器阵列，实时获取整个摊铺断面温度数据，并在施工现场绘制摊铺温度云图，快速确定温度离析区域。通过高精度 GPS 对摊铺机进行厘米级定位，从而获取摊铺机行驶速度。 (4) 沥青路面智能压实技术：在碾压环节，通过基站与移动站的差分计算，实现压路机厘米级定位，实时获取压路机碾压速度和碾压遍数数据，通过红外温度传感器获取碾压温度，指导操作手快速识别欠压或超压区域
		预应力智能张拉与大循环智能压浆系统	(1) 预应力智能张拉系统：预应力智能张拉系统是为了杜绝大桥预制梁施工中人为因素的干扰，用计算机控制的智能技术，使预制梁的施工精度和质量远超传统技术。系统通过传感技术采集每台张拉设备（千斤顶）的工作压力和钢绞线的伸长量（含回缩量）等数据，并实时将数据传输给系统主机进行分析判断，同时张拉设备（泵站）接收系统指令，实时调整变频电机工作参数，从而实现高精度实时调控油泵电机的转速，实现张拉力及加载速度的实时精确控制。系统可根据预设的程序，由主机发出指令，同步控制每台设备的每一个机械动作，自动完成整个张拉过程。 (2) 大循环智能压浆系统：大循环智能压浆系统是为了杜绝大桥预制梁施工中人为因素的干扰，用计算机控制的智能技术，使预制梁的施工精度和质量远超传统技术。大循环回路方式将预应力管道出浆口浆液导流至储浆桶形成灌浆回路，通过持续循环以排除管道内空气，并将水胶比传感器与制浆机绑定自成回路，实时监测浆液水胶比，保证了压入管道内浆液性能满足规范与设计要求。同时，通过在管道两端设置进浆测控仪、返浆测控仪实时监测灌浆流量、压力和测试管道实际压力损失，并根据实测压力损失值自动调整灌浆压力，保证了全管路压力满足规范要求
		粗钢筋直螺纹套筒连接技术	在热轧带肋钢筋的端部制作出直螺纹，利用带内螺纹的连接套筒对接钢筋，达到传递钢筋拉力和压力的一种钢筋机械连接技术，替代传统的钢筋焊接
		水泥混凝土养护双层包覆节水技术	使用土工膜覆盖水泥混凝土表面后，洒水进行混凝土养生，在土工膜外层包裹一层塑料薄膜，塑料薄膜能阻断土工膜中的水与外界的水分交换，减少土工膜中水分蒸发，减少洒水次数，还可以提高养生的效果，替代传统的麻袋、草席覆盖养生
		环保节能钻孔灌注桩施工技术	在工程现场通过机械钻孔的手段在地基土中形成桩孔，并在其内放置钢筋笼、灌注混凝土而做成桩。现代桩基钻孔设备主要有旋挖钻机和冲击钻机两种
		湖底隧道围堰明挖施工技术	先在水中施设围堰结构，然后将围堰内的水抽干后进行支护结构的施工，再由河床面向下进行基坑开挖，完成隧道结构施工后再回填土、回灌水并拆除围堰的一种隧道施工方法

续表

技术类别	技术要求概述	技术名称	技术内容
绿色施工管理	加强绿色公路施工管理，有利于提高公路施工效率、保证施工质量、控制建设成本、减少资源能源消耗、减缓生态影响和防治环境污染，是保障公路施工质量、进度、成本以及资源环境效益的重要措施	施工管理信息化	(1) 公路工程项目管理系统：利用网络技术、计算机技术和信息技术等手段，搭建的信息集成、资源共享的管理平台，主要功能包括电子签名、电子地图、合同管理、计量支付、计划进度、工程月报、质量管理、安全管理、环境保护、征地拆迁、文档管理、信息交流以及竣工资料电子化等，能对工程项目的进度、投资(计量支付)、质量、试验、安全等整个建设周期进行动态管理，为决策层提供分析决策所需的准确及时的信息，提高工程项目整体监控水平和管理水平。 (2) 试验室远程智能监控系统：以标准化管理规范为基础，通过对整个检测过程在系统中的痕迹化管理，保证了数据的真实性、可靠性和检测的公正性。建立统一的试验室计量认证、行业资质、试验室认可、人员资格等参数数据库；对试验仪器设备进行信息化改造，实现试验数据实时传送与管理；安装摄像头，对试验操作及记录填写的规范性进行监控
		施工节能管理	(1) 设备采购节能约束：在设备安装环节对相关的组件或设备进行采购能效约束，可以有效保证后期运营过程中的节能减排，约束范围包括供配电、监控、通信设备、养护机械、办公及生活电器等。 (2) 施工设备能耗管理：通过对工程施工设备能耗的管理，降低施工过程中的能源消耗与温室气体、有害气体的排放。 (3) 沥青路面施工能耗监测：通过人工采集和自动采集方式对沥青路面施工能耗进行监测，并通过施工能耗监测平台实现施工设备能耗的实施监测、历史数据追溯、能效管理与评估功能
		施工生态环保管理	(1) 施工环境监理与监测：依据环境影响评价文件及其批复，对项目施工建设实行环境保护监督管理，开展废水、废气、噪声等环境监测及生态影响观测。 (2) 施工水土保持监理与监测：组织开展水土保持监理和监测，及时、准确掌握公路建设中的水土流失状况，对公路水土保持设施建设的质量、进度和投资进行控制，有效控制公路建设期的水土流失
		绿色施工管理、培训、宣传	(1) 施工质量、进度、安全、环保管理：定期召开例会，分析上阶段施工质量、进度、安全、环保情况，并科学合理下达施工作业计划及施工管理新措施。 (2) 施工人员管理：定期培训，定期举行节能降耗劳动竞赛，通过标语宣传等方式营造绿色公路建设氛围。 (3) 加强与周边公众的沟通，宣传文明施工、绿色施工，争取公众对建设项目的理解，避免公众投诉

表 5.1-3 江苏省绿色公路技术体系表(运营阶段)

技术类别	技术要求概述	技术名称	技术内容
绿色公路管理与服务	绿色公路管理与服务的宗旨是坚持以人为本,充分体现公路基础设施的社会服务属性和国民经济支撑作用,通过制度创新和先进技术应用,在保障公路通行效率的基础上,提升公路的服务能力和服务品质,增强公路交通参与者的获得感和幸福感,展现公路绿色文明的公众形象	公路运行效率管理	(1) 公路指挥中心及协同管理平台:整合某行政区域内各类公路管理有关子系统,建立该行政区域内公路指挥中心及协同管理平台,融合所有公路日常管理的业务功能,具备治超管理、资产健康状态分析与预防性养护决策、交通运行统计分析与拥堵事故主动预防、数据存储、综合展示等功能,实现“平时监管、急时应急、战时应战”目标。 (2) 路政交警联合执法体系:建立路政与交警联合指挥机制、联合巡逻机制、联合执法机制、联合施救机制、联合应对突发事件机制。 具体举措有:简化办事程序,实行联合办公;统筹双方资源,建立联合指挥调度中心,路警联合互动;联合管理,确保公路安全畅通。 (3) 面向突发事件的公路交通应急处置机制:制定公路交通突发事件应急处置预案和公路交通支援其他突发事件应急处置预案,配备应急处置队伍和设备设施,开展公路突发事件应急处置演练
		公众出行服务	采用互联网技术、移动通信技术、计算机技术、地理信息系统、远程数字视频传输、CTI 技术等先进技术手段,有效整合公路管理、道路路况、沿路设施、通行费费额查询、绕行线路、监控调度、养护、路政、服务区、交警、气象、旅游、客运等公路相关出行服务信息,并通过互联网网站、热线服务电话、手机短信、路边信息显示屏等形式将系统信息方便快捷、形象直观地发布给社会公众,为出行人员提供及时、准确、翔实的动态出行参考信息,并诱导车流,提高公路通行能力、减少拥堵
		运营期节能环保管理	(1) 运营能耗监测与管理:针对公路照明、监控设施、桥梁、隧道及管理中心、收费站、服务区、养护工区等场所,采用能效智能管理信息平台对设备信息进行数字化管理,测量和监控设备能耗数据,并根据系统预先编排的时间程序对电力、照明、空调等设备进行最优化的管理。 (2) 公路照明参数实时检测系统:运用车载道路照明照度测试装置进行路面照度检测,替代国标人工逐点测量方法,提高监测效率,减少交通干扰。 (3) 基于噪声地图的公路交通噪声管理:采用噪声地图技术对公路交通噪声进行预测评估,对噪声治理设施和噪声投诉事件进行管理和辅助决策,实现公路交通噪声治理长效管理

续表

技术类别	技术要求概述	技术名称	技术内容
绿色公路养护	绿色养护的核心是通过科学的养护决策体系、先进的技术手段，最大限度地延长公路使用寿命，是绿色公路全寿命周期整体效益的重要表现。同时，养护作业是公路运营期的一种施工活动，和绿色施工相似，也需要强调作业活动中的资源节约、节能低碳与生态环保。因此，绿色养护应当是科学养护策略与绿色养护技术的结合	养护工区	(1) 养护工区配置优化：根据管养路段里程、路面状况、交通量状况、养护设备配置情况等因素，合理优化养护工区配备。 (2) 绿色养护工区：采用光伏发电、太阳能供热和节约用电技术，减少外部电网供给与消耗；采用雨污分流、污水处理、雨水收集和节约用水、中水回用技术，增加养护工区内部水资源重复利用率；运用信息化管理手段提高养护工区运行管理的效率
		公路状态监测	(1) 路面跟踪观测：每年定期对交叉口、桥面等重点路段路面结构的使用性能及状况进行跟踪观测，主要检测车辙、平整度、破损等指标。 (2) 路面管理系统：路面管理系统由数据采集、数据库管理、路网级管理、项目级管理四部分组成，从建设阶段开始收集相关数据信息，并定期对数据进行维护更新，为日后的路面管理及养护提供依据。 (3) 桥梁状态监测系统：通过安装由传感器、控制器、数据采集、传输、管理等组成的系统，测量反映桥梁环境激励和结构响应状态的某些信息，实时监测桥梁的工作性能和评价大桥的工作条件，对结构出现的异常提出警报，以保证大桥的安全运营，并为桥梁的养护维修提供科学依据
		预防性养护	(1) 裂缝修补技术：采用压缝带用于路面一般裂缝维修，替代传统的热沥青灌缝、挖槽回填等养护方法。 (2) 含砂雾封层技术：利用沥青撒布车将乳化沥青稀释液、改性乳化沥青或特制路面保护剂以雾状喷洒在现有沥青路面上的预防养护技术。 (3) 微表处技术：用于结构性能良好、不存在结构性病害的公路路面、桥隧铺装的表面磨耗层，延长路面使用寿命。 (4) 薄层罩面技术：通过对原路面结构进行罩面，可以有效防止路面性能恶化、改善路面平整度、恢复路面抗滑能力，对路面结构也有一定的补强作用，可快速提升路面品质。代表性的有 SMA 薄层罩面、OGFC 薄层罩面及超薄磨耗层等
		公路病害处治	(1) 复合增效型 MAC 薄层技术：复合增效型 MAC 薄层沥青混合料由常规集料、改性沥青和复合增效剂（一种低密度聚乙烯）构成，采用间断密级配类型。添加的复合增效剂，一方面极大地提高沥青胶结料的 60℃黏度，从而改善沥青混合料的高温抗车辙性能；另一方面降低沥青胶结料的高温黏度，降低摊铺温度，提高改性沥青混合料的施工和易性，使得改性沥青混合料易于压实成型。 (2) 绿色块状病害维修技术：采用沥青路面热再生综合养护车对公路路面坑槽、网裂等块状病害进行处治，替代传统的挖补法、喷补法和热再生法，具有明显的节能减排效益
		生态环保设施养护	(1) 公路绿化养护：树体保护、浇水与排水、松土和除草、施肥、修剪与补植、病虫害防治等。 (2) 公路声屏障养护：通过检查、病害评价、维修更换等保持公路声屏障的清洁美观和声学效果，延长公路声屏障使用寿命。 (3) 公路污水处理设施养护：通过建立健全环境管理机构、加大设备设施清竣疏通和检修力度、加强设备运行状态监管、定期监测、专家咨询等加强污水处理设施的日常维护管理

5.2 江苏省绿色公路关键技术简介

5.2.1 公路资源节约与节能降碳关键技术

5.2.1.1 普通国省道快速化建设技术

1. 概述

普通国省道快速化建设指新建或改扩建原有普通国省道公路，使其适应城市及周边地区的快速安全出行需求。江苏省城镇化率高、公路网密度大，国省道公路穿越城镇地区以及干线公路与城市道路共用通道的情况普遍存在。为最大限度减轻城市交通对干线公路快速通行能力的干扰，保障干线公路与城市道路充分发挥各自的预期功能，处于郊区城市建设用地范围内或城镇绵延带上的普通国省道公路，考虑兼顾城市道路的功能，一般通过设置主辅路、控制出入口等手段分离过境及集散交通，实现连续、快速的交通流。

2. 建设条件

快速化建设应根据全省和各地方路网结构、交通特性、建设目标和城市发展规划论证确定。快速化建设条件指标见表 5.2-1。当道路服务水平、道路安全水平任意一项指标满足要求，可进行快速化建设；当城市空间结构、城市发展水平任意一项指标满足要求，可开展快速化建设论证；连接机场、港口等重要或具有特殊功能的国省道，可根据功能需求开展快速化建设论证。

表 5.2-1 普通国省道快速化建设条件

指标			参考值
道路服务水平	基本路段	密度[pcu/(km·ln)]	>32
		平均速度(km/h)	<44
		饱和度(V/C)	>0.7
	信号交叉口	控制延误(s/veh)	>50
		负荷度	>0.8
		排队长度(m)	>80

续表

指标		参考值
道路安全水平	每年每百公里事故发生率[次/(100 km·年)]	>12.7
	每年每百公里事故死亡率[次/(100 km·年)]	>4.2
城市空间结构	就业中心通勤者平均单程通勤时耗(min)	>31.42
	就业中心与主中心的最短道路里程(km)	>7.15
	就业中心街道的就业岗位密度(人/hm^2)的自然对数	>4.07
城市发展水平	城市化水平年均增长率	1%～3%
	城镇建设用地年均增长率	2%～5%
	GDP 增长率	>7%

3. 总体设计

快速化建设应根据全省和各地方路网结构、交通特性、建设目标和城市发展规划论证确定。快速化普通国省道主路的设计标准为一级公路，设计速度宜采用 80～100 km/h，受用地、地形等条件限制时，可采用 60 km/h；辅路的设计速度宜为主路的 40%～60%。普通国省道快速化建设设计除了要符合国家、地方现行相关标准、规范规定外，还须满足以下要求。

(1) 设计应与城市及路网规划相结合，考虑红线等影响因素，因地制宜。

(2) 设计应协调好各专业间的相互关系，确定总体及分项专业的技术标准、建设规模、主要技术指标和设计方案。

(3) 路线设计应合理利用老路，减少对沿线建筑及生态环境的影响，并做好防护、排水等设计，防止水土流失，保护环境，使快速化公路工程建设融入城市和自然。

(4) 应运用运行速度方法，对路线设计、几何指标和线性组合设计进行分析检验，检验运行速度的协调性和一致性。

(5) 确定与作为控制点的高架、桥梁、隧道等的连接位置、规模和间距，应符合功能、安全、服务所需的最小(或最大)距离。

(6) 在设计指标发生突变后，应设置足够过渡段长度保证行车安全。

(7) 应在设计阶段时进行交通安全评价，根据交通安全评价结论，对线性设计、几何指标取用等进行调整优化，对交通安全设施及管理措施进行检查完善。

(8) 对于分期修建的工程，必须在按远期规划的技术标准作出总体设计的基础上，确定分期修建方案，并做出相应的设计。

(9) 在总体设计中应落实环境保护相关措施和意见，结合项目实际协调好公路建设与环境的关系，减少对环境的不利影响。

4. 公路横断面设计

(1) 横断面形式

普通国省道快速化建设的横断面一般可采用地面式、高架式和隧道式三种形式，见图 5.2-1。其中，地面式适用于规划红线较宽、横向交叉道路间距较大的地区，新建城区用地比较富裕或结合城市改造拆迁较少的路段。高架式适用于规划红线较窄、拆迁困难、横向沟通较密集、建设条件受限的路段，高架式又可分为整体式高架和分离式高架。隧道式适用于规划红线较窄、拆迁困难、横向沟通较密集、建设条件受限，且对景观、环境要求较高的路段。

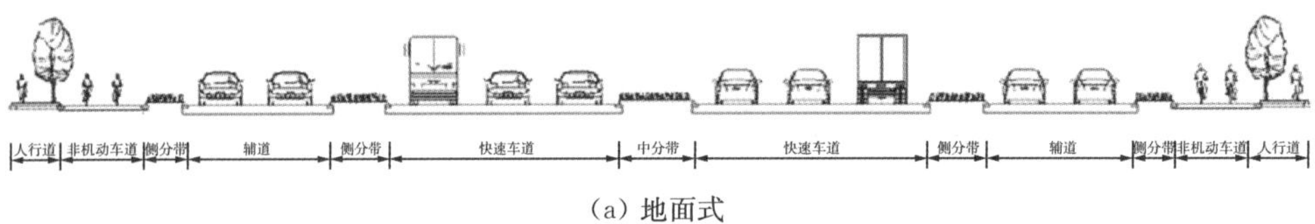

(a) 地面式

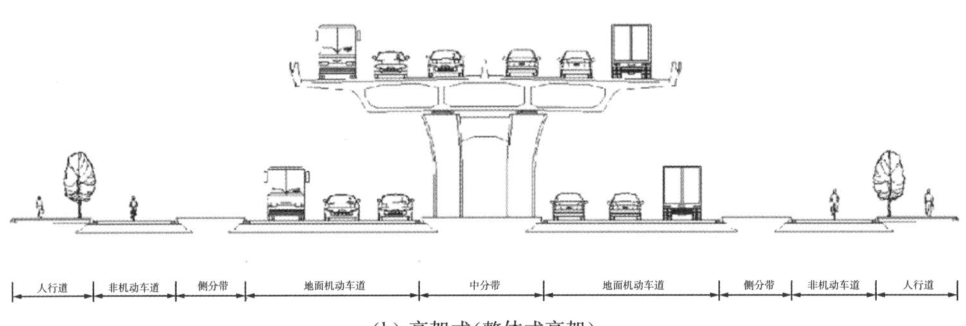

(b) 高架式(整体式高架)

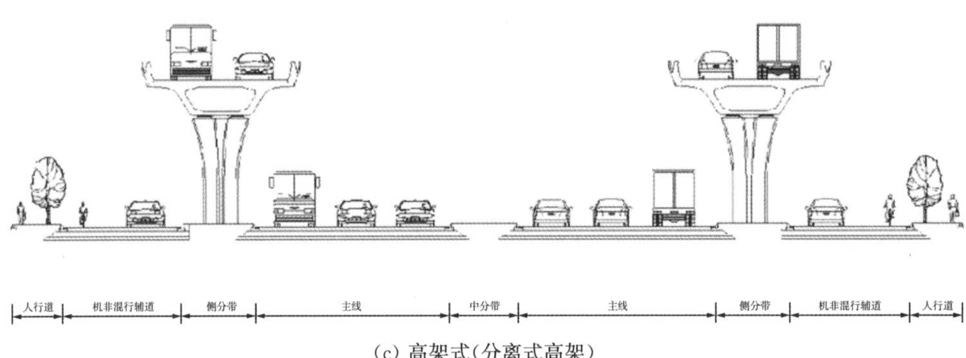

(c) 高架式(分离式高架)

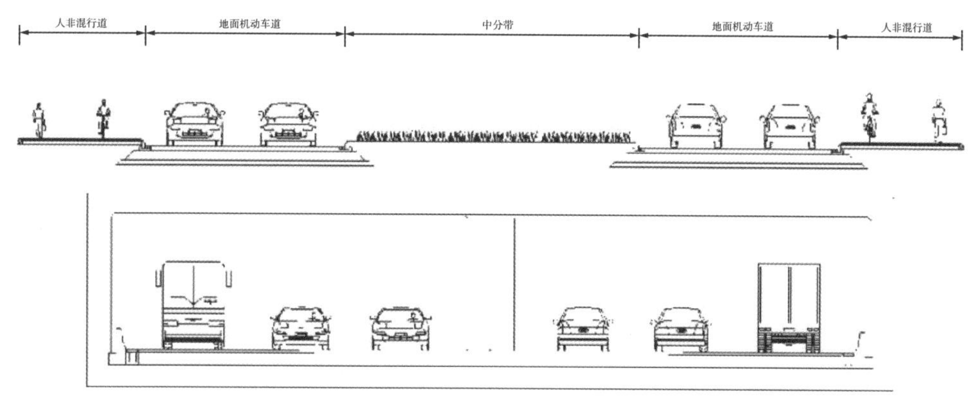

(d) 隧道式

图 5.2-1　普通国省道快速化建设横断面形式示意图

(2) 横断面尺寸

机动车车道宽度依据速度确定。设计速度≤60 km/h 时，车道宽度可取 3.50 m；设计速度>60 km/h 时，车道宽度取 3.75 m。双向八车道及以上断面，内侧车道(内侧第 1、2 车道)仅限小客车通行时，车道宽度可取 3.5 m。双向六车道内侧车道仅限小客车通行时，车道宽度可取 3.5 m。以通行中、小型客运车辆为主且设计速度为 80 km/h 及以上的公路，经论证内侧车道宽度可采用 3.5 m。

非机动车道宽度根据车辆种类确定，自行车为 1.0 m，三轮车为 2.0 m，助动车为 1.5～2.0 m。与机动车道合并设置的非机动车道，车道数单向不应小于 2 条，宽度不应小于 2.5 m。非机动车专用道路面宽度应包括车道宽度及两侧路缘带宽度，单向不宜小于 3.5 m，双向不宜小于 4.5 m。

人行道宽度一般为 3.0 m，最小值为 2.0 m。

快速化普通国省道应设置中央隔离设施。

快速化普通国省道应设置硬路肩，其最小宽度一般设置为 3.0 m，最小值为 2.0 m。满足以下条件的，经论证，可不设置硬路肩：地面式断面，主路单向机动车道数不少于 3 条；高架式断面，主路单向机动车道数不少于 3 条，且出入口间距小于 2.0 km；隧道式断面，主路单向机动车道数不少于 3 条，且隧道长度小于 1.0 km。

5. 线形设计

(1) 平面线形

直线长度：反向圆曲线间最小直线长度(以 m 计)以不小于设计速度(以 km/h 计)的 2 倍为宜；条件受限时可适当放宽，但不应小于 3 s 的行程长度。同向圆曲线间最小直线长度(以 m 计)以不小于设计速度(以 km/h 计)的 6 倍为宜；条件受限时可适当放宽，但不应小于设计速度行驶 3 倍的行程长度。直线段最大长度不宜过长；条件受限采用长直线时，应通过路侧景观设计的丰富性等措施避免驾驶员在长直线段行驶时产生疲劳。

圆曲线半径：完全利用老路平面线形段，可完全利用老路的圆曲线线形；老路线形调整优化段，考虑国省道公路快速化建设后运行速度的提升，按照现行《公路路线设计规范》(JTG D20—2017)执行，但需要考虑技术指标的连续，指标协调过渡。

回旋线：回旋线取值按照现行《公路路线设计规范》(JTG D20—2017)执行。

超高：新建段最大超高横坡度，设计速度 100 km/h、80 km/h 时为 4.0%～6.0%，设计速度 60 km/h 时为 4.0%；老路利用段现有超高经论证可保留。

加宽：加宽取值按照现行《公路路线设计规范》(JTG D20—2017)执行。如条件许可，可适当增加加宽值。

视距：停车视距和识别视距按照现行《公路路线设计规范》(JTG D20—2017)执行。

(2) 纵断面线形

纵坡坡度：主路的最小纵坡不宜小于 0.3%；最大纵坡对应不同的速度，取值为 3%～5%，受地形条件或其他特殊情况限制时，经技术经济论证后，极限值可增加 1.0%。机非混行或采用分隔栏的辅路纵坡不宜大于 2.5%；机非分离的辅路(仅指采用分隔栏或绿化带进行物理分离的路段，用标线分离的路段视为机非混行)的机动车道纵坡按照现行《城市道路工程设计规范》(CJJ 37—2012)执行，非机动车道纵坡不宜大于 2.5%。隧道内应考虑行车安全性、营运通风规模、施工作业效率和排水要求，隧道纵坡不应小于 0.3%，一般情况下不应大于 3%，受地形限制时，中、短隧道可适当加大，但不宜大于 4%。

纵坡坡长：最大纵坡坡长应符合表 5.2-2 规定。当交通组成中轻型车比较高，且突破最大坡长指标可以显著降低工程造价时，可适当放宽对坡长的限制，但应满足现行《公路路线设计规范》(CJJ 37—2012)对最大坡长的要求。

表 5.2-2 纵坡最大坡长

设计速度(km/h)	100			80			60		
最大纵坡(%)	3	3.5	4	4	4.5	5	5	5.5	6
最大坡长(m)	1 000	900	800	900	800	700	800	700	600

竖曲线：竖曲线取值按照现行《公路路线设计规范》(JTG D20—2017)执行。

合成坡度：路线合成坡度应小于表 5.2-3 的规定。

表 5.2-3 最大合成坡度

设计车速(km/h)	100	80	60
合成坡度(%)	8.0	8.0	7.5

6. 道路接入优化设计

(1) 一般要求

普通国省道快速化建设的接入设计必须针对道路的主要功能进行规划、设计和管理,形成功能明确、层次明晰的道路系统,应当满足以下要求。

①快速化公路以服务过境交通为主,必须对接入进行严格的控制,对由快速化公路两侧用地直接出入的车流进行管理,减少对直行交通流的干扰,同时兼顾两侧用地的可达性。

②接入设计应避免在交叉口功能区附近设置道路接入点。

③接入设计应限制平交口区域机动车与机动车、机动车与自行车及机动车与行人之间的冲突点数。

④接入设计应结合交通组织设计,合理布置交叉口处的专用转向车道。

(2) 平面交叉口功能区接入

平面交叉口功能区接入设计应当满足以下要求。

①平交口处接入设计宜合并功能区内过多的接入口,将合并而成的道路接入口设置于交叉口功能区之外。

②平交口处接入设计应根据主路交通量的大小对双向接入道路进行出入控制管理,主要包括禁止左进、禁止左出和禁止左进左出等。

③当交叉口进口道两侧各有一个接入道路时,应当主要考虑交叉口主要道路上的交通流,合理安排接入道路的接入顺序。

④平交口处左转是交通冲突点出现最频繁的一个方向,应当把交叉口的左转车和其他车辆适当分离开来,保证交叉口运行效率和安全。

⑤中央分隔带掉头开口尽量远离平交口,减少平交口转向车辆与掉头车辆之间的交通冲突和阻滞。

(3) 一般路段接入

一般路段道路接入设计要满足停车视距、引道视距和安全交叉视距的要求。在道路沿线开口众多时,宜采取封闭、合并的措施来控制接入道路的数目,靠近快速化公路的单位或企业的出入口应尽量共用开口。

(4) 交通流导入

交通流导入应当结合路段实际情况,选择合适的支路接入长度、宽度以及坡度。考虑到平交口处交通转换为"右进右出"的形式,可参考平交口处设置导流岛的做法,在接入点处利用小型导流岛或护栏等方式将支路的出入交通流分离。

(5) 主辅路出入口

地面式主辅路出口设计须根据主路出口流量及辅路流量选择恰当出口布置形式及宽度。入口设计须考虑辅路驶入车辆对主路车流产生的影响。

车辆从主路出口驶出进入辅路附加车道的行车轨迹为“S”形曲线，应当选择合适的出口宽度及出口线形以保证行车安全。

保证出口通行效率与安全性需设置合理的附加车道长度，在考虑实际道路几何条件及交通状况的条件下，辅路附加车道长度宜为100～120 m。

辅路临近入口路段存在交通紊乱、速度不稳定的状况，宜对入口路段的标志标线进行优化：依据识别视距要求前移入口提醒标志，减少辅路车辆因视认不及时匆忙换道的现象；辅路路口处可采用“外实内虚”标线，避免辅路外侧车道车辆一次变换多条车道。

主辅路出入口间距应大于或等于表5.2-4的规定。当主辅路出入口间距不能满足表5.2-4的规定时，宜增设辅助车道，或增设至少2个车道的集散车道，与主路车行道之间应设物理分割。

表5.2-4　出入口最小间距

主路设计车速(km/h)	出入口形式(m)			
	出口—出口形式	出口—入口形式	入口—入口形式	入口—出口形式
100	760	260	760	1 270
80	610	210	610	1 020
60	460	160	460	760

7. 交叉设计

(1) 辅路平面交叉

快速化公路辅路与其他快速化公路辅路相交，或快速化公路辅路与作为集散的二级公路或三、四级公路相交，或快速化公路辅路与城市次干路、支路相交时，辅路应当设置平面交叉。

辅路平面交叉宜采用信号控制交通管理方式。

平面交叉范围内主路的设计速度宜与路段设计速度相同。当两相交道路的功能、等级相同或交通量相近时，平面交叉范围内的直行车道的设计速度可适当降低，但不应低于路段的70%。当次要道路因交角等原因改线或因条件受限采用较低的线形指标时，可适当降低设计速度。转弯车道的设计速度应根据路段设计速度、交通量、交叉类型、交通管理方式和用地情况等因素综合确定。

平面交叉最小间距，对于国省道公路，一般为1 000 m，最小值为500 m；对于集散公路，为300 m。

(2) 立体交叉

当快速化公路主路与各级道路相交，或快速化公路辅路与高速公路、一级公路或作为干线的二级公路相交，或快速化公路辅路与城市快速路、主干路相交时，应当设置立体交叉。

立体交叉主要类型分为互通式立体交叉和分离式立体交叉，其中互通式立体交叉又分为枢纽互通式立体交叉和一般互通式立体交叉。快速化公路应根据交叉节点在路网的地位、作用、相交道路的等级，并应结合交通转换需求以及立交节点所在区域用地条件确定立交类型，见表 5.2-5。

表 5.2-5 快速化公路主辅路立体交叉选型表

立体交叉类型	选型	
	推荐形式	可用形式
主路—高速公路、一级公路(干线功能)	枢纽互通式	—
主路—其他公路	一般互通式	分离式
主路—快速路	枢纽互通式	—
主路—主干路	一般互通式	分离式
主路—其他城市道路	—	分离式
辅路—高速公路、一级公路或具有干线功能的二级公路	一般互通式	分离式
辅路—快速路、主干路	—	分离式

互通式立体交叉的间距应当满足相邻互通式立体交叉的距离不小于 1.5 km 的要求。条件受限时，经论证相邻互通式立体交叉的间距可适当减小，加速车道渐变段终点至下一互通式立体交叉减速车道渐变段起点间的距离不得小于 500 m，且应设置完善的标志、标线等交通安全措施。当间距小于 500 m，且经论证而必须设置时，宜设置集散车道或将两者合并为组合式互通式立体交叉。

立体交叉匝道设计按照现行《公路路线设计规范》(JTG D20—2017)执行。

8. 交通工程设计

(1) 交通安全设施

快速化公路应配置完善的标志、标线和必要的隔离、防眩设施。

快速化公路高架桥梁与高路堤路段必须设置路侧护栏；大、中型桥梁上应设置高缘石与防撞护栏。

主路立体交叉及其周边地区路网应连续设置预告、指路、禁令等标志，辅路平面交叉宜进行渠化并设置信号灯。

视线不良、急弯、陡坡等危险路段必须设置视线诱导、警告、禁令标志和安全防护设施。

(2) 交通管理设施

快速化公路应设置完善的信息采集、交通异常自动判断、交通监视、诱导、主路及匝道控制、信息处理及发布等设施。

当高架、桥梁、隧道设置结构检测、养护监测等设施时，应与路段的监控系统统一规划设计，协调管理。

监控、收费、通信、照明等管理设施的建设规模应根据预测交通量进行总体设计，并据此实施基础工程、地下管线及预留预埋工程等；规划、设计交通信号路口和路段应预埋过路管。

5.2.1.2 清淤底泥快速固化技术

1. 概述

公路建设经过河湖、沟塘、湿地路段往往在施工中产生大量的清淤底泥，此外航道、水利建设项目也会产生类似的疏浚底泥。这些淤泥的含水率高，传统上采用围堰吹填、自然风干方式，存在处置占地面积大、脱水固化时间长、土地复垦难度大、次生环境问题多等诸多问题。但同时，清淤底泥中也蕴含了巨大的工程土方资源。如果能快速脱除淤泥中的水分，不仅可节约淤泥堆置占用的土地，还能为公路工程本身及其他相关工程建设提供土方来源。

2. 技术原理

土工管袋(Geotube)技术是一种新型的淤泥固化处理技术。土工管袋是由聚丙烯或聚酯纱材料编织而成、具有过滤结构的管状土工袋，可根据工程实际需求定制直径、长度，有效容积最大可达 1 000 m^3，具有很高的强度、过滤性能和抗紫外线性能。土工管袋通过包裹砂类泥土、淤泥等，形成具有柔性、抗冲击的管状包容结构，可高效经济地对多种泥浆进行快速排水固结。用土工管袋处置清淤底泥，较传统的自然干化方式节约占地50%，处置周期缩短至十分之一，排放尾水的污染物浓度大大降低，处置成本明显降低，脱水后的土方可用于公路等建设工程，具有可观的经济和环境效益。因此，可利用土工管袋技术对清淤底泥进行快速固化处置。

3. 系统组成

土工管袋处置清淤底泥的系统包括：场地及土工管袋、絮凝剂及投加设备、淤泥输送系统、沥出液收集系统。

(1) 场地及土工管袋：用于放置充填后的土工管袋进行集中处置的场地应平整，防止杂物刺破土工管袋，但不需硬化处理。

为防止污染地下水，须对场地进行防渗处理，防渗结构自下至上依次为：200 g/m^2 无纺土工布、2 mm HDPE 光面土工膜、200 g/m^2 无纺土工布、500 mm 厚级配卵石滤层。卵石滤层内沿长度方向布置间距 10 m 的 HDPE 穿孔花管，坡度朝向下游排水沟。土工管袋充填次序应由场地中心向四周延伸，并用无伸缩性的绳子加以固定。

(2) 絮凝剂及投加设备：为加大淤泥脱水速率，可在淤泥中添加固体聚丙烯酰胺絮凝剂，投加量为淤泥处置量的 0.2%。现场设溶解设备、储液罐、加药泵。

(3) 淤泥输送系统：淤泥输送系统将淤泥从水域输送至陆域场地中的土工管袋中。

其中设泥浆池，从水域抽取的淤泥先在泥浆池中搅拌均匀后，再由泥浆泵送入管袋中。

(4) 沥出液收集系统：场地四周设置梯形断面混凝土或砖砌集水渠，集水渠终点设置汇水池，汇水池中设排水泵和排水管，将收集的沥出水排入周边水体。沥出水需回用的，还需设置一定容积的储水池储存备用。

4. 工艺流程

土工管袋对淤泥的处置过程可分为淤泥填充、自然脱水和固结清运三个阶段。

(1) 充填阶段：把清淤产生的淤泥通过管道填充入土工管袋中，为加大脱水速率，可投加絮凝剂促进固体颗粒凝聚。

(2) 脱水阶段：利用土工管袋材质所具有的过滤结构和袋内液体压力等动力因素，使清洁水流从土工管袋中排出。经脱水后固体颗粒被存留在土工管袋中，渗出水可收集循环利用或排入自然水体。

(3) 固结阶段：存留在管袋中的固体颗粒脱水后固结。可以将管袋中的固结物取出，根据实际需要做进一步处理后用作工程用土。

土工管袋处置淤泥的生产工艺见图 5.2-2。

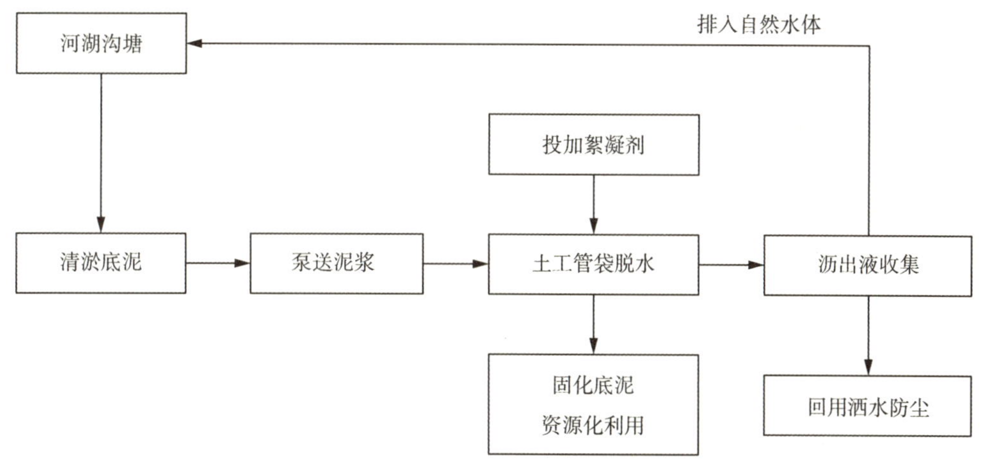

图 5.2-2 土工管袋处置淤泥场地布置及生产工艺示意图

5. 工程效益

土工管袋处置清淤底泥具有以下优势。

(1) 减少临时征地：相比于传统的围堰吹填、自然风干处置方式，该技术临时征地面积少，临时征地占用时间短，占地面积可节约 50%，处置周期不到原来的十分之一，且处置占地不需硬化处理，易于完工后的生态恢复。

(2) 降低处理成本：征地是淤泥处置的主要成本。该技术从减少占地角度也减少了淤泥处置的成本。同时，经该技术处置后的固化土可作公路工程用土，也可产生一定的经济效益。

(3) 控制污染排放:淤泥吹填尾水中的悬浮物含量可达 3 000 mg/L,大大超过国家污水排放标准和水环境质量标准,若不加以处理直接排入环境,将对地表水体水质产生不利影响。采用该技术处置后,沥出液中的悬浮物浓度可控制在 40 mg/L 左右,满足国家污水排放一级标准,减小对水环境的影响。

(4) 土方综合利用:经快速脱水固化后的淤泥便于集中搬运处置,可就近用于公路建设项目的土方调配,社会效益和经济效益显著。

5.2.1.3 固体废弃物在公路路基路面中的循环利用技术

1. 概述

传统的公路路基路面材料需要消耗大量的天然土石料等自然资源。江苏省土地资源和矿产资源紧缺,随着环境保护的日益加强,取土和石料开采受到严格管控,传统路基路面原材料来源紧张、价格增长,成为制约公路工程建设的重要因素。另外,随着社会经济的发展,生活垃圾、建筑垃圾、工业废渣等固体废弃物的产生量与日俱增,为减轻固体废弃物处置所带来的环境污染和土地占用等负面影响,资源化利用逐渐成为固体废弃物处置的重要发展方向,也为公路路基路面材料提供了重要来源。交通运输部《关于实施绿色公路建设的指导意见》(交办公路〔2016〕93 号)提出,"大力推行废旧材料再生循环利用。积极推行废旧沥青路面、钢材、水泥等材料再生和循环利用。推广粉煤灰、煤矸石、矿渣、废旧轮胎等工业废料的综合利用。开展建筑垃圾的无害化处理与利用"。在公路路基路面材料中推广固体废弃物的循环利用,对于同步解决传统筑路材料资源紧缺和固体废弃物处理处置问题具有重要意义,是绿色公路建设资源节约、生态环保特征的集中体现。

2. 建筑固体废弃物再生利用

根据《城市建筑垃圾管理规定》(建设部令第 139 号),建筑固体废弃物是指建设单位、施工单位新建、改建、扩建和拆除各类建筑物、构筑物、管网以及居民装饰装修房屋过程中所产生的弃土、弃料及其他废弃物。再生骨料是指将建筑固体废弃物经过破碎、清洗、分级、筛分等工艺处理后,生产出的骨料。建筑固体废弃物主要由碎石、砖块、混凝土石等成分组成,可进一步处理、加工生产再生骨料。水泥稳定碎石是沥青路面基层的主要形式,若能将再生骨料应用于公路工程基层混合料,可以充分利用建筑固体废弃物资源,对于节约天然资源优质骨料、降低工程造价、保护资源环境具有重要意义。

再生骨料颗粒表面粗糙、多孔,粒形较好,可采用"一次颚式破碎+两次反击破碎"的破碎组合方式生产。为保证骨料颗粒较好的棱角性,去除部分骨料颗粒表面覆盖的水泥砂浆,降低针片状颗粒含量,生产中应当采用整形工艺。我国建筑固体废弃物中砖类含量较高。砖类成分吸水率高、强度低、稳定性差。再生骨料中砖块成分含量较高时,容易导致再生骨料吸水率高、压碎值高,不利于再生混合料强度的形成。因此再生骨料生产时必须对原料进行分类，以减少砖块成分的含量。典型再生骨料组成成分见表 5.2-6。

表 5.2-6 典型再生骨料组成成分

单位：%

成分	砖混再生骨料	混凝土再生骨料
混凝土颗粒	60.9	95.2
砖瓦	36.8	1.0
瓷砖	1.4	3.3
玻璃	0.3	0.3
木屑	0.2	0.1
其他	0.4	0.1

受骨料表面附着砂浆的影响，混凝土再生粗骨料的表观相对密度低于天然粗骨料，而由于砖类成分含量的增加，砖混类再生粗骨料的表观相对密度略低于混凝土再生骨料。由于再生骨料表面黏附的砂浆、骨料内砂浆块、混凝土块、黏土块等成分的吸水率远高于天然石块，因此再生骨料的吸水率远高于天然骨料，砖混类再生骨料的吸水率高于混凝土再生骨料。随着粒径的降低，再生骨料吸水率增加。

有研究表明，水泥稳定再生骨料混合料与普通水泥稳定碎石的无侧限抗压强度、抗压回弹模量、劈裂强度等力学性能指标的发展规律相似。但由于建筑固体废弃物来源复杂、生产工艺不同，再生骨料之间有较大的性能差异，将其应用于水泥稳定碎石时，在再生骨料掺量、水泥剂量、合成级配、干缩性能等方面，需要开展针对性研究与试验观测。

根据江苏省某省道改扩建工程试验段应用情况，42%混凝土再生骨料＋4.3%水泥的混合料，在无侧限抗压强度、劈裂强度、抗压回弹模量等方面，能够达到或略优于 100%天然骨料＋4.0%水泥混合料的水平。

掺入混凝土再生骨料后，水泥稳定碎石的干缩性增加，表现为失水率和干缩系数增大，应充分重视早期的保水养生，适当延长养生龄期。

水泥稳定再生骨料混合料可采用与普通水泥稳定碎石相同的施工设备与施工工艺。再生骨料的应用过程中，不应过于追求大掺量，宜全面考虑各路用性能指标、水泥剂量等参数后综合确定。

3. 钢渣资源化利用

钢渣主要来源于冶炼行业。钢渣是在炼钢过程中，残留的助溶剂与氧化物烧结，然后与铁、铝、镁等金属元素反应形成的冶炼废弃物，是一类典型的工业废弃物。钢渣的化学组分基本稳定，但由于原料及生产工艺的不同，成分含量有较大区别。钢渣外观一般为深灰、深褐色，外表呈多孔块状、少孔块状、无孔块状，力学性能较轧制的碎石好，材质坚硬，较耐磨，而且与沥青有良好的黏附性。因此，在路基路面材料中可掺入适量钢渣，有助于节约传统原材料，实现资源循环利用，降低工程成本，体现绿色公路建设理念。

(1) 钢渣性能

粗钢渣集料表面多孔粗糙,颗粒形状较好,棱角状和立方体状颗粒多。2.36～4.75 mm 档钢渣集料,也具有较好的棱角性,但由于表面粉尘含量较高,因而部分颗粒棱角性不明显。小于 2.36 mm 的钢渣集料,与天然集料相比棱角性较差,粉尘含量较高。

钢渣粗集料表观相对密度大于 3.0;钢渣细集料表观相对密度也多大于 3.0。

钢渣的压碎值并不优于玄武岩集料或者石灰岩集料,原因可能为钢渣集料内部较多的空隙及囊状结构。

钢渣是多孔性集料。《道路用钢渣》(GB/T 25824—2010)中对此特别规定了用于沥青混合料的钢渣吸水率可以放宽至 3%。实际钢渣集料的吸水率可能超过规范规定,使用前应通过试验测定。

钢渣的洛杉矶磨耗值并不高于天然集料的磨耗值。

钢渣的针片状含量略低于玄武岩集料和石灰岩集料的针片状含量。

(2) 钢渣沥青混合料

以下为一种以 AC-13C 型和 SMA-13 型沥青混合料为例的钢渣沥青混合料配合比设计方案,其中,钢渣分为 1#(9.5～16.0 mm)、2#(4.75～9.5 mm)、3#(2.36～4.75 mm)、细集料(0～2.36 mm)四档。

AC-13C 型钢渣沥青混合料:1#料∶2#料∶3#料∶细集料∶矿粉=36∶27∶11∶25∶1,钢渣集料质量比例为 74%,最佳油石比为 4.84%。

SMA-13 型钢渣沥青混合料:1#料∶2#料∶细集料∶矿粉=46∶32∶13∶9,纤维掺量为 0.3%,钢渣集料质量比例为 78%,最佳油石比为 5.80%。

该钢渣沥青混合料合成矿料级配组成见表 5.2-7。

表 5.2-7 某钢渣沥青混合料合成矿料级配组成

混合料类型	通过下列方孔筛的质量百分率(%)									
	16.0 mm	13.2 mm	9.5 mm	4.75 mm	2.36 mm	1.18 mm	0.6 mm	0.3 mm	0.15 mm	0.075 mm
AC-13C	100.0	92.1	69.3	40.1	25.5	21.1	15.9	11.6	9.2	6.2
SMA-13	100.0	91.5	61.6	25.1	20.4	16.4	13.9	11.8	11.1	9.8

该钢渣沥青混合料路用性能评价如下。

①高温稳定性

钢渣集料沥青混合料的动稳定度要高于玄武岩及石灰岩配制的沥青混合料。

由于钢渣原料性能、合成矿料级配、钢渣掺量、油石比等因素的差异,同种类型的钢渣沥青混合料,其动稳定度也有较大的差异,但与天然集料沥青混合料相比,钢渣对动稳定度的增加有明显的促进作用。

钢渣加入后,其动稳定度达到甚至略微高出采用不同改性剂及高黏沥青的沥青混合料。

②低温稳定性

钢渣集料沥青混合料的低温稳定性要优于玄武岩集料配制的沥青混合料。对于钢渣沥青混合料，由于钢渣原料及测试环境的区别，即使沥青混合料类型相同，其低温条件下的破坏应变也有较大的差异。

③水稳定性

各种类型的钢渣沥青混合料冻融劈裂强度比和浸水马歇尔稳定度均可达到较高的水平。采用基质沥青与钢渣配制的 AC-13C 型钢渣沥青混合料的水稳定性，可达到或超过玄武岩集料配制的 SMA-13 沥青混合料的水稳定性。采用 SBS 改性沥青和钢渣配制的 AC-13C 型钢渣沥青混合料的水稳定性，略优于 SBS 改性沥青和玄武岩集料配制的 SUP-13 型和 SMA-13 型沥青混合料的水稳定性。

④抗滑性能

上述方案中的钢渣沥青混合料的构造深度、渗水系数、摩擦系数指标均可满足规范要求，具有良好的抗滑性能。

(3) 水泥稳定钢渣-碎石混合料

以下为一种水泥稳定钢渣-碎石混合料配合比设计方案，其中钢渣分为 1＃(10～30 mm)、2＃(5～10 mm)、3＃(0～5 mm)三档：水泥剂量为 4.0%，粗集料：细集料：1＃料：2＃料：3＃料＝37：13：8：28：14。该混合料合成级配见表 5.2-8。

表 5.2-8 某水泥稳定钢渣-碎石混合料级配组成

筛孔(mm)	31.5	19.0	9.5	4.75	2.36	0.6	0.075
质量百分率(%)	100.0	76.9	46.5	29.7	20.2	8.3	3.0

4. 生活垃圾焚烧炉渣资源化利用

随着社会经济的发展及城市化进程的推进，城市生活垃圾产生量与日俱增。焚烧是生活垃圾无害化处理的重要方式。生活垃圾经焚烧处理后，会产生占垃圾总量 25%左右的炉渣。生活垃圾焚烧炉渣若作为一种资源利用，既可以节约用以垃圾填埋的土地资源，又可以作为替代材料而减少自然资源的消耗，特别是用于公路建设的基层材料，符合绿色公路资源节约和生态环保的特点。

生活垃圾焚烧炉渣的化学成分中，二氧化硅的含量最高，其次为氧化铝和氧化钙，其他的化学成分(包括重金属)的含量相对较少且被有效固定，其化学成分与水泥混凝土工业中的硅质混合材料的成分十分类似。

由于生活垃圾焚烧炉渣中熔渣的多孔结构，炉渣密度小于碎石密度，吸水率远大于碎石集料的吸水率，因此在将焚烧炉渣作为集料时需考虑高吸水率带来的影响。炉渣压碎值介于 30%和 45%之间，炉渣抗压强度低于碎石，但与海砂相似。焚烧炉渣经过 5 次饱和硫酸钠溶液浸泡与烘干循环后的质量损失率略高于石灰岩碎石的质量损失率，说明炉渣承受硫酸钠结晶压没有产生显著的破坏，坚固性良好。

根据某干线公路应用案例，将生活垃圾焚烧炉渣按照20%的质量比例替代石灰岩碎石形成基层混合料，在炉渣与水泥掺量相同的情况下，粒径分布相似的炉渣碎石混合集料的最佳含水率与最大干密度相似；细颗粒含量的增大会增大混合集料的最佳含水率与最大干密度。

水泥稳定炉渣级配碎石的无侧限抗压强度随着养生龄期的增大而增大。相同养生龄期下，使用未经破碎的原状炉渣的水泥稳定炉渣碎石的强度明显低于使用破碎炉渣的水泥稳定炉渣碎石。破碎炉渣掺量为20%、水泥掺量为4%时，水泥稳定炉渣碎石的7 d无侧限抗压强度能够满足规范中对重交通公路路面基层材料的强度要求。

5.2.1.4 资源节约型路面基层结构技术

1. 概述

随着交通建设力度的不断加大，公路在整个国民经济发展中的地位和作用日益凸显。为保护环境，造福子孙万民，国家对石料开采进行了严格管控，造成砂石材料"奇货可居"、价格暴涨，导致道路建设成本大幅提高，原材料质量也有明显下降的趋势。随着建设力度的日益加大，交通基础设施建设所需的资源开采与环境保护之间的矛盾日益突出。为有效缓解这个矛盾，通过将极少量的固化剂与废弃土方进行拌和碾压，从而形成各项指标可媲美传统材料的固化稳定土，替代现有的底基层材料或基层材料，从而减少对天然石料的消耗，节约资源，保护环境。

2. 作用机理

资源节约型路面基层结构所用原材料有土壤、水泥、石灰、固化剂和水。固化土所用土壤应为黏土、砂性土或其他适用于路基的土壤类型，有机质含量宜控制在10%以下。固化土强度性能主要由水泥提供。而石灰有两个作用：一方面石灰消解可以消耗土壤中的多余水分（一般固化土最佳含水量为10%～20%）。根据应用实践，5%的生石灰添加量，其发热蒸发和反应吸收，可以使含水率在80%以上的土壤水分降到20%以下。另一方面石灰水化消解后能增加固化土后期强度，同时，减少固化土裂缝。除了提高固化土抗水性能外，固化剂材料还起到催化剂的作用，能够加速水泥、石灰及土壤之间的各类反应。特别地，砂性土及含水率适中的黏土可以不掺加石灰。

资源节约型路面基层结构的作用机理包括两部分。

(1) 固化剂和土壤中矿物成分及化学成分的作用

最主要的反应是土壤、水泥中的 SiO_2 和 $Ca(OH)_2$ 在固化剂的催化下，生成水化硅酸钙凝胶 $CaO—SiO_2—H_2O$。胶体能起到润滑剂的作用，消除土粒间的摩擦力，使得土壤在碾压时达到更大的密实度。在碾压完成后，随着土粒间内部的水循环，遇到 K、Na

等金属离子后，胶体结构被破坏，生成 $CaSiO_3$ 这种极难溶解的盐类。由于 $CaO—SiO_2—H_2O$ 胶体可以进入土粒的水化膜，在受碾压往外排水的过程中，其自身的固态性越来越高，并逐渐把周围的土粒强有力地胶粘在一起，土粒间形成新的结合力，使得土粒具有更高的抗弯拉能力，并且这种结合力已不再受到水干扰，因此土壤的工程性能得到了极大的提高。此外，固化剂中 SO_4^{2-}、Al_2O_3 与 $Ca(OH)_2$ 或者是土壤中原有的 $CaCO_3$ 反应，生成 $Al_2O_3 \cdot 3H_2O$ 胶体，它在土壤中所起的作用与 $CaO—SiO_2—H_2O$ 胶体一致，且胶体破坏后的晶体结构更加稳定。

(2) 固化剂与水的作用

一般土壤由于其比面积非常大，能够吸附大量的水，在土粒和水膜之间的静电引力可高达 10 000 个大气压。在自由水供给充足的条件下，水膜还会不断变厚，造成土质松软，产生巨大的膨胀力。如果土基受干缩湿胀及冻融循环的反复作用，会造成道路的隆起、断裂、波浪、拥包、沉陷、翻浆等损坏。固化剂借助电化学土壤离子化的原理，有效减小吸附水膜厚度或将它排除。固化剂与土中物质反应生成的胶体，占据原有弱结合水及自由水的位置，在碾压作用下，胶体结构被破坏，这些胶体还原成难溶性盐，并和土粒结合，一方面形成抗水性，另一方面通过盐的连接，提高土的机械强度。通过固化剂对土粒本身的改变，土粒与水的结合形式及土粒本身的连接形式发生本质变化，所以以往水所能够产生的破坏都不再存在，达到了稳定、斥水的最终结果。

3. 原材料

(1) 土壤固化剂的技术性能指标应符合现行行业标准《土壤固化剂》(CJ/T 3073—1998)的规定，土壤固化剂类型应根据土质情况经过室内试验慎重选择。

(2) 凡能被粉碎或原来松散的土，都可用作固化土基料被固化。

(3) 土粒最大粒径不应大于 15 mm，且大于 10 mm 的土颗粒重量应小于土总重量的 5%，土块直径不应大于 10 cm，且 10 cm 土块重量应小于土总重量的 10%。

(4) 土中有机质含量(重量比)不宜超过 10%。

(5) 土的其他技术要求可由室内试验根据固化剂类型提出。

(6) 土的检测方法应符合现行国家标准《土工试验方法标准》(GB/T 50123—2019)的规定。

(7) 水、水泥、石灰等其他原材料应符合施工要求。

4. 固化土配合比设计

固化土配合比设计应以固化土混合料凝结时间与体积安定性合格为前提，以达到 7 d 无侧限抗压强度标准值为依据，并结合施工现场条件，进行经济技术综合比较后酌情确定和辅料配合比例。

配合比设计须经过以下试验步骤：原材料试验、固化土击实试验、试件制备、固化土凝结时间与体积安定性试验、固化土无侧限抗压强度测定，最终确定设计配合比。

5. 固化土施工

(1) 固化剂一般分为粉体和液体。粉体固化剂采取路拌法施工时一般应用于底基层,按设计确定好的掺量和石灰、土壤一起翻拌,应注意将混合料拌和均匀,翻透,其拌和遍数不少于 4 遍,达到混合料颜色一致。当粉体固化剂采取厂拌法施工时,拌和站需安排 1 个冷料仓来添加粉体固化剂。

液体材料是浓缩液体。按设计确定的掺量,当用路拌法时,固化剂与土壤、石灰一起翻拌后进行消解,然后再加水泥拌和;采用厂拌法时,应在拌和站设置两个水槽,将固化剂在水槽中稀释成溶液后进行添加。

(2) 混合料生产按照室内试验确定的比例,在土壤中添加石灰,充分搅拌后闷料 48～72 h 以使石灰充分消解,然后添加土壤固化剂以及水泥进行混合料生产。

(3) 固化土松铺厚度等于压实厚度乘以松铺系数,分层压实厚度每层不宜大于 20 cm。

(4) 固化土分层施工时,固化上层土拌和时应在下层表面 1 cm 深度内"拉毛",且层于层之间不得留有未掺拌的素土层。

(5) 固化土混合料应在最佳含水量时压实,当固化土混合料过干时,应喷洒固化剂稀释液使其满足最佳含水量要求。

(6) 固化土混合料宜用振动式压路机先静后振碾压 1～2 遍,然后改用轮胎式压路机继续碾压。碾压时重叠部分应为 1/3～1/2 轮宽,后轮应超过两段接缝处,重复碾压不少于 4～5 遍,至固化土层表面无明显轮迹为止。

(7) 压路机的碾压速度:第 1～2 遍应不大于 1.5 km/h,以后碾压速度宜不大于 2.0 km/h。碾压应由两侧向中心,由低处向高处进行。

(8) 碾压过程中,应及时削高填低,但严禁素土找平;当出现"弹簧"、松散、起皮等现象时,应及时采取措施处理。

(9) 固化土混合料终压时用轻或中型压路机静压一遍。

(10) 碾压结束前,应仔细进行终平,其固化土层外观、高程、路拱应符合设计要求。

(11) 在碾压过程中,施工接缝处应搭接拌和,垂直对接。第一段拌和后,留出 5～8 m 不进行碾压,在第二段施工时再将前段余留的未碾压段混合料添加相同的土壤固化剂重新拌和,与第二段相连一起碾压。

(12) 固化土从掺拌到碾压宜在 4 h 内完成,条件困难时,必须在固化土初凝最大延迟时间内完成。

(13) 固化土的验收按照现行《公路路面基层施工技术规范》(JT/J 034—2000)进行。

5.2.1.5 钢结构桥梁技术

1. 概述

2016 年交通运输部印发《关于推进公路钢结构桥梁建设的指导意见》要求,推进钢箱梁、钢桁梁、钢混组合梁等公路钢结构桥梁建设，提升公路桥梁品质，发挥钢结构桥梁性能优势，助推公路建设转型升级。《关于实施绿色公路建设的指导意见》要求，推进钢结构桥梁的应用，发挥其全寿命周期成本方面的比较优势。

2. 中小跨径钢混组合结构桥梁标准化设计

钢混组合梁是通过抗剪连接件将钢材与混凝土材料组合在一起共同工作，按照所处截面位置的不同，充分发挥钢材强度抗拉高、混凝土抗压性能好的优点。同传统应用的钢筋混凝土结构相比较，钢混组合结构在桥梁的应用中，使得梁截面尺寸减小、结构自重减轻、地震作用减弱、有效使用空间增加、基础造价减少、安装方便、施工周期在一定限度内变短、构件和结构整体的延性增加等；同钢结构相比，减小用钢量、增强经济性、增大刚度、增加稳定性和整体性是组合结构的优点。

钢混组合梁中，钢混组合箱梁多用于 50 m 跨径以上的中大跨径桥梁，发挥其抗扭能力强、整体性好以及更能适应大跨与特殊要求的特点。钢混组合板梁多用于以 20～40 m 跨径为主的中小跨径桥梁，由于钢混组合板梁轻型化（降低对施工设备和施工环境的要求，保护既有设施）、工厂化（确保工程质量、节能环保）、标准化（降低工程成本）、装配化（提高作业效率）、信息化（确保质量的可追溯性，提高维修养护的针对性）的特点，在高速公路、城市高架等中小跨径桥梁中有较好的推广前景。

钢混组合板梁常见断面一般分为双主梁与多主梁断面。双主梁断面一般适用于桥宽小于 13 m 的桥梁。对于双向六车道桥梁，单幅桥宽为 16 m，宜采用多主梁断面，可以减小钢主梁板厚，桥面板吊装重量轻，施工难度降低。

多主梁钢混组合板梁桥设计的关键参数主要有：主梁片数、横梁间距、桥面板厚度、桥面悬臂板长度、主梁高度。

以桥宽 16 m、跨径 30 m 多主梁钢混组合板梁桥为例，各参数影响情况及推荐方案如下。

(1) 桥面板厚度

桥面板厚度的变化对横向分布系数和钢主梁应力影响较小，而对桥面板横向承载力影响较为显著，故考虑桥面板横向承载力时取 0.28 m 为最优方案。但是增加桥面板厚度会显著增加桥梁的造价，结合经济性分析考虑，桥面板厚度取 0.25 m 为最优方案。

(2) 主梁片数

主梁片数（间距）的变化对于横向分布系数、桥面板横向承载力和钢主梁应力、结构稳定性都有显著影响。主梁片数为 2、3 片时，桥面板有效分布宽度折减较多，当主梁片数设置为 4 片以上后，有效分布宽度几乎不折减。当主梁片数增加时，横向弯矩显著降低。当主梁片数≥4 时，随着主梁片数的增加，桥面板横向受力减少幅度有限。当主梁片数越多时，纵向抗剪的安全富余度越大。而主梁片数的变化对纵向钢筋的设置影响有限。主梁片数的增加将导致结构用钢量显著提升，且主梁片数越多，用钢量指标增加幅度就越大。综合考虑桥面板预应力和普通钢筋设置情况，2 片梁形式的钢板组合梁需要使用横向预应力，其造价将显著提升；而 3 片梁由于主梁间距较大，横向钢筋配筋量提升，其造价略大于 4 片梁。综上，对于双向六车道单幅桥宽 16 m 的钢混组合板梁，横向设置 4 片主梁最为经济合理。

(3) 桥面悬臂板长度

悬臂长度的变化对于中梁和边梁的横向分布系数而言各有优劣，而对于桥面板横向承载力和钢主梁应力而言影响较小，对结构的稳定性有一定的影响，考虑结构的稳定性时取 2.0 m 的悬臂长度为最优方案。结合经济性分析考虑，悬臂长度取 2.0 m 时为最优方案。

(4) 横梁间距

横梁间距的变化对于横向分布系数、桥面板横向承载力和钢主梁应力、结构稳定性都影响甚小，因此横梁间距取 5 m 时为最优方案。

(5) 主梁高度

主梁高度的变化对横向分布系数影响较小，而对桥面板横向承载力和钢主梁应力、结构稳定性影响较为显著，考虑桥面板横向承载力和钢主梁应力时取 1.65 m 高为最优方案，而考虑结构稳定性时取 1.35 m 为最优方案。提升主梁高度对桥面板横向承载力和钢主梁应力的影响大于对结构稳定性的影响，因此结合经济性分析考虑，取主梁高度 1.65 m 时为最优方案。

3. 钢结构桥梁在公路改扩建工程中的应用

在公路改扩建工程中，钢结构桥梁具有以下优势：

(1) 自重轻，可保证只更换病害严重的混凝土上部结构，有效利用原有下部基础，节省造价；拼宽后沉降差小，对新旧结合部受力有利。

(2) 建筑高度低，应用于边梁更换、支线上跨桥或跨航道桥，可以最大限度保证桥下净空，减少对周边桥梁的拆除重建或顶升施工，降低桥梁改造的规模。

(3) 强度高、耐久性能好，极限承载力有保证(极限承载力安全富裕度远大于混凝土结构)且力学性能稳定，确保拼宽后的结构安全。

(4) 扩建施工速度快(工厂化加工，现场拼接，可吊装、顶推)，在降低对现有交通影响、减少工期方面具有突出的优势。

(5) 绿色环保，钢材可以回收利用，不会出现废旧混凝土梁难以处置的问题。此外，江苏省内河水运发达，未来将实施大量的内河航道整治工程，而内河航道往往与生态空间保护区域、水环境敏感区等重叠。因此在内河航道整治工程中，跨河公路桥梁的改造施工对施工周期、环境保护要求较高，钢结构桥梁的优势也适用于此类桥梁的改造。

综上，推广钢结构桥梁在公路改扩建工程中的应用有利于缩短施工周期、提升工程耐久性、减小环境影响，是充分体现江苏公路发展特征的绿色公路建设技术。

(1) 拆除重建主线引桥

对于病害严重的中小跨径主线引桥，在二次加固效果不佳的情况下，不宜拼接，需要拆除重建或采用线位分离扩建方案。在此情况下，应当论证新建钢混组合桥梁代替病害混凝土桥的可行性。钢混组合桥梁具有重量轻、施工速度快、结构强度高、耐久性好、绿色环保等特点，在公路扩建项目中具有较好的应用前景。

根据对相同跨径的空心板、小箱梁、T梁、现浇箱梁、钢混组合板梁、钢混组合箱梁和钢箱梁进行的全寿命周期经济技术综合比较，钢混组合板梁初期建设成本比小箱梁略高15%；考虑了钢材回收利用之后，钢混组合板梁与小箱梁的全寿命周期经济指标接近，钢箱梁建设成本相对偏高。另外，综合考虑到钢混组合板梁强度高、耐久性好、吊装轻便、便于养护等技术上的优势，对于拆除重建引桥，采用钢混组合板梁进行建设相比混凝土桥梁具有一定的经济技术优势。

若跨径太小，采用钢混组合板梁结构刚度较差，经济性也不占优势，因此钢混组合板梁结构主要应用于跨径25～30 m的情况。

(2) 净空受限拼宽桥

对于跨高等级公路的既有桥梁，若老桥评估状况良好，可利用老桥进行拼宽改造。一方面，老桥混凝土结构梁高偏低；另一方面，受横坡影响，新建拼宽桥梁桥下净空压缩。而下穿高等级公路交通量大，无法下挖，拼宽桥梁就受到净空限制的影响。因此，在此情况下，采用钢混组合桥梁拼宽，可以较传统混凝土梁减少对净空的占用，在利用老桥的基础上，保证桥下净空。

(3) 互通、支线上跨桥

需要改建的互通匝道桥、支线上跨桥、主线上跨桥，受到下穿主线、高等级道路、大堤等净空限制，需要合适的桥型减少纵断面抬高量，保证施工时的交通组织，不中断下穿道路正常通行。在上跨桥梁中采用钢箱梁或钢混组合梁，吊装重量轻，施工快速方便，相比混凝土桥梁在公路扩建项目中具有明显优势。

(4) 跨干线航道桥

跨干线航道桥主要为60～120 m跨径的预应力混凝土连续梁，在现有桥梁跨径无法满足规划航道净空要求时，需要拆除重建。

这类桥梁重建可采用的桥型一般有：预应力混凝土连续梁、钢箱连续梁、系杆拱、下承式钢桁梁等。其中，钢桁梁相对于连续梁具有自重轻、建筑高度低、杆件运输便捷、施工质量好、架设速度快、对通航影响小的优点；相对于系杆拱桥安全性能高，克服了吊杆寿命短问题；相对于钢箱梁回避了钢桥面铺装开裂、桥面板疲劳等关键难题。因此，下承式钢桁梁桥为跨干线航道桥最适合的钢结构桥型，可利用老桥基础、主桥两岸接线，缩小改造范围，节约建设投资，最大限度地适应现有的路线纵断面。

综上所述，对于病害严重的中小跨径主线桥，可采用新建钢混组合桥梁代替病害混凝土桥。对于上跨高等级道路的桥梁拼宽改造,可采用安装轻便、梁高低、刚度高、自重轻、收缩徐变小的钢混组合结构进行桥梁拼宽。对于支线上跨桥、互通匝道桥改建,可采用钢箱梁或钢混组合梁,最大限度地减小对现有交通的影响。对于跨省级干线航道桥,可采用钢桁梁,具有自重轻、建筑高度低、施工速度快、对通航影响小、结构形式合理安全可靠等特点。

5.2.1.6 公路工程预制装配式桥梁建造技术

1. 概述

预制装配式桥梁是指由预制构件或部件通过各种可靠的方式连接组合成整体的桥梁。预制装配式桥梁采用标准化预制生产,现场吊装施工,质量稳定,工序衔接停留时间短,能够大幅提高施工效率,保障施工质量,降低施工人员劳动强度,减少施工污染,是体现绿色公路理念的重要表现。交通运输部印发的《关于实施绿色公路建设的指导意见》(交办路〔2016〕93 号)和《关于打造公路水运品质工程的指导意见》(交安监发〔2016〕216 号)等文件,均提出要鼓励工程构件生产工厂化与现场施工装配化,注重工程质量,提高工程耐久性,实现工程内外品质的全面提升。

2. 基本要求

装配式桥梁设计应遵循安全、耐久、适用、环保、经济、美观的原则,满足标准化、工厂化、机械化要求。

装配式桥梁设计应以工业化建造理念为指导,深度结合工厂制造、构件运输、现场施工、运维管养等形成基于工业化建造的产品设计体系。

在设计前期阶段,应进行制作、运输和拼装的技术可行性论证。

应根据环境条件、跨度、结构形式等工程实际情况,合理地确定构件的形状和尺寸。预制构件的最大尺寸和重量应结合起重、运输工具的能力、道路状况和建筑限界等要求确定,并应简化构件类型,遵循少规格、易组合、好施工的原则。

装配式构件连接应构造简单、传力明确。接缝的形式应根据构件的制作、运输、堆放、安装、质量控制等要求综合确定。同时应根据项目所处环境及国家现行规范等进行装配式结构的拼装缝及预制构件的耐久性设计,接缝材料应满足耐久性能指标要求。

在进行装配式桥梁设计时,构件构造及连接应满足抗震设防烈度要求;当抗震设防烈度超过 7 度时,应做专项抗震设计;构件连接应满足抗震设防烈度要求。

预制构件的吊装设计应按实际可能发生的各种工况进行验算,并满足国家现行规范的要求。

在进行下部结构设计时,应结合现场情况,合理选择建造方案。当项目存在下列情况之一时,不宜采用预制结构:①变宽、变高等异形结构较多,难以实现生产标准化;②模块划分或施工影响导致结构受力发生变化,其设计指标难以满足规范要求;③运输受限等。

3. 装配式桥梁设计与构造

桥梁结构应进行承载能力极限状态和正常使用极限状态设计。根据桥梁结构在制造、运输、安装和使用过程中的作用影响，可将桥梁设计分为四种状况：持久状况、短暂状况、偶然状况、地震状况。桥梁结构针对前述四种设计状况均应进行承载能力极限状态设计；对持久状况还应进行正常使用极限状态设计；对短暂状况及地震状况，可根据需要进行正常使用极限状态设计；对偶然状况，可不进行正常使用极限状态设计。

桥梁结构设计采用的作用、作用分类、标准值和作用效应组合应按现行《城市桥梁设计规范》(CJJ 11—2011)、《公路桥涵设计通用规范》(JTG D60—2015)、《城市桥梁抗震设计规范》(CJJ 166—2011)、《公路桥梁抗震设计规范》(JTG/T 2231-01—2020)、《公路工程抗震规范》(JTG B02—2013)、《公路桥梁抗风设计规范》(JTG/T 3360-01—2018)规定计算。

桥梁结构材料及设计指标、结构分析、构件设计、连接构造和计算、疲劳计算、抗倾覆计算等内容，应按现行《公路钢结构桥梁设计规范》(JTG D64—2015)、《钢-混凝土组合桥梁设计规范》(GB 50917—2013)、《公路钢混组合桥梁设计与施工规范》(JTG/T D64-01—2015)、《公路钢筋混凝土及预应力混凝土桥涵设计规范》(JTG 3362—2018)、《节段预制拼装预应力混凝土桥梁设计标准》(DG/TJ 08—2255—2018)规定执行。

预制拼装桥梁应注重构造设计，应考虑装配式结构的精度要求，确保预制构件之间拼装时的精度匹配。

装配式桥梁要特别关注预制构件在施工安装时的结构受力是否满足规范要求。

节段预制拼装桥梁的结构体系、施工方案，应综合考虑建设条件、施工设备等。

采用逐跨拼装方案时，桥梁跨径不宜大于 55 m；采用悬臂拼装施工方案时，桥梁跨径不宜小于 55m。

节段预制拼装混凝土箱梁采用等高度梁时，梁高宜取跨径的 1/20～1/16；采用变高度箱梁时，梁底曲线宜采取折线或圆曲线形式，其梁高在跨中宜取跨径的 1/28～1/22，在支点宜取跨径的 1/20～1/16。

节段预制拼装桥梁混凝土主梁应按全预应力混凝土构件设计。

整体预制梁可按 A 类预应力构件设计或普通钢筋混凝土构件设计。

节段预制拼装桥梁宜选用体内体外混合配束体系。抗震设防烈度 8 度及以上地区的节段预制拼装桥梁，不应采用全体外预应力体系。

体外预应力钢索应可更换，设计使用年限应不低于 35 年。体外预应力钢索更换时应不影响现状桥面交通。设计时应留有供体外预应力钢束维护、更换的空间和设备进出的通道。

装配式桥梁下部结构拼接缝处正截面受拉边缘不允许出现拉应力。

根据构造、施工及环境等要求，装配式桥梁上、下部结构节段接缝面的连接方式可采用干接缝、胶接缝、湿接缝和砂浆接缝四类(见表 5.2-9)。体内体外混合配束的节段式箱梁，应采用胶接缝或湿接缝；在无冻融循环、无氯盐作用环境，全体外预应力箱梁可采用干接缝。桥梁下部结构节段拼装应采用胶接缝或砂浆接缝。

表 5.2-9 装配式桥梁上下部结构节段接缝面连接方式

接缝类型	干接缝	胶接缝	湿接缝	砂浆接缝
常用做法	不涂任何黏结材料而直接相拼的接缝	涂以环氧树脂胶，环氧树脂厚度一般为 0.8～3 mm	通过凿毛表面，然后填充环氧混凝土来实现连接，湿接缝的宽度一般为 20～30 cm	采用高强无收缩砂浆进行找平连接的接缝
使用场合	环境侵蚀性小的桥梁上、下部结构	桥梁上、下部结构	桥梁上部结构合龙或拼装误差纠正处	桥梁下部结构

灌浆连接套筒(波纹管)布置在预制墩柱中时，应考虑套筒(波纹管)对墩柱刚度及相关构造的影响。

应根据所处环境条件，考虑预制拼装墩柱和盖梁的拼装缝、墩柱和盖梁预制构件的耐久性设计，拼接缝处环氧黏结剂和垫层应满足耐久性能指标要求。

4. 工厂预制

节段预制应综合考虑现场的实际条件和工期安排，设置或选择相应规模的预制厂。

预制构件生产前，应由建设单位组织设计、监理、施工、生产单位对设计文件进行交底和会审，必要时，生产单位应根据批准的设计文件制作加工详图。明确预制过程中质量控制要点，确保最终成品满足设计图纸和相关规范的要求。

预制构件生产前，应编制生产方案，具体内容应包括生产计划及工艺、模具方案、技术质量控制措施，成品存放、运输、保护方案、混凝土施工方案等；雨季、冬期和预应力构件还应编制专项方案。

预制构件生产应建立首件验收制度，在工程实施前，应进行样板施工，经建设、设计、监理和施工等相关单位认可后，方可实施。

桥墩预制施工用钢筋笼胎架、钢筋笼定位板、预制台座、模板、吊具等设备应根据具体施工工艺和精度进行专项设计。

应按照设计要求和现行相关规范要求对施工用原材料质量、钢筋加工性能、混凝土性能、构件结构性能等进行检查和检验，合格后方可使用，应具有完整的生产操作依据和质量检验记录。

拼接缝处的构件表面在浇筑完成后应及时凿毛，直至完全露出新鲜密实的混凝土，并用洁净水冲洗干净。

室外日平均气温连续 3 d 稳定低于 5℃或最低气温低于－3℃时，应采取冬季施工措施，可采取蒸气养护措施。

预制构件厂应有固定场所，并宜自建混凝土拌和站，拌和站建设应符合当地主管部门及国家标准的要求。

为保证梁段预制和安装的精确，应委托具有专业资质的监控单位，进行全过程施工监控测量及计算。

5. 运输

施工单位应根据预制构件的大小、重量合理选择运输车辆、吊装设备，运输前应对路线实地勘察并优选运输线路。

对运输线路的道路路面应进行调研、检测，对路线所经桥梁应进行鉴定评估。

施工单位编制的吊装运输方案应符合现行行业标准《建筑机械使用安全技术规程》(JGJ 33—2012)的要求，方案经相关单位批复后方能实施作业。

6. 现场拼装

拼装施工前应在复测原控制网的基础上，根据施工需要适当加密与优化，建立满足拼装精度要求的施工测量控制网。

拼装前应对拼接面的坐标、标高和水平度进行复测，立柱的轴线方向与承台的轴线方向应一致。

拼装前，施工、监理单位应对拼装方案中的材料、设备到场情况、吊装区域地基处理情况进行复查。

拼装前，宜选择有代表性的单元进行构件试拼装。必要时，根据试拼装结果及时调整完善施工方案和施工工艺。

节段进场前应进行下列检查：节段的标识、合格证；节段的外观质量、尺寸偏差、接触面的平整度及垂直度偏差；节段的混凝土强度；节段上的预埋件、预留孔洞的规格、位置及数量。

节段拼装前应进行预拼装。

在正式拼装过程中，应严格控制桩基、承台、墩柱和盖梁顶面高程和垂直度。

灌浆料应贮存于通风、干燥、阴凉处。灌浆料的温度应不小于 10℃且不大于 40℃，当气温低于 5℃时，拼装时应对灌浆料进行保温；同时应对拌和所需的水进行加热，水温应不小于 30℃且不大于 65℃；拌和灌浆料成品温度应不小于 10℃。

在拼装过程中，应采取措施做好构件和成品的保护工作，防止造成损伤。

桥梁上、下部预制构件拼装施工应进行全过程质量控制，在上一道施工工序质量检验合格后再进行下一道施工工序。

5.2.1.7 BIM 在绿色公路建设中的应用

1. 概述

BIM 是一种应用于工程设计、建造以及工程管理的数据化工具，具有可视化、协调性、模拟性、优化性以及可出图性五个基本特征，通过对工程的数据化、信息化模型整合，在项目设计、施工和养护的全寿命周期过程中进行共享和传递，使工程技术人员能够正确理解各种建筑信息并进行高效的应对，为设计团队以及包括施工、运营单位在内的各方建设主体提供协同工作的基础，在提高生产效率、节约成本和缩短工期方面发挥重要作用。BIM 作为一种基于工程项目"协同"的管理方式和技术工具，无论是从理念上还是在实践中都与绿色公路建设的全寿命周期、系统化等要求相契合，通过可视化、模拟性、协调性等技术特点辅助绿色公路建设。交通运输部《关于实施绿色公路建设的指导意见》提出"积极应用建筑信息模型(BIM)新技术"。按照绿色公路资源节约、节能高效、生态环保、服务提升的内涵要求，BIM 技术可在公路工程的设计、施工、运营三个阶段分别进行应用，有助于提升绿色公路的建设品质。

2. BIM 在绿色公路设计中的应用

(1) 路线设计中的土地保护应用

公路建设需要占用大量的土地资源，也会影响扰动区土地的质量。尽量减少占用耕地，避让永久基本农田、重要作物种植区、生态敏感区等是绿色公路建设的重要目标。传统的路线设计在公路项目竣工前不能直观地查看路线方案对土地占用的情况，往往忽略了地形因素对设计造成的影响。BIM 可以利用其可视化技术对路线设计方案进行可视化展示，通过设计方案可视化直观展示及对比调整分析，减少主观判断误差或位置不对称造成的土地资源浪费。

(2) 协同设计中的节能高效应用

传统的协同设计方式是以项目负责人为主导，各专业负责人根据项目需求与目标制定工作计划并汇总，然后按专业分先后顺序开展设计工作与图纸的绘制。这种模式容易导致各专业间信息不能实时传递和互相验证。借助于 BIM 技术的协同模式，能够增强各专业间的交流及成果验证，提高设计效率，节约设计资源。

(3) 参数化设计中的资源循环应用

对于复杂的工程项目而言，基于 BIM 的参数化设计能够实现设计模型重复利用从而节约设计资源。BIM 参数化设计是元素之间通过函数建立特定的约束，当这种关系中的某个元素发生变化时，通过函数驱动与之关联元素的参数变化。参数化设计并不仅仅局限于某个软件层面上，任何具有这种关联性特点的设计方法都属于参数化设计范畴。在工程项目初步设计阶段应用中，基于 BIM 技术的参数化设计提供了一种高效的解决方案，能够解决设计过程中的诸多问题，如设计快速变更修改、构件自适应修改等。

(4) 特殊结构桥梁设计中的应用

随着桥梁技术的发展以及人们对建筑审美的提高，如今越来越多的工程项目在考虑质量的同时还须兼具美观，从而导致了工程项目中出现了越来越多的特殊的异形结构。特殊结构桥梁的造型一般比较独特，构件之间更加交错复杂，用传统的二维设计方法表达清楚十分困难。借助可视化特性，BIM 技术能够很好地表达复杂结构的构造，从而辅助设计人员更好地理解构件之间的关系，提高设计效率。

(5) 景观设计中的景观可视化应用

景观设计效果是绿色公路最直接的视觉体现。公路工程景观设计方案由平面、立面及效果图进行表达，在公路项目未竣工前，很难基于项目的真实三维空间直观地反映全线整体的绿化效果。并且对于绿色公路而言，景观的营造并不仅仅局限在中央分隔带及公路两侧，还包括公路视线范围内的自然、人文景观以及项目整体景观的评价。借助 BIM 技术的可视化以及模拟性特点，设计人员可以打破空间限制的不足，从整体上统筹人文景观及自然景观，辅助绿色公路的景观设计。

(6) 高速公路服务区绿色设计中的综合应用

高速公路服务区作为一种特定的交通类建筑，虽然项目规模小，但其功能、流线复杂，学科交叉性强，在设计过程中涉及建筑、结构、给水排水、暖通、电力等专业，还与高速公路路线、路基、交通工程等诸多专业存在设计接口。此外，建设完成后的服务区由于承担着多种使用需求，伴随日新月异的经济发展往往需要不断完善设计以适应变化。BIM 技术一方面极大地改善和升级了传统设计过程中比较保守的管理模式和生产方式，另一方面在提高生产效率、节约成本和缩短工期方面发挥了重要作用。BIM 技术可以对服务区进行各项绿色节能分析，通过数据分析指标切实提高建筑物各项性能，主要包括生态环境分析、热舒适性优化、采光及设施优化、通风分析及优化、资源节能设计和疏散分析及优化等。

3. BIM 在绿色公路施工中的应用

(1) BIM 数字化加工制造中原料节约应用

在公路工程项目中，存在着一些类似于钢结构桥梁、异形构件等一般构造比较复杂，而且具有较多的相同工序，加工的精度要求也比较高的构件，特别适合采用工厂化预制。在公路工程项目施工过程中，数字化加工制造技术能够基于构件 BIM 模型，加工制造对应的实体构件，特别是结构复杂及异形结构的构件。相比于传统的构件加工制造，基于 BIM 结合数控加工构件的方法能够在保证构件精度的条件下，最大限度地利用原材料，防止加工出现的浪费，最大限度地节约资源，并提高构件的工业品质，符合绿色公路资源节约的理念。

(2) BIM 施工组织管理中物料优化应用

虽然目前公路建设已经采用计算机代替传统纸质文件进行物料管理，但是在管理的过程中，仍有部分物料设备数据需要通过纸质文件进行转录传达，且无法基于施工空间统筹管理物料设备的存放。这不仅容易造成物料设备信息反馈不及时、物料数据丢失等问题，还容易造成物料存放不合理增加运输成本以及施工临时用地等问题。以 BIM 技术结合二维码识读设备、射频识别(RFID，Radio Frequency Identification)技术为基础的物料设备管理体系，对物料和施工设备等进行信息编码和识别，不仅能够实现对这些物体的跟踪管理，还能系统地对物料、设备存放用地进行统筹规划，最大限度地减少临时场地的占用，更高效地完成施工修复。

(3) BIM 交通组织设计及模拟应用

在传统公路工程施工过程中，为了更有效地开展交通组织工作，施工准备阶段需要充分掌握周边环境、建筑物的空间位置关系、地形地貌、桥梁、道路等信息。然而，传统信息获取的基本上是平面数据，无法在三维空间中分析盲点，往往导致方案不准确、后续改动大等问题。借助 BIM 技术可以在三维空间中分析施工现场的空间关系，形成可互动的交通组织设计与模拟方案。

(4) BIM 施工精度管理及工序模拟应用

施工进度管理是以施工进度计划为管理目标，对施工的全过程进行检查、对比、分析，及时发现实施中的偏差，并采取有效措施，调整工程建设施工进度计划，排除干扰，保证工期目标实现的全部活动。基于 BIM 技术的施工进度管理将 BIM 三维模型和进度信息、工程信息集中融合，在模型与进度信息相关联的基础上绑定时间参数，形成 BIM 进度控制模型即 BIM 4D 模型。基于 BIM 4D 模型，施工人员可以直观了解项目的整个实施过程，更深层次分析理解设计意图和施工方案，并对施工中可能出现的问题和对进度的影响进行评估，在计划阶段就制定应对措施，从而深度优化施工方案。基于 BIM 技术的施工进度管理以工程施工 WBS 工作分解结构为核心，建立模型空间划分、工程进度的关联机制，更加直观和准确地反映建筑施工的全过程。通过 BIM 4D 施工仿真技术，施工人员能够准确地把握整个施工现场平面布置项目过程中的施工进度。通过分析并模拟施工过程中关键节点的建造和安装，模拟施工过程中的重点控制环节，能为制定施工计划提出建设性意见。通过将实际进度模型与预计进度模型进行对比，不仅能够发现施工中是否存在偏差，还能直观地展示项目施工过程中进度计划的动态变化，从而合理分配施工资源，保证工程项目按时按量完成。

(5) BIM 施工安全管理及施工培训应用

在公路工程项目施工过程中，结合 BIM 技术并以 BIM 模型为信息载体，通过模型构件编码将 BIM 模型与施工信息关联，不仅能提前针对安全隐患节点进行针对性培训，保障建设项目安全完工，还能对施工状态进行有效的管理，快速定位施工进度。

4. BIM 在绿色公路运营中的应用

(1) BIM 在运维协同管理中的高效应用

运维协同管理本质上是对工程数据以及参与运营维护管理的单位进行的统筹管理。基于 BIM 技术的运维协同管理的应用能够有效地解决管理目标改善问题，打通各自的信息孤岛。BIM 的应用首先解决的问题是信息共享。以 BIM 模型为载体，将构件实体与 BIM 模型通过二维码识读设备、射频识别技术绑定，运营维护的数据即可通过扫描二维码直接附加到对应的构件设计、施工数据库中，基于 BIM 模型可以随时调用查看该构件的全寿命周期信息。其次，解决了信息流通问题。各部门是基于同一个 BIM 模型进行运营管理的，相关数据信息基于 BIM 可视化技术可以直观展示，运维的下游部门可以直接使用上游的数据，而不用担心数据是否及时更新或者存在误差，从而能够在运维阶段节省大量的勘误时间，降低运维成本，节约资源。

(2) BIM 在病害巡查监测中的可视化应用

随着信息技术的发展以及传感器设备功能的提升，运用传感器设备对工程项目运维阶段的实时监测技术也得到了快速的发展。借助传感器技术能一定程度上缓解数据收集及传输的不便，但还是存在一些诸如监测信息与监测构件难匹配、监测数据难以直观表现病害类型、现场维修人员缺乏经验等问题。BIM 技术可以很好地解决上述弊端，建立运维阶段 BIM 模型并与监测的构件一一对应。各种检测设备通过激光等方式获取的监测主体的裂缝、钢筋裸露、螺栓松弛等破坏和病害情况可以及时通过网络传输上报对应的相关破坏数据，对应的 BIM 模型基于 IFC 格式对问题 BIM 模型进行扩展，在其结构数据框架上扩展病害类型并记录其属性值，最后在模型上直观展示病害的几何表现，方便技术人员分析病害类型并制定维护养护计划。技术人员可基于 BIM 模型创建维修养护过程中特殊节点的工作流程以及工艺的模拟，对现场养护人员进行更为直观准确的指导，也可尽早检验维修养护方案的合理性。BIM 技术的应用能够大大节省运维成本，减少人力物力的支出。

(3) 基于 BIM 的高速公路服务区物联网综合管理平台

随着云计算、物联网、移动互联网、大数据、人工智能等新一代信息技术迅猛发展，高速公路服务区这种基于“BIM＋物联网”的建筑项目可以更加容易打通全产业链各环节的技术升级和管理模式变革，从而实现标准化设计、工厂化加工、精细化管理的现代管理模式。根据绿色和智慧服务区的建设需求，人们提出了一种综合利用互联网、物联网和计算机软件、数据库、BIM 等技术的基于 BIM 的服务区物联网综合管理平台。平台以实现服务区内部管理网络化和对外服务智能化为目标，以服务区日常管理和公众出行服务为核心，集成移动互联网、图像识别、传感器、地理信息系统(GIS)、在线支付、数据仓库等先进软硬件技术，打造基于统一技术标准的资源集中管理、数据融合共享、业务线上办理、服务个性化的一体化管理平台。平台主要实现服务区管理服务工作的三个转化，即从分散应用向集中应用转化，从固定服务向个性化服务转化，从一般的信息管理向智慧服务转化。

5.2.2 公路生态保护与污染防治关键技术

5.2.2.1 公路无害化穿越生态空间保护区域技术

1. 概述

中共中央办公厅、国务院办公厅印发的《关于划定并严守生态保护红线的若干意见》(厅字〔2017〕2号)要求以改善生态环境质量为核心,以保障和维护生态功能为主线,按照山水林田湖系统保护的要求,划定并严守生态保护红线,实现一条红线管控重要生态空间,确保生态功能不降低、面积不减少、性质不改变,维护国家生态安全,促进经济社会可持续发展。2018年,《江苏省国家级生态保护红线规划》发布,全省共将8大类407个区域8 474.27 km^{2}纳入国家级生态保护红线,约占全省陆域国土面积的8.21%。2020年,《江苏省生态空间管控区域规划》发布,全省共划定15大类811块陆域生态空间保护区域,总面积23 216.24 km^2,占全省陆域国土面积的22.49%。江苏省公路密度居全国前列,公路网不可避免地与生态保护红线或生态空间管控区域发生交会。如何妥善解决公路建设与生态红线保护之间的冲突,是"生态优先、绿色发展"理念下江苏公路发展的重要课题。生态环境部《关于生态环境领域进一步深化"放管服"改革,推动经济高质量发展的指导意见》(环规财〔2018〕86号)首次提出"无害化穿越"的概念,为公路基础设施建设项目与生态保护红线的冲突问题指出了解决方向。但意见未给出"无害化穿越"的具体定义和具体方式。江苏公路在实际建设项目推进中结合不同类型生态保护红线的"无害化"内涵和标准差异,探索提出"无害化穿越"内涵及对应的工程建设技术,为实现江苏公路高质量发展与生态环境高水平保护的协同推进提供了有力支撑。

2. 无害化穿越生态空间保护区域的内涵

生态空间指具有自然属性、以提供生态服务或生态产品为主体功能的国土空间,包括森林、草原、湿地、河流、湖泊、滩涂、岸线、海洋、荒地、荒漠、戈壁、冰川、高山冻原、无居民海岛等。生态保护红线是指在生态空间范围内具有特殊重要生态功能、必须强制性严格保护的区域,是保障和维护国家生态安全的底线和生命线。

无害化穿越指在符合国家和地方法律法规要求,坚持"避让优先"原则而确实无法避让,并征得有关主管部门同意的前提下,采取适宜的建设方案、施工方式,配套有效的生态环境保护措施,不影响生态保护红线及生态空间管控区域的主导生态功能,满足环境质量要求的穿越方式。

首先,无害化穿越的前提是符合国家和地方法律法规要求,确实无法避让,并取得有关主管部门同意。对于国家和地方法律法规明确规定禁止穿越的区域,应当遵守法律法规规定,不适用无害化穿越。公路建设项目如果涉及生态空间保护区域,应当首先开展路线方案论证比选，尽量避让生态空间保护区域，只有在经论证后确实无法避让、必须要穿越的情形下，才适用无害化穿越。生态空间保护区域依法由有关主管部门管理，穿越生态空间管控区域应当依法征求其主管部门意见或履行相应的行政许可手续，必要时还须编制专项影响评估技术报告。

其次，无害化穿越的方式总体可以归纳为建设方案、施工方式、生态环境保护措施三个方面。建设方案是指通过公路主体工程方案的优化，避免或减少工程对生态空间保护区域的扰动，从源头上控制公路穿越生态空间保护区域产生的影响；施工方式是指通过对公路工程施工方法的优化，避免和减少施工过程产生的扰动，减缓施工期对生态空间管控区域的影响；生态环境保护措施是指通过强化生态减缓和补偿措施、污染防治措施等末端治理手段，实现生态功能修复和污染物零排放。

最后，无害化穿越的目标是不影响生态空间保护区域的主导生态功能和环境质量。生态空间保护区域内允许的有限人为活动必须保证对生态功能不造成破坏。

3. 公路工程无法避让生态空间保护区域情形判定

公路工程选址选线时应当以已划定的生态空间保护区域为控制因素开展路线方案比选论证，优先考虑避让生态空间保护区域，禁止穿越法律法规明文规定禁止穿越的区域。对于经论证确实无法避让生态空间保护区域的，应当尽量缩短穿越生态空间保护区域的里程或减少占用生态空间保护区域的面积，位于生态空间保护区域内的路段可采取无害化穿越方式。

无法避让生态保护区域的情形，可以归纳为以下三类。

（1）生态空间保护区域为线性状斑块，如清水通道维护区、洪水调蓄区、饮用水水源保护区，沿公路、铁路、河道分布的条状自然保护区、生态公益林等；公路路线的起点、终点或主要控制点的连线与生态空间保护区域交叉的，可以判定为无法避让。

（2）生态空间保护区域沿路线垂直方向的空间尺度较大，若公路路线避让该生态空间保护区域，将出现以下情形之一的，可以判定为无法避让：

①路线无法连接城镇、重要园区、工矿企业、综合交通枢纽、特定的特大桥、大桥、特长隧道、长隧道、互通式立体交叉、铁路交叉等路线走向主要控制点；路线因避让生态空间保护区域而造成偏离该项目路线走廊带，影响该项目在路网中的功能。

②路线为避让生态空间保护区域导致路线平纵指标不满足行业设计规范有关规定，进而降低该路段安全性、通行能力、行车速度或服务水平。

③路线因避让生态空间保护区域而与其他公路、铁路、航道、架空输电线路、油气输送管道、河流等的交叉夹角过小，不满足行业设计规范有关规定。

④路线穿越新的生态空间保护区域，且生态环境影响更加显著。

⑤路线穿越城市或镇建成区，居民住宅或工业企业拆迁显著增加，或噪声影响人口显著增加，公众反对，影响社会稳定。

(3) 改扩建公路的现有工程已位于生态空间保护区域内，采用原址改扩建方式的，可以判定为无法避让。

4. 分类无害化穿越措施

以江苏省生态空间保护区域为例，根据公路工程涉及的生态空间保护区域类型，应当采取针对性的无害化穿越措施，见表 5.2-10。

隧道是对地表扰动最小的公路穿越方式，适用于大部分生态空间保护区域的无害化穿越，但对于地质遗迹保护区、地下水水源保护区等以保护地下目标为主的保护区，需要考虑隧道对地下保护目标的影响。采取隧道穿越时，应当采用不出露地表的隧道施工方式，除必要的通风排水等设施外，不得在保护区地表设置隧道施工临时设施。

表 5.2-10　公路无害化穿越生态空间保护区域分类措施表

生态空间保护区域类型	管理要求	建设方案	施工方式	生态环境保护措施
自然保护区	(1) 禁止穿越核心区和缓冲区(隧道除外)。 (2) 根据保护区所属行业类别，征得自然资源、林业、农业农村、水利、海洋等相应有关行政主管部门同意	(1) 优先以隧道或桥梁方式通过。 (2) 不设置收费站、服务区、停车区、养护工区等服务管养设施	(1) 除必要的施工便道、便桥外，不设置取土场、弃土场、大临工程等施工临时设施。 (2) 隧道穿越的，采用不出露地表的隧道施工方式。 (3) 将施工泥浆和其他废弃物运送至保护区外处置	(1) 结合保护区特点，提出生态补偿措施。 (2) 对公路用地界内的可绿化区域进行植被恢复。 (3) 根据野生动物习性及其栖息地环境特征，设置野生动物通道、警示标志、声屏障等设施。 (4) 设置路面桥面径流收集处理系统并采取视频监控、能见度监控等事故风险管控措施
风景名胜区	(1) 禁止穿越核心景区(隧道除外)。 (2) 征得主管风景名胜区的住房城乡建设部门同意	(1) 优先以隧道或桥梁方式通过，采取桥梁穿越时不得影响景观。 (2) 不设置收费站、服务区、停车区、养护工区等服务管养设施	(1) 除必要的施工便道、便桥外，不设置取土场、弃土场、大临工程等施工临时设施。 (2) 隧道穿越的，采用不出露地表的隧道施工方式。 (3) 将施工泥浆和其他废弃物运送至景区外处置	(1) 涉及古树名木时，应采取避让、设置围护栅栏、移植保护等措施。 (2) 对公路用地界内的可绿化区域进行植被恢复。 (3) 设置路面桥面径流收集处理系统

续表

生态空间保护区域类型	管理要求	建设方案	施工方式	生态环境保护措施
森林公园	(1) 禁止穿越核心景区和生态保育区(隧道除外)。 (2) 征得主管森林公园的林业部门同意	(1) 优先以隧道或桥梁方式通过,采取桥梁穿越时不得影响景观。 (2) 不设置收费站、服务区、停车区、养护工区等服务管养设施	(1) 除必要的施工便道、便桥外,不设置取土场、弃土场、大临工程等施工临时设施。 (2) 隧道穿越的,采用不出露地表的隧道施工方式。 (3) 将施工泥浆和其他废弃物运送至保护区外处置。 (4) 采取施工期植被保护和恢复措施	(1) 涉及古树名木时,应采取避让、设置围护栅栏、移植保护等措施。 (2) 对公路用地界内的可绿化区域进行植被恢复。 (3) 涉及占用林地的,应采取林地补偿措施。 (4) 根据野生动物习性及其栖息地环境特征,设置野生动物通道、警示标志、声屏障等设施。 (5) 采取运营期防火隔离措施
地质遗迹保护区	禁止穿越地质遗迹保护区			
湿地公园、重要湿地	(1) 禁止穿越湿地公园的保育区和恢复重建区(隧道除外)。 (2) 编制湿地保护与恢复方案,征得主管湿地的林业部门同意	(1) 优先以隧道或桥梁方式通过。 (2) 不设置收费站、服务区、停车区、养护工区等服务管养设施。 (3) 设置桥梁或涵洞,尽可能保持原有水系格局和水系沟通	(1) 除必要的施工便道、便桥外,不设置取土场、弃土场、大临工程等施工临时设施。 (2) 隧道穿越的,采用不出露地表的隧道施工方式。 (3) 将施工泥浆和其他废弃物运送至保护区外处置	(1) 对公路用地界内的可绿化区域进行植被恢复。 (2) 根据野生动物习性及其栖息地环境特征,设置野生动物通道、警示标志、声屏障等设施。 (3) 设置路面桥面径流收集处理系统并采取视频监控、能见度监控等事故风险管控措施
饮用水水源保护区	(1) 禁止穿越一级保护区(地表水源地隧道除外)。 (2) 征得县级以上人民政府同意	(1) 地表水饮用水源地,优先以隧道或桥梁方式通过;地下水饮用水源地,优先以桥梁或路基方式通过。 (2) 桥梁宜一跨经过水域,不在水域设置桥墩;跨越水域里程较长,确实无法一跨跨越的,应当尽量减少水域桥墩数量。 (3) 不设置收费站、服务区、停车区、养护工区等服务管养设施	(1) 除必要的施工便道、便桥外,不设置取土场、弃土场、大临工程等施工临时设施。 (2) 隧道穿越的,采用不出露地表的隧道施工方式。 (3) 桥梁跨越的,采用围堰法等环保施工工艺,将施工区域与水域隔离。 (4) 将施工泥浆和其他废弃物运送至保护区外处置	(1) 对公路用地界内的可绿化区域进行植被恢复。 (2) 设置路面桥面径流收集处理系统、视频监控、能见度监控、测速监控、警示标牌,并采取提升护栏和桥墩防撞等级等事故风险管控措施。 (3) 隧道穿越的,应设置隧道排水收集处理系统、视频监控、测速监控等事故风险管控措施。 (4) 在地下水水源保护区内的路基工程,应对排水沟进行防渗处理

续表

生态空间保护区域类型	管理要求	建设方案	施工方式	生态环境保护措施
海洋特别保护区（陆地部分）	(1) 禁止破坏保护区设施。 (2) 征得海洋行政主管部门同意	(1) 优先以桥梁方式通过。 (2) 不设置收费站、服务区、停车区、养护工区等服务管养设施	(1) 除必要的施工便道、便桥外，不设置取土场、弃土场、大临工程等施工临时设施。 (2) 桥梁跨越的，采用围堰法等环保施工工艺，将施工区域与水域隔离。 (3) 将施工泥浆和其他废弃物运送至保护区外处置	(1) 对公路用地界内的可绿化区域进行植被恢复。 (2) 根据野生动物习性及其栖息地环境特征，设置野生动物通道、警示标志、声屏障等设施。 (3) 设置路面桥面径流收集处理系统，并采取视频监控、能见度监控等事故风险管控措施
洪水调蓄区	征得主管洪水调蓄区的水利部门同意	(1) 优先以隧道或桥梁方式通过。 (2) 桥梁宜一跨经过水域，不在水域设置桥墩；跨越水域里程较长，确实无法一跨跨越的，应当尽量减少水域桥墩阻水面积。 (3) 不设置收费站、服务区、停车区、养护工区等服务管养设施	(1) 除必要的施工便道、便桥外，不设置取土场、弃土场、大临工程等施工临时设施。 (2) 将施工泥浆和其他废弃物运送至保护区外处置	(1) 落实项目水土保持方案报告书及其批复文件提出的水土保持措施。 (2) 落实项目洪水影响评价报告及其批复文件提出的洪水防御措施
重要水源涵养区	征得主管重要水源涵养区的水利部门同意	(1) 优先以隧道或桥梁方式通过。 (2) 不设置收费站、服务区、停车区、养护工区等服务管养设施	(1) 除必要的施工便道、便桥外，不设置取土场、弃土场、大临工程等施工临时设施。 (2) 将施工泥浆和其他废弃物运送至保护区外处置。 (3) 采取施工期植被保护和恢复措施	(1) 对公路用地界内的可绿化区域进行植被恢复。 (2) 涉及占用林地的，应采取林地补偿措施。 (3) 落实项目水土保持方案报告书及其批复文件提出的水土保持措施。 (4) 根据野生动物习性及其栖息地环境特征，设置野生动物通道、警示标志、声屏障等设施。 (5) 采取运营期防火隔离措施

续表

生态空间保护区域类型	管理要求	建设方案	施工方式	生态环境保护措施
重要渔业水域	(1) 征求主管重要渔业水域的农业农村部门意见。 (2) 涉及水产种质资源保护区的,编制影响专题论证报告	(1) 优先以隧道或桥梁方式通过。 (2) 桥梁宜一跨经过水域,不在水域设置桥墩;跨越水域里程较长,确实无法一跨跨越的,应当尽量减少水域桥墩数量。 (3) 不设置收费站、服务区、停车区、养护工区等服务管养设施	(1) 除必要的施工便道、便桥外,不设置取土场、弃土场、大临工程等施工临时设施。 (2) 隧道穿越的,采用不出露地表的隧道施工方式。 (3) 桥梁跨越的,采用围堰法等环保施工工艺,将施工区域与水域隔离。 (4) 将施工泥浆和其他废弃物运送至保护区外处置	(1) 采取鱼类增殖放流等生态补偿措施。 (2) 设置路面桥面径流收集处理系统、视频监控、能见度监控、测速监控、警示标牌并采取提升护栏防撞等级等事故风险管控措施。 (3) 隧道穿越的,设置隧道排水收集处理系统并采取视频监控、测速监控等事故风险管控措施
清水通道维护区	征求主管清水通道维护区的水利部门意见	(1) 优先以隧道或桥梁方式通过。 (2) 桥梁宜一跨经过水域,不在水域设置桥墩;跨越水域里程较长,确实无法一跨跨越的,应当尽量减少水域桥墩数量。 (3) 不设置收费站、服务区、停车区、养护工区等服务管养设施	(1) 除必要的施工便道、便桥外,不设置取土场、弃土场、大临工程等施工临时设施。 (2) 隧道穿越的,采用不出露地表的隧道施工方式。 (3) 桥梁跨越的,采用围堰法等环保施工工艺,将施工区域与水域隔离。 (4) 将施工泥浆和其他废弃物运送至保护区外处置	(1) 设置路面桥面径流收集处理系统、视频监控、能见度监控、测速监控、警示标牌并采取提升护栏和桥墩防撞等级等事故风险管控措施。 (2) 隧道穿越的,设置隧道排水收集处理系统并采取视频监控、测速监控等事故风险管控措施
生态公益林	(1) 征求主管生态公益林区的林业部门意见。 (2) 占用国家级、省级生态公益林的,应当组织专家论证	(1) 优先以隧道或桥梁方式通过。 (2) 不设置收费站、服务区、停车区、养护工区等服务管养设施	(1) 除必要的施工便道、便桥外,不设置取土场、弃土场、大临工程等施工临时设施。 (2) 隧道穿越的,采用不出露地表的隧道施工方式。 (3) 将施工泥浆和其他废弃物运送至保护区外处置。 (4) 采取施工期植被保护和恢复措施	(1) 涉及古树名木时,应采取避让、设置围护栅栏、移植保护等措施。 (2) 对公路用地界内的可绿化区域进行植被恢复。 (3) 涉及占用林地的,应采取林地补偿措施。 (4) 根据野生动物习性及其栖息地环境特征,设置野生动物通道、警示标志、声屏障等设施。 (5) 采取运营期防火隔离措施

续表

生态空间保护区域类型	管理要求	建设方案	施工方式	生态环境保护措施
太湖重要保护区		(1) 优先以隧道或桥梁方式通过。 (2) 不设置收费站、服务区、停车区、养护工区等服务管养设施	(1) 除必要的施工便道、便桥外，不设置取土场、弃土场、大临工程等施工临时设施。 (2) 隧道穿越的，采用不出露地表的隧道施工方式。 (3) 将施工泥浆和其他废弃物运送至保护区外处置	(1) 对公路用地界内的可绿化区域进行植被恢复。 (2) 桥梁涉水施工时，应采取围堰施工等环保施工工艺，将施工区域与水域隔离。 (3) 设置路面桥面径流收集处理系统、视频监控、能见度监控、测速监控、警示标牌并采取提升护栏防撞等级等事故风险管控措施。 (4) 隧道穿越的，设置隧道排水收集处理系统并采取视频监控、测速监控等事故风险管控措施
特殊物种保护区		(1) 优先以隧道或桥梁方式通过。 (2) 不设置收费站、服务区、停车区、养护工区等服务管养设施	(1) 除必要的施工便道、便桥外，不设置取土场、弃土场、大临工程等施工临时设施。 (2) 隧道穿越的，采用不出露地表的隧道施工方式。 (3) 将施工泥浆和其他废弃物运送至保护区外处置。 (4) 采取施工期植被保护和恢复措施	(1) 涉及古树名木时，应采取避让、设置围护栅栏、移植保护等措施。 (2) 对公路用地界内的可绿化区域进行植被恢复。 (3) 涉及特殊物种的，应采取生态补偿措施

5.2.2.2 公路交通噪声综合防治技术

1. 概述

江苏省土地面积少，人口密度大，随着城镇化水平的进一步提高，居民活动区逐渐向既有干线公路靠拢，新建干线公路也不可避免地需穿越城镇人口密集区，交通噪声对沿线居民日常生活的干扰程度有增加的趋势。江苏省历来十分重视公路交通噪声污染防治。以高速公路为例，截至 2023 年底，江苏高速公路已建设声屏障段落总数超过 1 200 处，总长度超过 42 万延米。但随着新一轮高速公路网、省道公路网规划的批准实施，以及新噪声污染防治法和“十四五”噪声污染防治行动计划的颁布实施，公路交通噪声污染防治的形势依然严峻。公路交通噪声防治是一项系统性工程，从源头预防到末端治理,从工程设施到管理手段,实施综合防治,是遏制公路交通噪声污染的总体路径。

2. 公路交通噪声防治总体策略

(1) 合理规划布局

随着与公路距离的增加,交通噪声的影响逐渐减小,距离是防治交通噪声的最简单和最直接的手段。合理规划布局主要与公路选线有关。公路选线应避免穿越集中住宅区、学校、医院、疗养院等需要安静的区域。必须穿越时,公路与上述区域之间应尽量保持一定的距离,以减少公路交通噪声的影响。

(2) 噪声源控制

公路交通噪声源主要来自机动车机械噪声、轮胎路面噪声、空气动力噪声等。与公路基础设施有关的噪声源主要是轮胎路面噪声和空气动力噪声。轮胎路面噪声与轮胎、路面结构有关,通过采用低噪声路面可以降低此类噪声,从而降低公路交通噪声排放。空气动力噪声与车速有关,公路通过合理的线形指标和设计速度控制机动车行驶速度,也可以降低公路交通噪声的排放。

(3) 传声途径削减噪声

声音在空气中传播遇到障碍物时会发生衰减,从而降低对受声点的影响。传声途径削减噪声的常见方式主要有声屏障、绿化带等,此外,公路沿线起伏的地形、地物、地貌也可以起到声屏障的作用。如公路采用隧道方式,交通噪声被局限在隧道内,也不会对外环境产生明显影响。声屏障可安装在公路用地范围内,便于实施,是目前最为常用和有效的噪声防治措施。绿化带虽然也能起到一定的削减噪声的作用,但其降噪效果有限,且需要额外占用大量的土地,单独应用的情况较少,但绿化带可以改善公路沿线景观,对减缓沿线居民心理影响有一定的积极作用,往往作为辅助措施。

(4) 敏感建筑物噪声防护

在合理规划布局、噪声源控制、传声途径削减噪声等噪声主动控制措施不能满足噪声防治要求的情况下,最终可对噪声敏感建筑物采取防护措施,主要包括:建筑内部功能的合理布局、隔声门窗等。敏感建筑物噪声防护与公路工程无关,对于公路建设单位而言,实施具有一定难度,因此一般仍以噪声主动控制措施为主,敏感建筑物噪声防护措施为辅。

(5) 交通噪声管理

交通噪声管理指针对公路交通噪声源的产生机理采取相应的管理措施降低噪声排放,主要有:限鸣(含禁鸣)、限行(含禁行)、限速等。

综上,公路交通噪声防治应在优先避让、噪声源控制的基础上,优先选用声屏障等噪声主动控制措施,辅以敏感建筑物噪声防护和交通管理措施,实施综合防治,优先保障路域室外声环境功能区达标,重点保障敏感建筑物声环境功能达标。

3. 防噪声距离

根据噪声传播的特点,距离是最经济有效的一种防治手段。合理的交通规划和区域发展规划，对交通噪声控制具有重要意义，是解决城乡交通噪声污染问题的治本之道。

《中华人民共和国噪声污染防治法》第十九条规定：确定建设布局，应当根据国家声环境质量标准和民用建筑隔声设计相关标准，合理划定建筑物与交通干线等的防噪声距离，并提出相应的规划设计要求。

《江苏省环境噪声污染防治条例》第二十二条规定，合理划定建筑物与公路、城市道路、铁路、地铁、城市高架桥和轻轨道路等交通干线的防噪声距离。其中的“防噪声距离”，按照国家规定执行；国家尚未作出规定的，省环境保护行政主管部门、省建设行政主管部门应当研究确定，报省人民政府批准后颁布实施。

2008 年，江苏省环保厅会同省交通厅、建设厅和省交通控股公司起草发布了《关于印发防止高速公路两侧噪声扰民意见的通知》(苏环管〔2008〕342 号)，提出高速公路两侧噪声敏感建筑物与高速公路隔离栅的距离一般应控制在 200 m 以上。此外，北京市提出三环路内高速公路、城市快速路红线外 50 m，三环路外高速公路、城市快速路红线外 100 m 不得新建临街噪声敏感建筑。上海市提出高速公路、一级公路红线外 150 m 为防噪声距离。

为响应防噪声距离的要求，公路选线应结合城市总体规划，连接城镇节点时，要做到“近城而不进城”，考虑沿线土地利用现状和土地利用规划，应避免穿越集中住宅区、学校、医院、疗养院等需要安静的区域，也要避免紧邻规划的住宅、教育、医疗用地。

4. 低噪声路面

机动车在公路上行驶过程中，由于轮胎与路面相互作用对空气造成挤压产生的轮胎路面噪声是公路交通噪声的主要来源之一，尤其是随着机动车行驶速度的提升，此类噪声的影响更加显著。

不同路面结构所产生的轮胎路面噪声强度不同。沥青路面较混凝土路面的噪声低，不同类型的沥青路面的噪声也不相同。相对于普通沥青路面，多孔性沥青路面(PAC)单层降噪量一般为 2～3 dB，双层降噪量约 5 dB；橡胶沥青材料(ARFC)降噪量约 6 dB；多孔弹性路面(PERS)降噪量为 5～10 dB；沥青玛蹄脂(SMA)路面降噪量为 1～2 dB；薄层路面(VTAC)降噪量为 1～3 dB；多孔水泥路面和多孔混凝土路面单层降噪量约 5 dB，双层降噪量 6～7 dB。这些类型的低噪声路面降噪量均为运营初年降噪量，随着时间推移，降噪量会降低，但一般会有 1～3 dB 降噪量。

因此，公路设计中应因地制宜地选用产生噪声较低的路面结构，同时在运营阶段加强路面的养护，维持低噪声路面的降噪性能。

5. 新型声屏障

声屏障是目前公路交通噪声防治最为常用的措施。常规声屏障技术成熟、应用范围广，但对于绿色公路而言，声屏障不仅是孤立的噪声污染防治设施，也应体现高效、耐久、生态、节能的特性，因此，进一步提升传统声屏障的降噪效率，并与景观生态、节能减排新技术相结合，是绿色公路声屏障的发展方向。

(1) 生态型声屏障

生态型声屏障是将声屏障外观设计成可种植绿色植物的生态形式，凸现绿色自然外表，符合公路建设“绿色环保”的方向，可与公路沿线环境有机结合。与传统的声屏障相比，生态型声屏障作为一种较为新型的事物在型式、功能、结构、景观等方面有许多优势，具备降噪性能优良、景观效果好、生态环保性强等特点。

生态型声屏障采用立面垂直绿化技术，在传统声屏障吸声、隔声结构基础上引入适宜植物种植的结构。一般由 4 层降噪结构组成，第 1 层为厚度为 30 cm 左右的种植植物吸声降噪层；第 2 层为 30～60 cm 的土壤、细砂石颗粒吸声层，利用细砂性土壤中的微小孔隙吸收中高频噪声；第 3 层为密闭空气隔声层，利用共振消耗声能量，降低低频噪声，同时有利于保持土壤层的水分；第 4 层为钢筋混凝土隔音层，通过质量密度保证声屏障的隔声性能。

生态型声屏障中填充的种植土应适合植物的生长。施工前应对原土的 pH 值、有机质、全氮、有效磷、全钾含量、含沙量等参数进行测定。种植土应选用微酸性至微碱性的土；对于含沙量较低、通透性较差的黏土，可加入适量河沙调节；对于营养元素缺乏的土，可加入适量有机肥或化肥调节。

对生态型声屏障的植物的选择，除应充分考虑其耐旱性外，还必须综合考虑其抗寒抗热性能，所选植物的越冬温度在 0℃左右为宜。宜选择常绿、耐旱、耐寒和多年生草本、灌木类植物。植物栽种在声屏障上后，应经过 3 个月的养护管理，确保存活。

生态型声屏障作为噪声防治设施，应该在保证基本降噪性能的前提下，兼顾其景观效应和生态效应。生态型声屏障的型式应根据路域可利用土地条件、可利用土方状况、路侧管线布置情况等确定。生态型声屏障的设计应考虑雨水灌溉系统及汇水、保水、排涝等问题，保障植物生长的水肥需求。生态型声屏障应制定专项养护计划，重点关注植物的水肥供应、水土保持、病害防治、修剪清理，以及植物生长对土工结构的影响评估及相应的维修加固。

(2) 光伏声屏障

光伏声屏障，也称为太阳能声屏障，是将光电技术应用于声屏障中，在保证声屏障降噪效果的同时，利用太阳能发电。光伏声屏障是将平板太阳能电池作为声屏障材料，平板正好能够反射声波，起到声屏障的作用，再将输出端连接起来，在有太阳光照射时通过逆变器将发出的电力直接并入电网，或配备储能蓄电池，作为独立系统，为高速公路照明、监控或场站提供自用电力。光伏声屏障充分利用公路周边开阔、光照条件好、封闭管理等优势，克服光伏发电占地面积大的劣势，将光伏发电和噪声防治相结合，发电可用于并网或公路自用，在国外已有广泛的应用，在国内具有良好的经济价值和应用前景。

光伏声屏障的主要组成部分有：声屏障、光伏组件(太阳能电池板)、蓄电池组、控制器、逆变器等。

声屏障首先是光伏声屏障最基础的结构和功能。光伏声屏障的结构与常规声屏障没有太大区别，按照满足声学和结构强度要求进行设计。作为太阳能发电系统的载体，声屏障需要为光伏组件及其配套设备、线路预留相应的安装空间，同时考虑因引入电力系统而带来的防雷、漏电保护等功能。

太阳能电池板是太阳能发电系统的核心部分，太阳能电池板的好坏将直接决定整个系统的质量和成本。在综合发电效率以及价格的因素基础上，要根据需要选择合适的太阳能电池板。

控制器的作用是控制整个系统的工作状态，并对蓄电池起到过充过放电保护的作用。控制器可加入光控开关和时控开关，按照太阳光的光照及负载的情况控制电路的通断、电流流向。为防止声屏障在太阳光下温度过高影响控制器性能，一般控制器内还配备了温度补偿的设备。

蓄电池用来储存光伏声屏障的发电量并向负载输出，用以应对因天气原因导致的声屏障发电不均匀。一般使用铅酸电池。蓄电池的蓄电量由太阳能的总辐射量以及日照时数作为主要设计选型依据。

逆变器用来电能转换。在很多应用场合，都需要提供 220 V 的交流电源，由于太阳能直接输出的电压一般都是 12 VDC、24 VDC、48 VDC，为了向 220 VAC 的电器设备供电，需要将直流电能转换成交流电能，因此需要使用 DC-AC 逆变器。

光伏声屏障的控制器、蓄电池、逆变器均安装在声屏障屏体下部，混凝土基座外侧。

光伏组件与声屏障的结合方式目前有：顶部安装、背板安装、隔声屏体安装三种。

顶部安装：在直立型、顶部弧形、T 型、Y 型声屏障顶端焊接光伏组件支架，将光伏组件直接安装在声屏障顶端。光伏组件采用单面太阳能板，倾斜安装，支架可采用可调节方式，在春秋季调节太阳能板的角度，以获得最佳的光照效果。这种方式仅是简单地将声屏障作为光伏发电设施的载体，光伏发电与隔声降噪功能是相对独立的，并非严格意义上的光伏声屏障，适用于已建声屏障的光伏发电改造。

背板安装：用太阳能电池板替代常规声屏障背向公路一侧的镀锌板材。用太阳能电池板替代原有镀锌板材后，声屏障厚度变化不大，且太阳能电池板也具有隔声作用，对声屏障的降噪效果没有削弱，同时具备了光伏发电的功能。声屏障背板面积较大，这种方式能够安装较大面积的太阳能电池板，带来较为可观的发电量。同时，声屏障背板可设计为一定角度，更有利于光伏组件接收太阳光。但受我国光照条件和公路走向限制，这种方式仅能在固定方向获得较好的发电效果，如对于公路北侧的声屏障，背板安装则不具备可行性。

隔声屏体安装：用太阳能电池板替代常规声屏障的隔声屏体。声屏障的隔声屏体一般采用钢化玻璃或透明有机材料，具有较好的隔声性能，但不具备明显的吸声性能。太阳能电池板表面覆盖着钢化玻璃，与隔声屏体表面的隔声性能相似，用其代替，对声屏障的降噪效果影响不大。同时,可以通过增大太阳能电池板中电池片的间距来提高透光性,减少光伏组件替代透明屏体后对光线的遮挡。这种安装方式可以采用双面光伏组件,使声屏障两面均具有光伏发电功能,受公路走向、声屏障安装位置的限制较小,是常被推荐的光伏声屏障形式。

光伏声屏障在设计和使用中应当关注与电气有关的安全性,包括电气安全、碰撞风险、漏电触电风险等。设计中应注意光伏组件防雷、抗风、抗积雪、抗冰雹的能力及其承载载荷的设计核算,做好逆变器等电气设备的防雷接地等安全防护设计。为防止组件遭遇车辆意外碰撞跌落,应当使用 6 mm 的钢丝将组件与声屏障 H 型钢相连接。如汽车撞上光伏声屏障,因为每片光伏组件的最大输出为 27 V 直流电,不会引起触电事故。如声屏障中电缆被撞坏,在每一组的汇流箱中设置漏电保护装置,也不会引起触电事故。

5.2.3 公路服务品质提升关键技术

5.2.3.1 公路服务区综合布局规划与节能减排技术

1. 概述

江苏省现有高速公路服务区超过 100 对,近年来也在不断探索创新普通公路服务区的建设与管理,在养护工区大力推进标准化建设和绿色智慧化建设,以服务和管养设施为代表的公路房建区是江苏公路的独特名片。但同时,公路房建区也是公路能耗和污染物排放的重要节点。如何进一步加强公路房建设施的节能降耗和污染防治,进一步提升江苏公路的服务品质与品牌效应,是新时期江苏公路面临的重要课题之一。

2. 服务区场地规划设计

(1) 场地规划原则

①加强规划衔接。地方政府、高速公路业主要进一步加强沟通、协商,结合当地传统文化、旅游、商业、农业、物流资源,共同策划复合功能型服务区建设,实现路地共赢。

②统筹规划设计。复合功能型服务区按照综合利用、一体设计、统筹建设的原则实施,统筹协调服务区交通、商业等各类用地功能,形成交通设施无缝连接、服务功能完善的土地利用格局。

③节约集约用地。积极推进立体开发,在地上各类用地功能相互协调的基础上,对地上地下空间进行一体设计、整体开发,实现土地利用效率最大化。

④通过规划设计实现服务区之间的差异化,建立“一线一策划,一区一特色”的规划策略,使旅客对每一个服务区产生独特印象,为旅客提供多层次、内涵丰富的服务。

(2) 场地规划功能配置

高速公路服务区的直接服务对象是通行的车辆,高速公路上运行的车辆在运行途中对服务区有较强的依赖性，这是由车辆本身的技术特征决定的，因此高速公路服务区场地的主要服务对象也是车辆。具体来讲，高速公路服务区场地的主要功能包括以下几种。

①停车场。主要为高速公路上过往车辆提供停放、安全检查、货物整理等服务。

②加油加气站、充电站。主要为高速公路上过往车辆提供加油、加水、充电等服务。

③车辆维修间。主要为高速公路上过往车辆提供车辆维修服务。

④信息标识及监控设施。如标识标线、交通标识牌以及场区各种监控设施等。

考虑处于不同层次结构的高速公路所服务的对象对高速公路服务区的要求有所差异，在标准的设置中，应结合高速公路在路网中的层次和功能区别对待。同时，考虑到高速公路管理公司对高速公路服务区的整体发展规划，如 LNG 加气站的布点规划等，不同高速公路服务区的设置标准也应当有所差别。

(3) 场地布局形式

服务设施传统用地大致呈梯形，便于车辆进入及驶离，单侧纵深较浅，进深小于 100 m 时，综合楼宜采用后置式布局，布置于场地后方，保证车辆行驶的基本要求；当进深大于 100 m 时，宜采用中置式布局，使各部分流线更加清晰合理。综合楼与高速公路主线的安全距离宜大于 50 m。

①后置式：对于场地进深较小的服务设施，考虑到车辆停放的便利性原则，宜采用综合楼后置、前广场停车的布局模式。广场停车应按照超长车、货车、大客车、小客车分区停放。

②中置式：服务设施场地进深较大时，服务楼宜采用中置式布局，便于服务设施用地合理的功能划分及流线组织。各功能区块以围合式环绕在综合楼服务设施四周，最大限度地利用综合楼沿街面，实现人流集散分区和商业价值最大化。

③当服务设施用地形状不规则时，服务设施功能布置应根据用地条件、建设规模、车型数量及车型比例等多方面因素进行布局。

(4) 停车位标准化设计

服务区内停车位类型包含小车停车位、客车停车位、货车停车位、超长车停车位、危险品车停车位、牲畜车停车位、充电车位及无障碍车位。

①小车停车位并列 20 个以上时应设置分离岛，采用垂直式后退前进出的停车方式，车位宽 3 m、长 6 m，通道宽度 8 m。

②客车分为中型客车和大型客车，服务区以大型客车为主。大客车采用 45°斜列前进停、前进出的停车方式。停车位尺寸宽 4 m、长 13 m，停车位水平间距 5.7 m、垂直距离 12 m，通道宽度 9 m。

③公路货运车向重型卡车、集装箱卡车的方向转变。综合各类型货车的要求，车位长度以 18 m 为标准，可根据需求拆分成两个轻型卡车车位。停车位采用 45°斜列前进

停、前进出的停车方式，停车位宽 4 m、长 18 m，车位水平间距 5.7 m、垂直距离 14 m，通道宽度建议采用 12 m。

④超长车建议停放在场地外侧靠近贯穿车道，避免拖挂货车驶入驶出速度较慢对内部道路造成拥堵。车位宽 4 m、长 22 m，推荐采用水平式垂直停车，通道宽度大于 7 m。

⑤危险化学品车应设置独立的停车场，根据场地情况灵活采用水平式垂直停车方式或 45°斜列前进停、前进出的停车方式，车位尺寸为 4 m×15 m，通道宽应大于 7 m，与其他建筑物、构筑物和停车场保持足够的安全距离，并设置易于识别的标识，同时还应配置必要的沙池、消防器材等防火应急设施。

⑥牲畜运输车车位设计为 4 m×15 m，一个大型畜禽运输车位可拆分成两个小型运输车位。根据场地情况灵活采用水平式垂直停车方式或 45°斜列前进停、前进出的停车方式，通道宽度大于 7 m，停车场独立设置，周边设置冲洗设备。

⑦服务区两侧分别设置 8 个小车充电车位，预留充电桩位及箱变区域，并考虑与周围建构筑物的安全距离。充电桩的供电由国家电网公司设计专用变压器专为充电桩配电。

⑧无障碍车位数量设置应符合《无障碍设计规范》(GB 50763—2012)第 8.1.2 条规定，并尽量靠近综合楼入口处，可用彩色喷绘涂装，车位尺寸为 3.7 m×6.0 m。

(5) 加油加气站适用性设计

①功能布局优化：加油、加气站宜采用大小车分区、加油加气岛合建的设计模式，加油机与加气机必须满足防火设计要求。当用地规模较小，地形条件不满足大、小车建设要求时，可根据实际情况采用单侧加油布局。

②交通流线优化：根据车辆种类的需求，小车加油区设置汽油、柴油枪和加气枪，将柴油枪设置于加油岛最外侧，满足部分柴油动力车辆的需求；大车停车区一侧的加油加气岛加长设置，适应车身较长的车型，设置加气岛和柴油岛。在加油站区域两侧分别设置不加油车道，保证不加油车辆快速驶出服务区。

③加油加气岛尺寸优化：小型车可采用平行式布局或 45°角斜向式布局，根据车流量设计为并行的两排或三排。小型车加油岛采用 10.0 m 间距双排加油机设置，平行的两排加油岛之间按三车道设计，轴线间距为 12.0 m。服务区内行驶的大型车辆包括大客车(12.0 m)、小型货车(9.0 m)、中型货车(12.0 m)、大型货车(17.1 m)、超长车(22.0 m)等，尺寸差异很大。考虑到客、货车尺寸及车型差异，大车加油岛采用 18.0 m 间距双排加油加气机设置，平行的两排加油岛轴线间距设为 12.0 m。

(6) 场地智慧化设计

服务区场地是重要的公共场所。从节能减排出发，可感知的可视化智慧照明系统能够控制照明能耗与照明舒适的平衡，增强服务区的照明体验感。

新一代的智慧灯杆在保持灯的基本功能基础上，以灯杆为载体，整合监控摄像头、

Wi-Fi 覆盖、公共广播、多媒体信息屏、新能源汽车充电桩、环境信息采集器、报警器、实时数据反馈与发布、光伏发电、风能发电、应急照明系统等硬件功能，通过先进的信息感知技术、数据通信传输技术、灯光控制技术、计算机处理技术将采集到的数据和信息传输到系统平台，实现大数据交互环境下的以智慧照明、智慧安防及智慧停车为核心的管理功能。

高速公路服务区是高速公路的配套设施，是为满足长时间、封闭性行驶在高速公路上的车辆安全运行要求，以及司乘人员最基本的生理和心理需求而设置的服务设施，因此在服务体验上就要与时俱进，为驾乘人员的休息体验而不断改进。以智慧灯杆为载体，经营管理服务及设施有效整合，搭建服务区场外物联网生态平台，完善智慧化服务区生态链。

3. 服务区超低能耗绿色建筑技术

(1) 生态建筑环境设计

超低能耗建筑首先要从规划设计阶段开始重视，建筑规划布局应满足日照标准，室外热环境应满足国家现行有关标准的要求。设计中应充分保护或修复场地生态环境，合理布局建筑及景观，保护场地内原有的自然水域、湿地、植被等，充分利用场地空间设置绿化用地，利用场地空间设置绿色雨水基础设施，如下凹式绿地、雨水花园等有调蓄雨水功能的绿地和水体，透水铺装等。

(2) 资源合理利用

低能耗高速公路服务区应结合场地自然条件和建筑功能需求，对建筑的体形、平面布局、空间尺度、围护结构等进行节能设计。

①建筑平面布局：高速公路服务区因其服务的特殊性，场地一般较大，综合楼一般采用集中式建筑布局，体形系数较小，朝向尽量选择南北朝向，建筑造型要素应简约，应无大量装饰性构件。

②节能与能源利用：采用合适的材料和构造做法可以有效提高建筑的热工性能。如夏热冬冷地区主要考虑夏季隔热兼顾冬季部分采暖，因此主要考虑防潮、减少能耗损失，外墙主体材料选用混凝土结构；采用岩棉(A 级)作为保温材料。墙外饰面宜采用浅色饰面，如浅色粉刷、涂层等，也可采用隔热反射涂料，屋面隔热可设置双层通风屋面。窗框必须有良好的保温隔热性能，一般采用 6 mm 高透光 LOW-E+12 mm 空气+6 mm 透明隔热金属窗。充分利用自然采光，首先在照明控制设计时应配合采光窗的布置，其次可根据建筑布置适当采用光导照明系统，将太阳光引入室内。在服务区带有一定的经营性质的场所、暗走道及公共厕所等场所，照明一般都常开，这些区域如果导入太阳光照明，将解决正常用电问题，运营后具有良好的经济效益和社会效益。同时，采用节能型电气设备及节能控制措施。根据照明使用特点可采取分区、定时、感应等节能控制措施，选用节能照明光源。

③节水与水资源利用:使用较高用水效率等级的卫生器具,地面以上的生活污水、废水宜采用重力流系统直接排至室外管网。集中热水供应系统的热源,宜利用余热、废热、可再生能源或空气源热泵作为热水供应热源。采用雨水收集系统将雨水根据需求进行收集,收集的雨水经过处理后达到符合设计使用标准。

(3) 健康舒适的室内环境

合理设置建筑遮阳形式,首先应通过建筑自身设计降低太阳辐射的影响,在建筑体形设计时充分考虑夏季太阳辐射的影响,可通过体形转折、内西、南向倾斜立面、竖向折板等形成自遮阳,减少立面所受夏季太阳辐射。平面布局中应避免主要功能房间夏季受强烈太阳辐射影响,主要功能空间宜为南北向,东西朝向宜设置为辅助功能空间。同时控制建筑窗墙比,特别避免东西向大面积开窗。充分利用建筑挑檐、外挑外廊、阳台、底部架空等部位,通过分析优化自遮阳设计。在自遮阳设计基础上,通过模拟分析,合理设置外遮阳。根据需要设置可调节遮阳设施,改善室内热舒适条件。

4. 服务区新业态发展

随着高速公路在我国的建设力度不断加大,高速公路服务区也呈现快速发展的态势。服务区的发展经历了几个阶段:

1.0 版公益型服务区为最原始的服务区形态,功能相对单一,以停车、如厕、加油等基础服务为主。

2.0 版服务区是 1.0 版的升级版,是商业功能植入服务区的初级形态,是餐饮、商超等基础商业与服务业态的融合。

3.0 版在总体规模扩大的同时,"综合体"布局特征明显,小型商业体的功能服务生态链趋于完善,地域文化系统也被引入服务发展主题。

4.0 版完善型,不仅仅表现为功能的完善,更侧重于综合能力的提升,包括场地、功能、智能化系统、绿色节能等,不盲目追求高大上,是符合我国国情的较为成熟的服务区。

随着服务区逐渐发展为小型的"商业综合体",其带来两方面的变化:

一是建筑造型愈加复杂,为了吸引人流,改变以往功能性为主的简单造型,为了给客户提供更舒适更具吸引力的空间,出现了大面积中庭等区域,层高也随之变高,另外人流量大幅度增大,这些都导致空调能耗大幅度增加。

二是商业业态愈加复杂。以前的服务区仅有餐饮、超市和厕所功能,功能较单一,业主构成也简单,收取电费较容易。现代的服务区尤其是大型服务区,在商业模式上出现了租赁、加盟、自营等多种商业业态,在服务功能上出现了娱乐休闲、文创体育、艺术展览、特色餐饮等诸多新场景,其不同商业用户之间的电费计取开始凸显矛盾,原本粗放的根据面积在年底进行核算电费的方式已经不能满足使用要求,需要在设计阶段提前考虑。

5.2.3.2 “四好农村路”绿色建设技术

1. 概述

农村公路是公路的重要组成部分，是重大民生工程，也是实施乡村振兴战略、打赢脱贫攻坚战的重要举措。2019 年交通运输部等八部门发布《关于推动“四好农村路”高质量发展的指导意见》(交公路发〔2019〕96 号)，要求以新发展理念为引领，从规模速度型向质量效益型转变，充分发挥农村交通在服务产业发展、优化农村布局、支撑农业农村现代化建设等方面的先行保障作用，全面推进“四好农村路”高质量发展。绿色低碳是农村公路高质量发展的重要内涵，农村公路也是绿色公路建设的重要组成部分。与高速公路、普通国省道绿色公路建设相比，农村公路的绿色建设具有自身的特点与需求。农村公路以通达为主要目的，虽然总体规模较大，但一般单体工程项目体量较小，绿色公路建设考虑的重点是造价经济、资源循环利用和施工方便。因此，农村公路的绿色建设应当以工程耐久性以及资源节约集约和循环利用为重点方向。

2. 农村公路绿色改造技术的应用策略

江苏省农村公路通达水平全国领先，全省农村公路里程达 14 万 km，路网密度达 139 km/100 km^2，居全国第五、各省区第三位；农村公路中二级及以上公路占比达到 19.6%，列各省区第一；率先在全国实现行政村双车道四级公路全覆盖，全省基本实现县到乡通二级及以上、乡到乡通三级及以上、乡到村通四级及以上公路。未来江苏省农村公路将围绕“四好农村路”高质量发展目标，建设数字农路、平安农路、绿色农路、美丽农路和法治农路，打造品质优良、成效显著、全国知名的江苏农路品牌。

绿色改造是江苏省农村公路建设的重要内容。围绕绿色农村公路建设资源节约集约利用、环境保护和节能减排的原则，江苏省农村公路绿色改造适宜性技术主要有：厂拌热再生、厂拌冷再生、就地冷再生、橡胶沥青混合料、水泥路面改造利用、工业废渣再利用、建筑废弃物再利用、温拌沥青混合料等。各类农村公路绿色改造适宜性技术见表 5.2-11。

表 5.2-11 农村公路绿色改造适宜性技术

技术类别	技术特点	农村公路绿色改造适用性
厂拌热再生	最为广泛的沥青路面再生方法；国内以间歇式厂拌再生最多，需要对常规拌和楼进行改造；需对旧混合料进行破碎筛分处理；热再生沥青混合料性能良好，可用于各等级公路的面层和基层；RAP 料利用率 20%～50%	厂拌热再生混合料性能良好，再生的混合料可用于农村公路中的沥青面层。但由于配合比设计与施工控制技术要求较高，对农村公路而言，有条件时可选择使用

续表

技术类别	技术特点	农村公路绿色改造适用性
厂拌冷再生	主要有水泥、乳化沥青、泡沫沥青等厂拌冷再生方式;厂拌冷再生既可用于沥青路面中、下面层再生,也可用于路面基层再生;厂拌冷再生沥青混合料性能良好;可预先对旧混合料进行破碎筛分处理,确保再生混合料的均匀性与级配;RAP料利用率达60%以上	再生后的沥青路面旧料适用于沥青路面的中、下面层及柔性基层;基层再生材料可作为底基层或基层。工艺节能环保,推荐使用
就地冷再生	实现就地再生利用,节省材料转运费;施工过程的能耗低、污染小;再生剂选择多样化,泡沫沥青/乳化沥青厂拌冷再生可用于沥青路面中、下面层再生,也可用于路面基层再生,水泥就地冷再生适用于基层冷再生;为确保铣刨料均匀性,对就地冷再生施工机械要求较高;RAP料利用率100%	全部利用了旧的铺层材料,成本较低,且就地冷再生可根据不同道路的实际情况进行设计,选择不同的添加剂,可以保证再生材料的品质和施工质量。工艺节能环保,推荐使用
橡胶沥青混合料	是减少废旧轮胎"黑色污染"的有效办法;具有较高的抗车辙能力和抗推移拥包的能力。同时,改善了沥青的低温性能和抗疲劳性能;常用的分为现场湿法和成品橡胶沥青。现场湿法油石比较高,达8.0%。成品橡胶沥青与常规沥青用量接近	现场湿法油石比用量大,造价高,不适于农村公路。成品橡胶沥青与改性沥青造价相当,农村公路可选择使用。橡胶沥青应力吸收层可用于水泥路面改造
水泥路面改造利用	主要有水泥路面保留利用、碎石化技术与粒石化等技术;在原路面承载力等状况较好时,采取对水泥路面保留利用,之上加铺沥青的方式;加铺前须对旧水泥混凝土路面板底进行灌浆、贴缝等处理;原路面状况较差、承载力不足时,可采取碎石化技术,碎石化处理后,用于新路面的底基层使用;粒石化一般采用工厂集中处理的方式,粒化的集料可用于水稳料基层或底基层;三种处理方式均可对原水泥路面100%利用	旧水泥路面保留利用、碎石化技术、粒石化技术均适用于农村公路水泥路面改造。原路面破损较少时,推荐原路面处理后直接加铺沥青面层;大面积破坏已丧失了整体承载能力时,推荐使用碎石化、粒石化技术,形成柔性基层后加铺面层
工业废渣再利用	包括:生产垃圾焚烧后的炉渣、电厂产生的钢渣及工业生产过程中产生的电石渣等;经相应的加工处理后,在路基、路面中具有良好的可替代性;节约集料,减少工业废渣污染,可实现90%的资源化利用;降低工程造价	适用于公路路基、路面基层、面层各层位铺筑,推荐使用
建筑废弃物再利用	废弃物的组成成分复杂,主要由土、渣土、散落的砂浆和混凝土、剔凿产生的砖石和混凝土碎块等组成;经相应加工处理后,在路基、路面基层中具有良好的可替代性;节约集料,减少建筑垃圾污染,可实现60%左右的资源化利用;降低工程造价	经破碎后可直接用于道路路基回填材料,在严格控制掺入比例的情况下,建筑废弃物再生集料可用于各等级公路基层和底基层。推荐农村公路建设使用
温拌沥青混合料	沥青混合料的拌和和摊铺温度降低30~60℃,节省加热能源;减少沥青烟和有害的气体;解决低温环境沥青路面施工难问题;可提高沥青路面的高温性能;稍增加沥青面层施工造价	在冬季施工,可推荐使用。但由于温拌沥青混合料技术较为复杂,在农村公路建设中,可选择性进行推广应用

3. 高性价比乳化沥青厂拌冷再生技术

(1) 高性价比乳化沥青混合料技术要求

高性价比乳化沥青混合料具有改性、固含量提高、软化点提高等特点，应用后可提高路用性能，延长农村公路再生路面的耐久性和使用寿命。

高性价比乳化沥青混合料配合比设计流程与冷再生混合料一致，但高性价比乳化沥青混合料属常温拌和，拌和时集料、乳化沥青等材料无须加热，为使高性价比乳化沥青混合料更容易成型，并具有较高的初始强度，高性价比乳化沥青混合料中细集料含量应适当提高。高性价比乳化沥青混合料级配范围推荐见表 5.2-12。

表 5.2-12　高性价比乳化沥青混合料级配范围推荐表

筛孔(mm)	冷再生－20(%)	冷再生－13(%)
26.5	100	—
19	90～100	—
16	70～92	100
13.2	60～85	90～100
9.5	50～75	66～82
4.75	33～60	41～71
2.36	20～45	24～54
1.18	12～33	15～40
0.6	10～26	10～28
0.3	6～20	6～24
0.15	4～15	4～16
0.075	3～10	2～9

根据有关研究，高性价比乳化沥青混合料马歇尔成型方式确定为：第 1 遍双面各击实 50 次后，模内 90℃养生 2 天，趁热立即第二遍双面各击实 25 次，室温[(20±5)℃]下静置 24 h 脱模。

高性价比乳化沥青混合料技术要求见表 5.2-13。

表 5.2-13　高性价比乳化沥青混合料技术要求

阶段	养生方式	指标	试验方法	冷拌冷铺沥青混合料	单位
配合比设计	90℃养生 2 天	击实次数		50+25	次
		空隙率	马歇尔试验	6～9	%
		马歇尔稳定度		≥7.0	kN
		15℃劈裂强度	劈裂试验	≥0.6	MPa
性能评价		冻融劈裂残留强度比	冻融劈裂试验	≥75	%
		动稳定度	车辙试验	≥2 000	次/mm
		破坏应变	小梁弯曲试验	≥2 000	με

(2) 乳化沥青混合料路用性能

①力学强度

根据有关研究，高性价比乳化沥青混合料的劈裂强度均大于冷再生混合料的劈裂强度，表现出优异的强度特性。采用高性价比乳化沥青的常温混合料具有较好的 15 d 强度，能够满足面层材料的要求。

②抗水损害性能

根据有关研究，高性价比乳化沥青混合料的冻融劈裂强度比的值高于普通冷再生混合料。

③高温性能

根据有关研究，高性价比乳化沥青混合料动稳定度比普通冷再生混合料要高，说明其拥有较好的抗车辙能力。

④低温性能

根据有关研究，高性价比乳化沥青混合料的低温抗裂性能比冷再生混合料有显著提高，具有较好的抗开裂性能。

(3) 高性价比乳化沥青厂拌冷再生施工工艺

乳化沥青厂拌冷再生混合料施工环节包括铣刨料预处理、原路面处理、混合料拌和、运输、摊铺、碾压、养生等。

①旧料预处理：将进行破碎加工后的铣刨料按粗(10～20 mm)、细(0～10 mm)进行分档堆放，堆放高度不宜超过 3 m，堆放时间不宜超过 15 d。在铲运过程中，应在同一水平面范围进行铲料。

②拌和：旧铣刨料和新掺入的集料用量可通过冷料仓转速来控制。拌和前，应对集料进行含水量测试，按照施工配合比，将旧料、乳化沥青、水等原材料进行搅拌。搅拌过程中，应随时调整拌和方式，以保证集料被乳化沥青完全裹覆。

③运输：乳化沥青冷再生混合料应在乳化沥青破乳之前运到现场进行摊铺、碾压。因此，所设的拌和场站距施工现场不宜太远，以免导致乳化沥青提前破乳，否则应予以废

弃。在环境条件不利时，在运输过程中可对乳化沥青厂拌冷再生混合料进行覆盖。

④摊铺：保证摊铺机匀速、缓慢前进(2～4 m/min)。在摊铺过程中，应随时检查摊铺离析较为严重的位置，并及时进行处理。

⑤碾压：碾压应在乳化沥青破乳前进行，推荐采用如表 5.2-14 所示的碾压工艺。

表 5.2-14　乳化沥青厂拌冷再生碾压方案

阶段	设备名称	遍数	速度(km/h)
初压	双钢轮振动压路机(1～2 台)	前静后振 2 遍	1.8～2.2
复压	单钢轮振动压路机(2～3 台)	前后振 4 遍	1.8～2.2
终压	胶轮压路机(2 台)	搓揉 3～5 遍	4.5～5.0

⑥养生：在乳化沥青破乳及混合料强度形成后才能进行后续施工。养生过程中禁止所有车辆通行，同时应随时检测混合料的含水量，当混合料中的水分蒸发至 2%以下时，方可继续铺筑上中面层结构。一般来说，当气候状况较好时，养生期为 3～7 d。

4. *农村公路水泥路面拓宽改造技术*

早期的农村公路多为水泥路面，俗称“白色路面”，但其路面行驶噪声大、养护不便、行车舒适性较差，逐渐被沥青路面所替代。农村公路提档升级面临着大量的水泥路面改造成沥青路面的工程，俗称“白改黑”。其主要建设内容包括三大方面：一是路基路面拓宽，二是水泥板块处理，三是水泥路面加铺。

(1) 农村公路水泥路面拓宽技术

①路基拓宽

新旧路基拼接的处治措施一般有开挖设置台阶、铺设土工格栅、提高路基压实度等。农村公路由于一般技术等级低，老路基边坡位置往往压实质量不佳，开挖老路路肩后无法形成台阶，加之拓宽宽度有限，也不利于设置台阶，因此，农村公路路基拓宽方案主要考虑为单侧无台阶拼接方式。

施工时应注意以下质量控制要点。

a. 路基填土掺石灰比例应通过室内试验确定，也可根据实际情况掺适量水泥。

b. 沿河塘路段且无特殊处理路基，在彻底清淤后宜回填碎石土等水稳定性能好的材料。

c. 路基拼宽应采用台阶法，受路面宽度影响不宜采用台阶法开挖的应提高原路基压实度。

d. 新老路基结合部位不宜采用振动压路机进行强振碾压，宜采用高吨位的静力压路机进行碾压，且应较普通路段多碾压 3～4 遍，做到无漏压、无死角，碾压均匀。碾压后结合部位不应有松散、软弹、翻浆及表面不平整等现象。

e. 大型压路机碾压不到的边角和死角处，应使用小型设备压实，且压实厚度不能超过 15 cm，压实度应达到相同层位的路基压实度的要求。

②基层拓宽

为保证新旧路面的整体性，加宽段路面基层主要考虑水泥混凝土或级配碎石方案，老路路面拼接可采用以下方案。

a. 对于水泥混凝土面板质量较好，但拼接宽度较小，又不利于施工机械展开的段落，基层拼接采用刚性基层（水泥混凝土）拼接，在老路面与新浇混凝土之间设置横向传力杆，拼接段基层顶统一设置抗裂贴。

b. 对于水泥混凝土面板质量较差、断板率高的情况，原混凝土面板作破碎处理（碎石化），基层拼接采用柔性基层（级配碎石）拼接，其上再统一铺筑一层水泥稳定碎石。

（2）农村公路水泥路面改造技术

水泥路面的改造方案包括以下方式。

①原水泥混凝土路面评价 PCI（路面状况指数）为良以上且 DBL（断板率）为良以上，宜对原水泥板块采用病害修补的处置方式；

②原水泥混凝土路面 PCI 为良以下或 DBL 为良以下，宜对原路面水泥板块采用碎石化处理；

③重载交通下宜对原水泥板块采用马钉锚固法等方式进行加强处理，并铺设一层水泥稳定碎石基层后再加铺沥青面层。

（3）农村公路水泥路面加铺技术

水泥路面加铺主要选择加铺层厚度和加铺材料。

①沥青加铺层厚度

增加加铺层厚度是提高其抗反射裂缝能力的常用措施。为保证水泥路面加铺层的抗裂能力，通常要采用 10 cm 以上的沥青加铺层，也可在沥青加铺层与水泥板间设置水稳碎石基层来提高防裂能力。但由于农村公路规模和造价限制，不宜采用太厚的加铺层。

②沥青加铺结构材料

为提高农村公路水泥路面适用性，在水泥路面上加铺沥青材料成为最主要的措施。为了防止沥青路面的反射裂缝，提高上覆沥青混合料层的性能是一种行之有效的方法。主要是采用优质的原材料，如采用改性沥青，或在混合料中采用添加剂（如聚酯纤维）提高混合料性能，或改善集料的级配等。此外，铺设应力吸收层（SAMI），对减缓反射裂缝的产生与扩展有明显的效果。

从路用性能、防反射裂缝、经济性、资源循环利用和环境保护五个方面分析，在常用的沥青混合料中，橡胶沥青混合料、橡胶沥青应力吸收层与半柔性沥青混合料具有一定的优势，而且可以充分利用废旧橡胶和废旧铣刨料，符合绿色公路建设要求，同时具有较好的性价比及环境效益。

6
第六章
江苏省绿色公路典型示范工程

6.1 概述

2013 年，交通运输部、江苏省人民政府共同签署《共同推进江苏省绿色循环低碳交通运输发展框架协议》，旨在将江苏省打造成为全国首个绿色交通示范省份。2014 年 7 月，省政府发布了《江苏省绿色循环低碳交通运输发展规划（2013—2020 年）》（苏政办发〔2014〕58 号），并于 2015 年 11 月 26 日出台了《省政府办公厅关于加快绿色循环低碳交通运输发展的实施意见》（苏政办发〔2015〕122 号），将绿色循环低碳公路建设工程作为江苏省绿色循环低碳交通运输的十大重点工程之一。2017 年，省交通运输厅印发《江苏省绿色公路建设实施意见》（苏交公〔2017〕5 号），提出了江苏省绿色公路建设的指导思想、基本原则、主要目标、工作举措和保障措施。《江苏省绿色公路建设实施意见》提出，"十三五"期间，全面践行绿色公路建设理念，推进建立具有江苏特色和时代特征的绿色公路发展标准体系、技术体系、管理体系，2016 年至 2018 年建成一批绿色公路示范工程，2019 年至 2020 年全面推广绿色公路重点项目，实现资源集约、生态环保、节能减排、出行高效，绿色公路发展在全国处于领先地位。

在绿色交通、绿色公路相关政策指导下，江苏省绿色公路建设取得显著成果："十二五"期间，江苏省先后完成宁宣高速公路、G312 镇江城区改线段、S237 扬州段、G312 苏州段、镇丹高速公路、沪宁高速公路等绿色公路主题性项目。"十三五"期间，国道 G524 线通常汽渡至常熟三环段项目入选交通运输部第三批绿色公路典型示范工程，目前已建成通车。具体见表 6.1-1。此外，江苏省结合自身工程建设水平及绿色发展需求，将宜长、宁杭二期等工程建设项目进行绿色化重点打造，融合发掘了丰富的绿色发展经验。

表 6.1-1　江苏省绿色公路主题性项目清单（部级）

序号	项目名称	主要内容	完成时间
1	江苏宁宣高速公路绿色公路主题性项目	宁宣高速公路改造工程路面结构优化设计、主题性项目建设策划与咨询、宁宣低碳展示馆设计	2014 年 12 月
2	江苏 G312 镇江城区改线段绿色公路主题性项目	主题性项目建设策划与咨询、镇江城区改线段公路路面结构优化	2017 年 6 月
3	江苏 S237 扬州段建设绿色公路主题性项目	主题性项目建设策划与咨询、氛围设计、形成一系列管理体系	2016 年 12 月
4	江苏 G312 苏州段绿色公路主题性项目	主题性项目建设策划与咨询、阳澄湖隧道铺装技术低碳设计、沿线氛围设计、施工过程能耗统计体系搭建	2017 年 12 月

续表

序号	项目名称	主要内容	完成时间
5	江苏镇丹高速公路绿色公路主题性项目	主题性项目建设策划与咨询、协助业主成立节能减排管理中心、形成高速公路施工机械约束机制	2018 年 12 月
6	江苏沪宁高速公路建设绿色公路主题性项目	主题性项目建设策划与咨询、养护管理节能减排体系策划	2017 年 12 月
7	G524 线通常汽渡至常熟三环段改扩建工程绿色公路创建	绿色公路典型示范工程项目。加强信息系统、道路出行信息服务体系、路网运行监测体系建设	2019 年 12 月

6.2 国道 G524 通常汽渡至常熟三环段改扩建工程

6.2.1 项目概况

G524 是沪苏浙长三角区域的一条重要交通干线，是连接江苏、浙江两个经济大省的快速通道，也是苏州与嘉兴两个重要城市的黄金纽带。G524 的快速化改造对于常熟市融入长三角城市群，实现区域经济一体化具有十分重要的作用。国道 G524 通常汽渡至常熟三环段顺联常熟市主城与滨江新城，途经虞山镇、海虞镇、梅李镇以及常熟经济开发区，未来将成为常熟市双城发展模式的中轴线和国际物流港口的快速通道，进而引导港城区域协同发展。

国道 G524 通常汽渡至常熟三环段改扩建工程起自常熟港通常汽渡，终于常熟市区黄河路互通，全长 19.64 km，高架道路和地面道路均采用一级公路标准，设计速度 80 km/h。该项目是交通运输部确定的第三批绿色公路典型示范工程之一，同时也被江苏省交通运输厅列入了建立公路水运品质工程示范创建项目。

6.2.2 项目特点

1. 项目沿线良田、村镇密布，土地资源紧张

常熟地处江南水乡，土地肥沃、遍地良田，随着城市逐步向外扩展，导致耕地面积一再减少。土地资源紧张是制约公路发展的最大问题之一，因此如何协调公路占地和资源匮乏之间的矛盾便是摆在项目面前最大的难题。该项目沿线村镇密布，土地资源极其匮

乏,项目施工过程中,留给施工作业的场地受到了极大的限制,因此,原材料进场、主线施工均需要进行空间协调和交通组织协调。

2. 项目桥体多,品质工程建设需求高

项目全线快速路均为高架,包括混凝土桥和钢桥两类,对施工过程、后期运营养护提出了严格的要求,同时也为建管养一体化、BIM 技术等新型绿色公路建设技术的应用提供了良好的工程依托。

3. 改扩建工程,旧路废弃材料多

钢材、水泥、沥青、集料等生产能耗排放相对较高的原材料变得越来越稀缺,如何最大限度利用废旧材料成为当下的热门话题。G524 改造项目是对既有老路进行快速化改造,涉及路面、结构物、附属设施等改造,在路面改造过程中势必会造成老路结构及材料的浪费,将改建工程中的废旧材料进行循环利用是可持续发展的必然之举。

4. G524 集干线和市政路功能于一体,管理和服务需求大

随着常熟城镇化发展和城市规模的不断扩大,原有 G524 已不能满足其过境交通功能,在一定程度上还会干扰城市交通的通行。为了缓解急剧增长的交通需求、有限的道路交通设施,以及与逐步压缩的土地开发空间的矛盾,选择将既有干线公路市政化。该项目周边城镇化程度高,交通通行需求较大,同时承担了城市道路的功能需求。

5. 项目路与区域路网内大量道路相交叉,交通条件复杂

G524 通常汽渡至常熟三环段改扩建工程与规划沿江一级公路、浦江路、天字路、江夏路、梅北路、S308、沿江高速、新 G204、规划沪通铁路、苏州路相交。道路两旁的村镇、工厂的车辆可直接进入 G524 道路内,区域路网内道路交叉口较多,交通条件复杂,对道路的横向干扰大,对行车速度和行车舒适性及安全性影响也较大。

6.2.3 绿色公路建设思路

该项目的绿色公路建设主题为“一带两城秀江南,智慧绿廊绘常熟”。一方面要考虑到地面道路平交口较多、用户出行需求高的特点,采用信息化技术打造智慧公路;另一方面由于项目本身具有的材料、能源集约特点,加之常熟市打造文明生态城市的需求,在节能减排这一理念下建设适合常熟 G524 国道特点的绿色公路。

1. 统筹资源利用,实现集约节约

基于土地资源紧张的限制,项目施工单位将主线的加工厂、预制场均设在道路红线内,既没有增加临时占地,又减少了工程投资,同时对沿线的土地资源也起到了一定的保护作用。保通路的建设是为了满足沿线居民、企业等的正常出行需求,在跨桥段落均采用了装配式钢桥的方案,一方面加快了保通路的工程进度,另外也避免了后期对原材料的浪费。在主线项目建成后,对保通路进行适当改造,作为 G524 的人行通道与非机动车

道，体现了资源集约化与可持续利用理念。

2. 着眼周期成本，强化建养并重

在项目建设期间加强全过程的施工质量把控，着重提升运维期管养技术，利用新材料、新技术，提高项目建设品质和运营维护能力，保障使用寿命，提高用户体验。进一步通过信息化智能手段对运营期进行全面感知，以及提升运营期的安全通行能力，为交通参与者提供有力的安全保障，充分体现了建养并重的全寿命周期成本理念。

3. 加强生态保护，注重自然和谐

为了响应国家生态文明及可持续发展战略，项目对既有老路结构做了充分的科学评估，以最大限度对老路结构进行利用。将部分段落的沥青路面铣刨料作为热再生方案重新用于沥青面层；将水泥混凝土(包括水泥路面和桥梁等结构物)破碎后用于其他受力较小的构造物，如路缘石、人行道铺砖等；将波形防撞护栏等钢制附属设施全部回收利用；在土地资源保护方面，尽可能保护耕地，将钻孔灌注桩的循环泥浆用来改善土壤、填埋废弃鱼塘等，实现 G524 改建工程整个过程零弃方的目标，体现了施工过程中保护沿线自然生态环境的理念。

4. 加强智能管服，打造品质工程

该项目秉承集约化开发理念，采用地面辅路市政化、上部高架快速化的策略，以减少新增土地利用，实现土地资源集约化利用。另外，由于 G524 作为连接市区与港区的主要快速通道，在路网中承担了十分重要的物流与集散功能，因此须根据城市总体规划和城市综合交通体系规划，统筹基础设施供给与交通需求管理，立足当前、着眼长远，强化交通组织管理，通过系统的信息化建设来完善公路的监控区域和信息服务范围，加强路况、事故预警等信息发布，合理分流交通出行压力，最大限度避免交通拥堵状况，提升项目的建设品质，从而推进精致城市、魅力常熟建设。

5. 立足服务为本，实现精准高效

根据现状交通条件，本项目重点在精准服务、高效管理、科学决策方面做出努力，用交通智能化、信息化来提高公路交通运行效率，引导出行者出行，减少车辆延误，从而减少无谓的交通延误和能源消耗。公路信息化建设是“服务于业务管理、服务于社会公众、服务于领导决策”之根本，项目通过智慧公路整体解决方案来加快推进智慧化建设，实现公路管理数据化、信息化和智能化。通过在转向流量较大的路口、与其他省道相交路口、弯度较大、事故多发点等位置设置遥控摄像机，对重要路口进行实时监控；在道路的主要入口互通设置可变情报板，用以对进入公路的车辆发布交通诱导信息，打造一条建管养服一体的智慧公路，实现智慧出行零烦恼、智慧决策零失误。

6.2.4 绿色公路特色方案

6.2.4.1 实施框架

国道 G524 通常汽渡至常熟三环段改扩建工程绿色公路建设以"一带两城秀江南，智慧绿廊绘常熟"的主题目标为导向，通过"生态环保、资源保存、效率保证、创新保驾、服务保质和管理保障"等六保工程的实施，从规划设计、建设施工到管理养护等全寿命周期内应用先进适用、成熟可靠的节能环保新工艺、新技术、新材料、新产品，落实绿色公路建设理念，全过程、全方位打造"符合江苏特色、顺应时代特征"的绿色公路典型示范工程。项目绿色智慧公路建设总体框架见图 6.2-1。

6.2.4.2 生态保护工程

1. 声环境保护

在声敏感点采取传统声屏障的设计与安装措施。全线声环境敏感点共 17 处，15 处采取声屏障措施，总长度 3.3 km。声屏障材料选用的总体原则是降噪效果性能良好、结构安全可靠、材料价格经济、安装成本低、使用寿命长、景观协调、美观大方等。声屏障平均隔声量不小于 35 dB；平均吸声系数不小于 0.84；声屏障采用铝合金卷板、镀锌卷板、玻璃棉、H 钢立柱表面进行镀锌防腐处理，具有耐水、耐热、抗紫外线、防水、防火、防尘等性能；声屏障色彩和造型与周围环境协调，形成亮丽风景线；声屏障采用装配式施工，提高工作效率，缩短施工时间，可节省施工费及人工费。

2. 水环境保护

该项目采用的是全线高架，若直接将雨水排入地面道路，一方面影响地面行车安全，另一方面会由于雨水排放不及时造成内涝。考虑到项目所处地理位置及实际情况，在全线高架上设置径流处理系统，对桥面雨水进行收集后集中排放，减少桥面径流，提高雨天行车安全。

3. 生态绿廊建设

为了美化道路的环境及道路两侧的风景，提高道路两侧绿化降噪、降尘功能，同时也为了增加绿色植物的固碳释氧能力，设计中强调将公路与自然景观融为一体，使其成为自然景观的一部分，形成"车在路上行，人在画中游"的景象，力争将该项目打造成常熟市的一条景观大道。

绿化选用绿量大、少养护、耐候性强、对人体无害的乡土种植。采用乔灌草的复层绿化形式，构成多层次的植物群落景观；道路行道树采用落叶植物，夏天降低地场温度，冬季增加阳光；减少草坪面积，多种少养护的花灌木、地被植物。

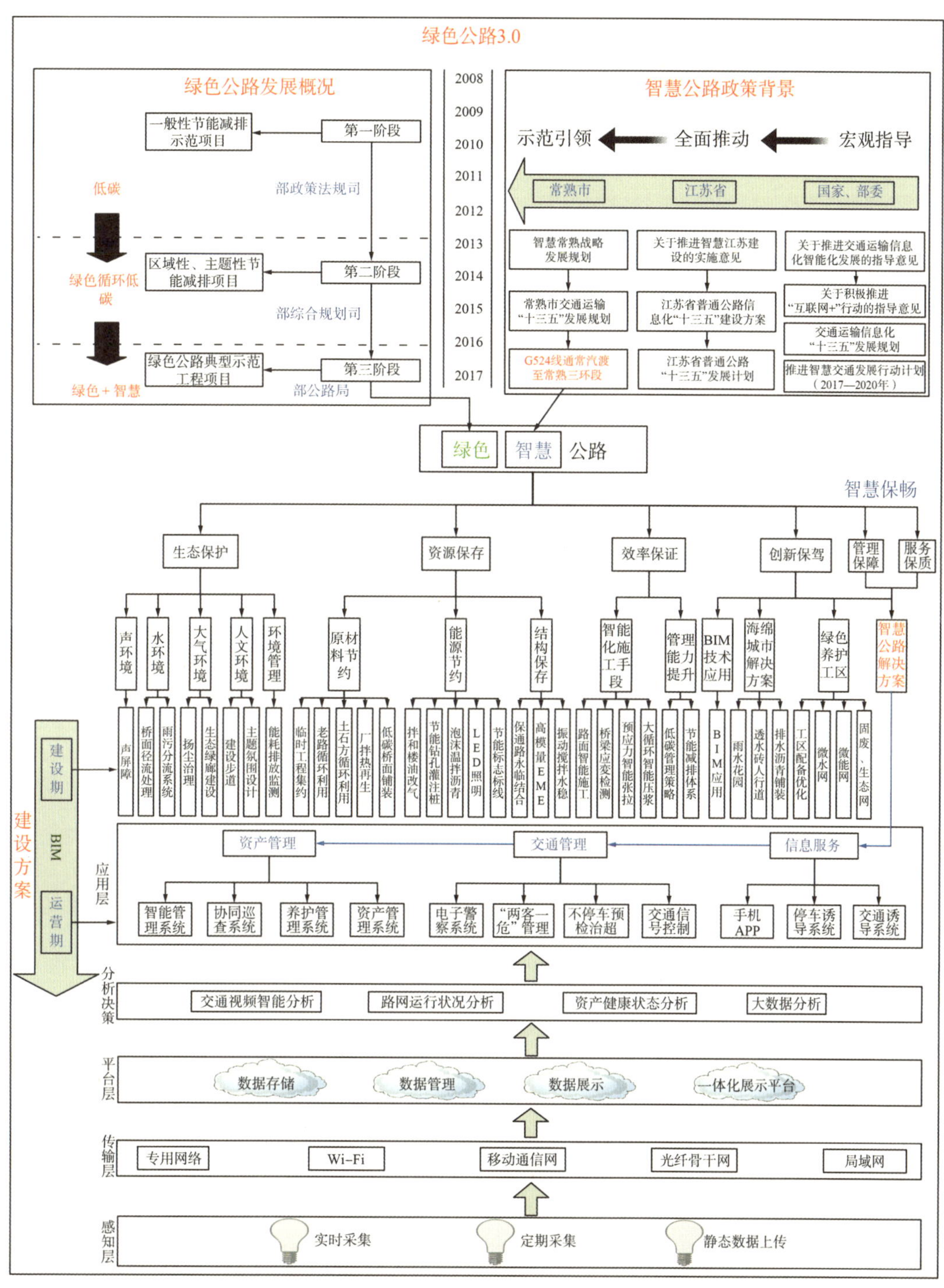

图 6.2-1　国道 G524 通常汽渡至常熟三环段改扩建工程绿色公路建设框架图

4. 人文环境保护

在 G524 靠近三环段两侧各铺设 6 km 的景观步道，便于行人出行。考虑到城市美观，其路面采用了彩色沥青，即在常温下把混合料加到 MMA 喷涂设备容器里，通过管道流到喷枪里，直接均匀喷涂。施工完成 2 h 待材料固化后，便可以开放交通。

5. 主题氛围设计

(1) 灯杆灯箱主题氛围设计

灯箱主题氛围内容主要围绕绿色发展主题口号，结合常熟地域特色和绿色循环低碳类公益广告设计。

(2) 科普互动公交站台

对该项目城区段设置的公交站台进行主题氛围设计。主题氛围设计围绕绿色循环低碳公路建设理念，该项目绿色循环低碳公路建设口号，建设过程中采用的新技术、新材料、资源循环利用等，宣传绿色智慧公路。

(3) 交叉口小品氛围设计

利用 G524 地面道路交叉口，根据地形、绿化、建筑小品等元素进行主题氛围设计，在项目位于苏州路、国道 204、省道 308 等道路相交处，通过高低错落、颜色各异的绿化小品来宣传展示绿色公路，提升城市美化环境。

(4) 挡墙外立面贴面装饰

在该项目沿路适宜的位置利用路侧墙体界面做成画廊、宣传栏、广告栏，在空间环境中起到强化空间结构、增加空间层次、美化空间环境的作用。

6. 施工期环境保护

施工临时项目部设置雨污分流系统。大部分钢筋加工厂、预制场，及其他一些施工作业场地均设置在老路结构路面上。老路结构为沥青路面和水泥路面，便于施工作业的同时，也降低了扬尘等环境污染情况。施工过程中老路拆除、平整场地、土方开挖、土方回填、清运建筑垃圾和渣土等施工作业环节，均采取了边施工边适当洒水的防止产生扬尘污染措施。施工现场对水泥、粉煤灰、灰土、砂石等易产生扬尘的细颗粒建筑材料进行了密闭存放或覆盖，给混凝土拌和楼增加了降尘防尘装置。通过环境监测技术，针对公路工程施工期特征环境影响因子，如噪声、颗粒物(TSP、PM10、PM2.5)、SS、COD 等，通过手工监测为主、在线监测为辅的技术手段，对污染物排放与环境质量进行监测与评价。

6.2.4.3 资源保存工程

1. 原材料节约

(1) 线性优化

项目在前期选线过程中，对不同的线形方案进行了比选，最终将中心线南移 2 m，一方面不破坏北侧老路，对北侧老路的结构进行保存，另一方面也保证交通的舒畅，从而实现节能减排的目的。

项目平面指标在不过多增加造价的前提下尽量采用高值，设计速度为 80km/h，在小半径取合适过渡长度的缓和曲线段，尽量减少了车辆由直线驶入小半径曲线时因运行速度波动造成的车辆燃油的消耗增加。

考虑运营节能，主要从路线纵断面线形的平顺性方面入手，在满足基本功能前提下，从有利于节约车辆运营燃油消耗的角度，采用较高的纵断面指标，并尽量减小上坡、下坡的转换频率。

(2) 老路材料循环利用

在对老路路面结构状况进行调查分析的基础上，依据老路路面状况评价结果，制定老路路面结构利用方案，最大限度地利用老路资源。该项目滨江新城路段采用老路单侧拼宽、路基单侧搭接方式，充分利用老路资源、循环利用老路材料、减少老路结构层材料的浪费，节省项目建设投资，而且可以减少路面材料生产和施工能耗及排放。

G524 旧路小桥及其他水泥混凝土设施拆迁产生了大量的废弃混凝土。该项目将大量混凝土废弃物破碎后，进行批量化处理，然后作为路缘石、花坛围挡、再生空心砖等受力较小的建筑材料重新使用。

(3) 临时工程土地集约

该项目考虑节约用地和保护耕地的原则，将施工临时便道设置在项目建成后的人行道用地上，既方便组织交通，又避免临时道路拆除造成的资源浪费。

该项目将加工厂、预制场及其他部分施工作业场地设置在道路红线内，既减少了临时工程对耕地的占用，又节约了工程费用。施工临时项目部修建房屋采用了易于拆除的结构，或利用了项目沿线的原有建筑。

(4) 厂拌热再生技术

该项目在 K1+703—K4+473 人行道施工中进行厂拌热再生技术的应用，共利用老路路面沥青面层废旧铣刨料 210.36 m^3，厂拌热再生 RAP 材料掺配比例为 25%，可再生新热拌沥青混合料 841.44 m^3，再生后的热拌沥青混合料用于人行道的上面层和下面层。

2. 能源节约

(1) 节能钻孔灌注桩施工技术

该项目全线高架桥梁及匝道桥梁桩基础施工全部采用旋挖钻机技术组织施工。旋挖钻机具有成孔速度快、环境污染小、施工现场干净、操作灵活方便等特点。

(2) 泡沫温拌沥青混合料技术

该项目在城镇路段除交叉口外的其余部分路面的中、下面层采用机械发泡方式生产的泡沫温拌沥青混合料，具有显著的节能减排效益。

(3) 节能照明技术

该项目全线照明采用 LED 照明设施替代高压钠灯。

(4) 节能发光标志标线

该项目采用全天候雨夜自发光标志标线替代传统热熔型反光标线，提高在潮湿、夜间的反光效果。

3. 结构保存

(1) 保通道路永临结合

按照先整体后局部的原则，结合老路路基及桥梁进行规划，修建临时保通路，确保通往各个重要节点的路线保持畅通。临时道路主要服务于区域干线公路的衔接，设计速度采用 30 km/h，全线采用单向双车道沿 G524 两侧分别布设。单向路幅路面全宽 9 m，路基全宽 10 m。其中永临结合段采用沥青路面结构：4 cm SUP-13＋6 cm SUP-20＋改性乳化沥青＋36 cm 水泥稳定碎石＋18 cm 低剂量水泥稳定碎石。

(2) 耐久性高模量路面结构

该项目 G346 至碧浒路段 4 个交叉口处实施耐久性抗车辙路面结构，采用三层结构形式：4 cm 改性沥青 SMA-13＋8 cm 高模量 EME-14＋1.5 cm AR-SAMI。

(3) 振动搅拌水泥稳定碎石基层

该项目 K1＋703—K4＋473 路段机动车道基层均采用 38 cm 振动搅拌水泥稳定碎石基层，非机动车道采用 20 cm 振动搅拌水泥稳定碎石基层。

6.2.4.4 效率保证工程

1. 智能化施工手段

(1) 沥青路面智能施工控制系统

在混合料拌和环节，通过在沥青拌和楼布置传感器和控制器对生产过程中的计量数据、时间数据和温度数据进行实时采集，并实时传输至后台数据中心。数据中心对生产数据进行存储、计算分析和智能反馈，实现沥青混合料级配、油石比、出料温度的实时控制。前场施工人员和管理者可以通过手机终端和 PC 客户端对生产情况进行实时查询。

在混合料运输环节，该项目基于射频识别技术，在混合料装料时，可以识别混合料开始装料时间、结束装料时间和车辆信息；在混合料卸料时，可以识别混合料开始卸料时间、结束卸料时间等信息，实现路面铺装质量问题可追溯。在车辆运输过程中，利用北斗卫星定位系统对运输车进行实时追踪，实时监控运输车运输轨迹及运输速度。

在沥青路面摊铺环节，通过在摊铺断面布置红外传感器阵列，实时获取整个摊铺断面温度数据，并在施工现场绘制摊铺温度云图，快速确定温度离析区域。通过高精度 GPS 对摊铺机进行厘米级定位，从而获取摊铺机行驶速度。摊铺温度与速度信息通过平板电脑、LED 显示屏实时展示，并实时传输至后台数据中心进行存储和发布。

(2) 桥梁应力应变监测

该项目第 4 标段高架第 13 联一座(29＋29) m 的预应力钢筋混凝土连续梁桥采用桥

梁应力应变智能监测。选取该桥梁部分通常束和单端张拉的钢束进行智能化改造，共涉及 36 个锚头。为了实时测量桥梁上部的汽车荷载，将两座支座垫块改造成为装配式的智能垫块，然后将其进行智能化升级改造，在每个支座下垫板的范围内布置 5 个压电陶瓷传感器，通过 5 个传感器的应力平均值测量支座上部的荷载。

(3) 预应力智能张拉系统

该项目跨河、跨线桥梁结构预制梁的预应力筋预应力的张拉全部采用预应力智能张拉系统。预应力智能张拉系统以应力为控制指标，以伸长量误差作为校对指标。系统通过传感技术采集每台张拉设备(千斤顶)的工作压力和钢绞线的伸长量(含回缩量)等数据，并实时将数据传输给系统主机进行分析判断，同时张拉设备(泵站)接收系统指令，实时调整变频电机工作参数，从而实现高精度实时调控油泵电机的转速，实现张拉力及加载速度的实时精确控制。

(4) 大循环智能压浆系统

该项目高架桥梁及跨河、跨线桥梁结构采用后张法施工的结构的预应力孔道压浆，全部使用大循环智能压浆系统给预埋管孔注浆。大循环智能压浆系统由系统主机、测控系统、循环压浆系统组成。相比传统压浆，智能压浆系统采用 PLC 技术一键完成压浆，排除了人为影响因素，排净了管道内空气，控制了浆液质量，保证了灌浆压力大小和稳压时间，确保了预应力管道压浆密实。

(5) 现浇箱梁锚下预应力专项质量检测

对于预应力结构工程来说，有效预应力直接关系结构的变形和开裂，影响其使用性能和安全性能，是其质量控制核心和工程的长久生命线。对于预应力混凝土桥梁结构，需要通过有效手段检测和评估预应力施工质量，这样就能在很大程度上避免预应力结构出现承载力不足的问题，保证结构的安全运营。

该项目采用现场反拉法对 G524 改扩建工程 S1、S2、S3 标段现浇箱梁的锚下预应力进行专项质量检测，检测频率按照 5%控制。

2. 管理能力提升

(1) 施工标准化建设

该项目编制了《G524 通常汽渡至常熟三环段改扩建工程标准化实施操作手册》。该手册对于项目建设采用的各项施工技术的节能减排原理进行分析，界定不同低碳技术的适用范围，提出各类低碳技术的技术指标及要求，提出各项技术全套施工工艺和节能功法，明确各项技术的能耗及排放指标定额。

(2) 节能减排管理体系建设

从管理角度，在建设初期构建了该项目绿色公路示范工程建设期、运营期的相关节能减排管理制度及体系。根据影响公路建设项目能源消耗各方面的因素，从项目的前期到项目的实施，再到建成后的运营管理阶段，按照全过程绿色循环低碳管理理念，加强项目的节能减排管理。如:总结前期阶段中相关节能减排理念及制度、施工过程中相关节能制度及能耗管理体系、施工标准化建设、运营过程中工作人员和用户等对象的节能管理制度条例、交通拥堵处理预案及施工过程中的交通组织方案等。

(3) 试验室远程智能监控系统

对该项目 3 个施工单位及 2 个监理单位的工地试验室进行云管控信息系统的安装与使用,并对每一项参数标注所属资质类型。对沥青针入度、软化点、马歇尔试验仪器、压力机试验仪器设备进行信息化改造,实现试验数据实时传送和管理。安装摄像头,安排人员进行实时监控,对试验时的操作及记录填写的规范性进行监控。

6.2.4.5 创新保驾工程

1. 海绵城市建设技术方案

(1) 下凹式绿地+雨水花园

该项目靠近常熟三环段,有大型的商场、医院、居民区等建筑群,人口相对集中,景观要求也比较高,在雨季若排水不畅将引起出行困难。因此该项目在城镇路段的路侧和侧分带进行下凹式绿地和雨水花园的应用,预计共 3 处,总面积约 800 m^2。

(2) 透水砖人行道

在靠近常熟三环段人行步道进行透水砖铺装,双向共计 12 km,宽度 2 m。

(3) 海绵排水沥青混合料路面铺装

在养护工区停车场实施海绵排水沥青混合料铺装 600 m^2,在充分发挥海绵道路的技术优势的同时,降低工区噪声,并保证铺面强度,满足养护工区正常车辆行驶需求。

2. 绿色生态养护工区建设

该项目绿色生态养护工区自身以绿色基础设施为基本,通过绿色材料、绿色能源和绿色技术的应用,从全寿命周期角度减少材料使用与能源消耗,搭建绿色养护工区框架结构。

(1) 电能、热能

通过光伏发电、光能发热,以及节约用电技术,减少外部能源供给与消耗,形成内部微电网与外部供电网相结合的供电体系。

(2) 水循环与利用

通过水处理技术、径流收集技术和节约用水技术,增加养护工区内部水资源使用率,形成内部微水网与外部供水网相结合的供水体系。

(3) 绿色生态运营

结合养护工区生产、生活环节及其主要环境影响,通过水处理技术、大气防护技术、噪声防护技术、生物防护与固体废弃物管理,实现养护工区环境影响最小化。

(4) 生态景观

通过工区植树绿化实现养护工区内部生态系统服务功能与景观服务价值。

(5) 智慧交通、调度、养护

通过智慧调度、智慧养护和能效管理、能源监测系统以及小型气象站实现养护工区总体服务功能。

3. BIM技术在快速路改造工程中的系统解决方案

该项目选择S2施工标段跨径(47.3+70+62.3) m钢箱梁桥作为重要工点实施BIM技术全寿命周期应用,主要内容包括:

(1) 钢箱梁顶推施工工程BIM实施规划:编制BIM钢箱梁桥顶推实施方案,制定BIM建模标准和软件选用标准,制定各参与方BIM实施要求。

(2) 钢箱梁桥BIM参数化模型建模:依据桥梁设计图纸,搭建整桥BIM参数化模型,实现由二维CAD图纸向三维信息模型的转变,提高项目施工可视化程度,精准化表述桥梁各细部结构空间位置,提高各方交流与共同效率。

(3) S2跨线桥周边实景模型建立:依据钢桥顶推施工涉及的施工场地布置优化、施工安全等需求,采用无人机倾斜摄影和三维激光点云扫描相结合的方式,对钢桥实景模型区域进行图像和GIS数据采集,形成钢桥顶推施工所需实景模型,构建数字化公路基础GIS平台。

(4) 钢箱梁顶推施工三维技术交底:利用BIM模型对顶推施工关键节点处生成精确的平立剖视图,实现对关键节点的技术剖析。利用专业动画软件对施工复杂节点制成动画模拟或漫游模拟,使施工过程的展示与说明更加直观、便于理解。

(5) 基于放样机器人的钢箱梁加工、顶推、拼装全过程质量监控:利用放样机器人进行钢箱梁桥构件施工监控,将BIM模型中的数据直接转化为现场的精确点位,智能全站仪自动追踪,简化施工放样流程,实现BIM技术与全站仪的结合,借助信息化技术指导施工放样。

(6) 钢箱梁顶推施工安全监控:利用放样机器人对构件进行精确观测,实时把握施工的结构状态,利用BIM技术、光纤光栅、应力分析计算等技术对钢箱梁顶推施工过程进行实时施工智能安全监控,计算支架产生的变位和沉降量,检测钢箱梁顶推过程中主梁的变形等。将采集到的数据实时反映在BIM模型中,导入相应专业力学计算软件,进行桥梁施工安全性验证。

(7) 钢箱梁顶推施工方案及工期模拟:基于BIM技术,对S2标段顶推施工项目的施工过程进行模拟,真实反映顶推施工现场状态及工况,从力学、空间、交通量、资金投入、安全性能、施工工期等角度对施工顺序与施工方法进行调整与优化,得到相对最优的顶推施工方案。

(8) 智慧公路整体解决方案:该项目搭建BIM技术应用框架时,同时预留智慧公路建设方案所需的接口,通过BIM技术的接口服务,将智慧公路所有子系统接入云平台,实现全线智慧公路数据的集中展示和统一管理,在BIM平台上实现大数据分析处理,采用统一的 BIM 云平台对数据进行交互处理、分析，进而应用到各个管理、服务子系统中，以解决各个系统数据来源不同、难以统一分析的问题。

6.2.4.6 管理保障与服务保质工程

1. 公路基础设施及运行状态监测

(1) 桥梁健康监测

该项目在跨沿江高速高架桥上部署桥梁结构安全智能监测设备 1 套，形成桥梁安全监测体系。通过对公路及桥梁上部署的视频流量监控、称重、环境监测等设备的集成，实现公路运行状况、交通流量的信息采集与汇聚，形成智慧公路运营状态一体化监测体系。

(2) 全要素气象监测

在跨沿江高速高架桥前方设置 1 套全要素气象监测站，并结合情报板发布实时气象、能见度、路面状态等信息。

(3) 路面状态监测

在惠周路、滨河路等高架桥和地面接触部位设置 4 套路面状态监测仪，在跨河大桥水域附近设置 3 套，利用激光测量，对路面的水、冰、雪进行远距离准确测量。

2. 信息传输系统

信息传输系统是为该项目管理提供服务的专用通信网，实现该项目范围内沿线交通监控设备以及监测点设备数据、图像信息的传输，为交通运营和管理各部门提供必要的调度手段，保障路网交通安全、高速、畅通、舒适、高效运营及实现现代化交通管理。数据传输系统由工业以太网交换机、单模光纤、通信管道以及租用社会光纤组成。

3. 公路运行养护管理

(1) 基于 BIM 的桥梁运营管理

依据建设期建立的 BIM 模型，对设计、施工、运维阶段的桥梁信息进行归纳、整理和深度拆分加工，以管理平台数据库的形式来展现，建立基于 BIM 技术的桥梁运营管理平台。

(2) 超载超限车辆动态检测及非现场执法系统

通过超载超限车辆动态检测及非现场执法系统的建立，可以在避免对公路通行造成不利影响的前提下，准确、快速、有效地识别超限嫌疑车辆，实现对超限车辆的“精确”打击，扼制超限运输车辆对公路的掠夺性使用，减少了投入超限运输管理的人力和物力，节约了成本；减少对公路通行安全、交通拥堵带来的威胁。

(3) 公路协同管理平台

该项目整合现有管理系统及该项目建设的软件系统，以指挥中心为核心，统一常熟市公路管理部门所有业务系统间的接口，设立协同管理系统，将管养、治超等所有业务系统纳入为协同管理系统的子系统，通过协同管理系统登录后跳转至需要的子系统页面。

4. 公路指挥中心

该项目按照“平时监管、急时应急、战时应战”的工作思路，以常熟 G524 智慧公路建设为契机，建设公路指挥中心，整合信息资源，为应急事件的处置提供信息化支撑。

指挥中心采用多源异构数据存储及信息资源平台架构，整合来源于不同部门的现有交通数据资源，实现数据的全局、统一共享。指挥中心建立指挥公路综合决策分析与应急指挥系统，具备交通资产健康状态分析与预防性养护决策、交通运行统计分析与拥堵事故主动预防控制、交通信息综合交互展示等功能。

5. 公路综合服务

该项目通过联动式信号控制、绿波带等保证通勤效率。通过指挥中心综合信息平台和外场可变信息情报板发布实时信息，包括周边路况、天气、环保等信息，给道路使用者提供更好的道路环境感知体验。对行人进行监测，在晚间、恶劣天气等能见度低的情况下，增加车辆对信号灯的识别度，采用主动发光标志、全天候雨夜标线系统、可变限速标志、雾区引导等智能安全防护系统形成对车辆、行人的安全防护，坚持以人为本，提高交通参与体验。

6.3 江苏沪宁高速公路绿色公路建设

6.3.1 项目概况

沪宁高速公路是江苏省建设的第一条高速公路，由上海衔接南京，穿越苏州、无锡、常州、镇江等长江流域经济发达地区。其独特的地理位置决定了它是长三角地区经济动脉。沪宁高速江苏段全长 250 km，原设计为双向四车道，设计时速 120 km/h，于 1996 年 9 月建成。该公路的建成有效地改善了江苏省苏南地区的交通运输条件，促进了沿线经济发展，但随着长三角地区经济的快速发展和城市群的加速形成，交通量迅猛增长，沪宁高速公路拥堵日益严重，已不能满足经济社会发展的需要。为解决此问题，2003 年通过扩建批准，将其扩建至双向八车道，设计时速 120 km/h，2006 年 1 月建成通车。

6.3.2 项目特点

沪宁高速公路是连通长江三角洲地区的主要通道，对于沪苏浙地区经济发展具有重要作用。尽管其运营管理体制及养护工作水平处于全省乃至全国的前列，但随着经济的发展和公众对高速公路服务水平要求的不断提高，加之建设绿色循环低碳交通运输体系的宏观政策要求，其在运营管理与养护方面仍有进一步优化建设的空间及需求，具体包括以下几点。

1. 行业政策需求

近年来,随着交通运输节能减排体系建设的不断推进,高速公路节能减排项目建设逐渐成为行业内关注的重点。自绿色循环低碳公路理念提出以来,绝大部分研究工作仍局限于如何建设绿色循环低碳公路,而实际上,对于高速公路全寿命周期来说,建设仅仅是其寿命周期能耗的一个方面,而高速公路的运营是高速公路使用过程中非常重要的一个节能环节,也是节能最为显著的一个阶段,因此,对于运营期的高速公路来说,降低其运营管理过程中的能耗及碳排放强度将具有更加实际的意义。

2. 沪宁效应需求

沪宁高速公路作为全国第一条双向八车道的高速公路,同时也作为全国第一批上市的高速公路企业,在全国范围内已逐渐形成“沪宁效应”。

切合绿色循环低碳公路建设的理念,结合沪宁高速公路运营特点,将其建设成为全国第一条运营期的绿色循环低碳公路,不仅在全省范围内具有明显的示范效应,在全国范围内也将具有重要的示范作用。沪宁绿色循环低碳公路的建设不仅可显著降低沪宁高速公路在运营与管理过程中的能耗及碳排放,而且可以在更大的层面上促进全省乃至全国运营期高速公路节能减排理念的不断深入。因此,从此角度来看,建设沪宁绿色循环低碳公路的需求日益强烈。

3. 高效管理需求

沪宁高速公路江苏段沿线设有多个服务区、收费站,且随着沿线地区经济的飞速发展,交通量也在逐年上升,不论是从运营管理范围还是管理内容来看,运营管理工作压力较大,同时高速公路用户的服务要求越来越高,客观要求整个高速公路的管理工作做到高效率、智能化。从初步建设计划来看,在基础设施条件方面,该项目一方面将对现有的服务区进行升级改造,以满足日常运营要求,另一方面也将在后期新建服务区,满足过境车辆服务需求;在管理方面,也将通过智能化手段,进一步完善现有管理运营体系,提升管理效率。因此,从此方面来看,该项目的实施满足高效管理的需求。

4. 养护压力需求

自扩建以来,沪宁高速公路已经实施的养护活动已经从早期的日常养护为主,一方面逐渐向中修过渡。日益增长的交通量加大了路面结构性能和功能的维修压力,同时结构及材料的逐渐老化也加剧了养护活动的频率。由此可见,养护活动过程也是能耗与碳排放的重要环节,关注其实施过程中的节能减排不仅是养护工作压力之外的责任与义务,同时也是一项巨大的挑战。

6.3.3 绿色公路建设思路

从养护执行情况来看,沪宁高速公路各项养护工作均已逐渐趋于标准化、规范化,路面使用状况及服务水平相比于同时期通车的高速公路来说，具有显著的优势，路面使用性能指数(PQI)均处于优良水平。但同时也可预见，随着交通量的进一步增长，以及路面使用年限的不断增加，后期路面将面临更加严峻的养护压力，同时也提高了节能减排工作的推进难度。因此，需要在现有养护基础条件下，通过绿色养护理念的植入，提高全寿命周期内的节能减排效益。

对于运营期的高速公路来说，运营管理和养护工作不仅是保证高速公路为其使用者提供快速、高效、安全畅通的道路及高质量服务的重要工作，也是其能耗及碳排放的主要方面。

对于运营管理来说，其能耗及碳排放的主要表现方式包括：沿线相关设备运营、服务区及管理中心设备运营、用户车辆、管理工作等；对于养护工作来说，其能耗及碳排放的主要表现方式包括：日常巡查车辆能耗及碳排放、养护施工设备能耗及碳排放、养护材料生产运输能耗及碳排放等。

沪宁高速公路自 2006 年改扩建通车以来，路面服务质量处于优良水平，但是随着沿线地区经济的快速发展，交通量逐渐增加，沪宁高速公路沿线服务设施效益、服务水平、路面性能等面临着更高的要求和压力，因此，结合沪宁高速公路运行特征，以“低碳运营，绿色养护”作为沪宁高速公路绿色循环低碳公路主题性项目建设主题。

从运营管理角度来说，关键在于提高自身运营管理效率，来达到降低管理和用户能耗及碳排放的目的，从而提升沪宁高速公路整体低碳运营的效果；对于养护管理工作来说，需要通过相关管理制度优化、新技术应用等手段来降低养护活动能耗，从而营造绿色养护氛围。项目通过一系列管理和技术手段，实现整个运营期沪宁高速公路节能减排效益。

6.3.4 绿色公路特色方案

6.3.4.1 实施框架

沪宁高速公路绿色循环低碳公路主题性项目以运营期高速公路低碳节能为主要技术路线，分别立足于运营管理和养护两个方面，充分利用现有相关设施水平，并在此基础上，结合运营管理提升项目建设需求，营造“低碳运营，绿色养护”主题氛围。该项目在建设过程中遵循以下理念及原则。

1. 提高管理效能：充分选用先进的设备、系统、体制、工艺等，提高高速公路运营管理效能；

2. 控制资源占用：结合已有工程基础，充分利用现有基础建设条件，合理平衡项目资源，控制对土地资源的占用；

3. 节约能源、减少排放：充分选用成熟的低碳新技术、新工艺、新装备，提高太阳能等可再生能源的使用率，减少运营期能源的消耗，降低污染物和二氧化碳排放；

4. 降低对生态环境的影响：在现有生态环境基础上，选用对周围生态环境影响小的技术方案及工艺，并通过适宜的绿化等措施，改善现有生态环境。

项目总体实施框架见图 6.3-1。

6.3.4.2 绿色循环低碳服务区建设

1. 绿色照明系统

项目在沪宁高速公路江苏段的黄栗墅、阳澄湖、梅村、窦庄、仙人山、芳茂山 6 个服务区实施绿色照明系统，将原有的公共区域高杆灯的高压钠灯光源，在符合服务区广场室外照明标准及满足照明设计要求的前提下，采用 LED 光源替换，并针对服务区的照明特点，选择合理的照明设备、布灯方式和智能控制方式，以及配套的土建工程。6 个服务区公共区域改造的高压钠灯光源总功率为 302 kW，替换为 LED 灯的总功率为 100.8 kW。

针对改扩建的窦庄服务区，室内照明设备全部采用 LED 光源代替传统的荧光灯。原大约有 1 600 盏荧光灯，单灯功率为 40 W，改造替换为单灯功率为 16 W 的 LED 灯。

2. LNG 加气站布局及建设

以沪宁高速沿线服务区现有加油站为基础，利用已有的水、电等资源条件，建设 LNG 加气站。LNG 加气站建设模式选择撬装式，储气罐采用卧式安装方式。

3. 绿色建筑

在窦庄服务区整体化改造中，将清洁能源利用、资源循环利用、污染物排放控制、节能环保装备应用作整体化设计。根据绿色建筑二星级标准规定，采用节地与室外环境措施 4 项、节能与能源利用措施 6 项、节水与水资源利用措施 4 项、节材与材料资源利用措施 6 项、室内环境质量措施 4 项，均在窦庄服务区改扩建项目设计时将节能减排相关要求融入设计文件中，并在施工时实现。

4. 太阳能供热技术

在芳茂山服务区采用太阳能热水系统提供餐饮热水、生活热水和饮用热水，包括在公共区域顾客饮用水、职工食堂及餐饮生产中蒸饭用水、保温台用水等，也包括客房用品、餐饮用品的洗涤及职工洗澡用水等。

5. 绿色环保技术

(1) 油烟净化技术：江苏段 6 个服务区均更换新型、高效的油烟净化设备，使餐饮油烟排放符合国家控制标准。

(2) 中水回用：仙人山服务区建成中水回用设施，利用污水处理后的再生水冲刷厕所、灌溉绿色植物，实现水资源的循环使用。

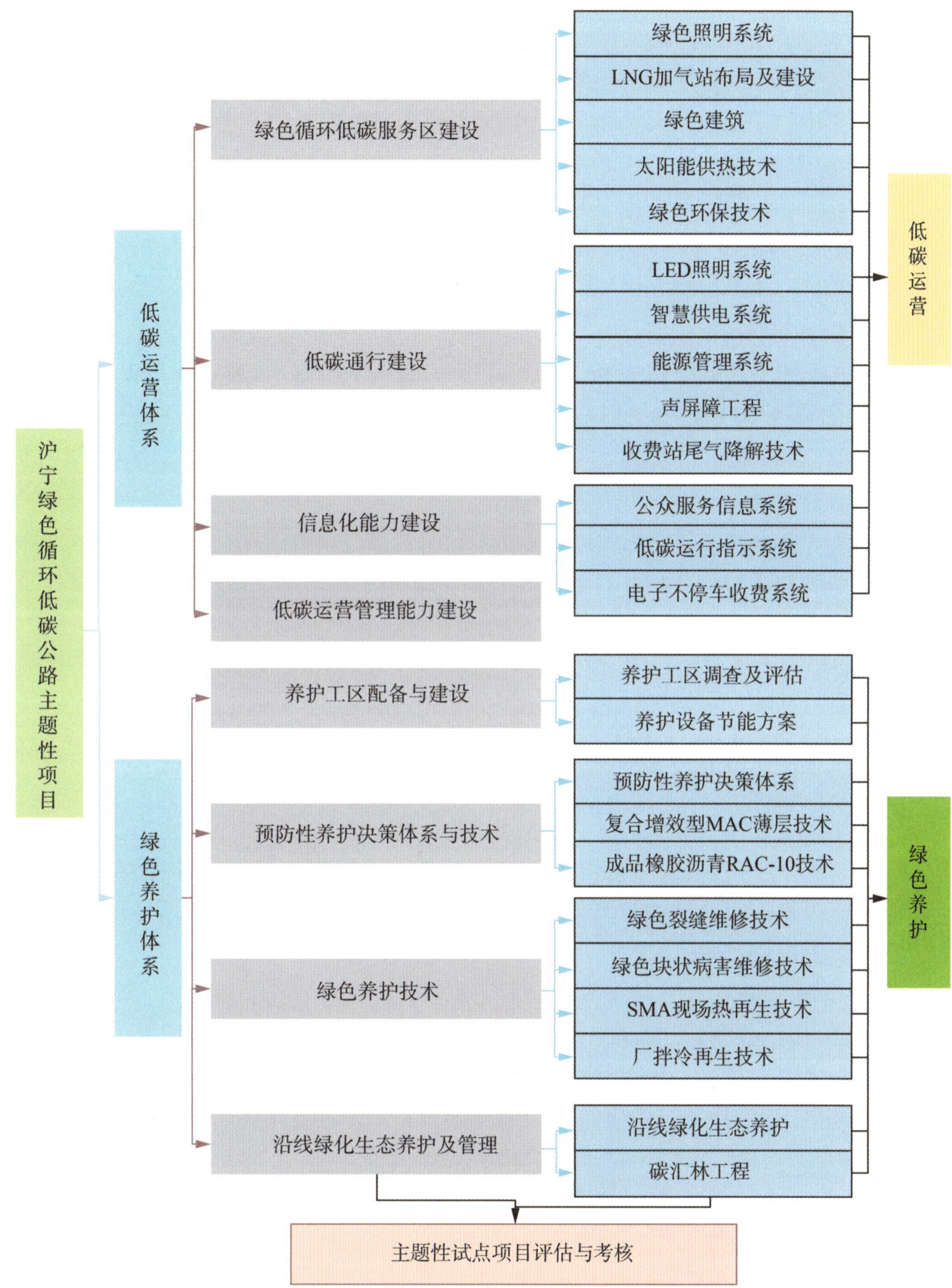

图 6.3-1　沪宁高速公路绿色循环低碳公路主题性项目实施框架图

(3) 油气回收：6 个服务区 12 个加油站完成 84 台加油机和油库区改造，配备了油气回收装置，随着供油单位运输车辆油气回收装置的配套使用，解决了卸油环节油气污染问题。

6.3.4.3 低碳通行建设

1. 主线 LED 照明工程

2013 年，完成苏州新区互通至无锡机场互通段主线 LED 照明试验区段 22.015 km；2014 年，完成苏州、无锡、南京段全线 LED 照明工程；2016 年，完成常州段和镇江段全线 LED 照明工程。

2. 智慧供电系统

智慧供电系统主要是采用三相 380 V(10 kV 或 6 kV)输入，通过上端电源柜输出单相 3.3 kV(660 V～10 kV)电压。通过电缆将电力输送到各用电点。在用电点(一个、多个或串型用电点)再通过下端电源箱将 3.3 kV 电压转变为 380 V/220 V 电压向负载供电。

(1) 全程照明部分智慧供电：在收费站变电所设置上位机引出两条供电回路分别为道路两侧灯具供电，每五只灯具为一组，下位机设置在每组中央灯杆的底部，采用星型连接为各个灯具供电。

(2) 外场感知系统智慧供电：智慧供电方案中为全程监控系统预留一部分供电设施。监控系统与照明系统分为两条供电回路，但可采用一根电缆(4 芯电缆，照明使用 2 芯，监控使用 2 芯)进行供电。在监控系统确定设施布放方案后，仅需要增加一小部分为监控设施供电的下位机，即可实现用电需求。

(3) 电力监控与智慧供电：下位机可实时采集每一条输出回路的用电参数，通过通信信道传输至监控中心，且监控中心可对下位机的每一条输出回路进行单独开关和调压控制。通信信道可采用综合电缆，即供电电缆内既有输电电缆，也有 485 信号线，为上下位机的智能通信提供信道。

3. 能源管理系统

能源管理系统主要对沪宁综合管理区、沿线照明设备及仪器的能耗进行监控。电力能耗监控数据由电力监控系统和照明能源监控管理系统提供。能耗监控信息平台，不仅能够实时监控沪宁沿线照明、各收费站照明、服务区照明的能耗和运营情况，而且通过数据诊断和分析，为管理人员提供良好的决策手段和依据。

4. 声屏障工程

2008 年至 2012 年沪宁高速公路在交通量较大、与公路距离较近等敏感点实施了声屏障工程。2014—2015 年补充实施声屏障工程，长约 13.4 km。

5. 收费站尾气降解技术

在沪宁高速公路的南京收费站广场场地表面采用光催化水泥涂层，实现尾气降解，即将二氧化钛浆液进行放大处理并进行室外混凝土路面现场的喷洒应用。

6. 高速公路照明参数实时检测系统

高速公路照明参数实时检测系统可以消除传统人工逐点测量方法存在的被测点数多及数据记录、处理工作量大的缺点，适用于已通车道路不中断交通的测量。系统在硬件方面采用高速照明照度测量模块和照明亮度测量模块作为前端传感器，照明照度采集模块具有模拟量输出和数字量输出的能力；采用以太网数据采集卡连接便携计算机进行测试数据的采集。采用 DMI(距离测量指示器)与北斗卫星模块相结合的方式进行测点定位和触发采集；采用轻型皮卡或 SUV 作为测试仪器承载车辆，将传感器布设在轻质横梁上并安装在伸出承载车尾部靠近地面的支架上。在软件方面，在便携计算机上通过软件进行外部干扰的判别以及特异值的去除；软件可以显示实时测量结果，对历史数据进行记录、描点，对路段照度随里程分布情况进行分析与呈现，分析路段照度随灯具使用时间的变化趋势，等等。

6.3.4.4 信息化能力建设

1. 公众服务信息系统

宁沪公司于 2012 年开始顶层设计公众服务信息系统，提出了 1 个数据中心、3 个服务平台和 2 个标准体系的建设方案。至 2013 年，基本架构搭建完成；2014 年完成平台软件的研发或升级改造，完善整体平台架构；2015 年针对已运营的 3 个服务平台和数据中心，进行数据分析与挖掘工作，为公司决策系统提供数据支持，并开始信息化建设及运营维护标准体系建设工作，将宁沪公司从上到下全面实现信息化，带动公司管理、运营、工程等部门的信息化能力水平的提高，并反馈到公众服务中，切实提高公众通行效率及降低能耗，从而将沪宁高速公路建设成绿色、循环、低碳的“畅行高速、温馨高速、智慧高速”。

2. 低碳运行指示系统

沪宁高速江苏段主线低碳运行指示系统主要通过外场感知设施实现，包括四大类：信息采集、信息发布、视频监控与其他设备。该系统通过车辆检测器、气象监测器和事件检测器将车辆数据及识别信息、气象数据、视频图像、环境监测数据、桥梁监测数据、异常事件等数据和信息进行监测与采集，经系统监控中心将各类数据和信息进行处理和分析，从而实现在主线、互通枢纽、收费站、服务区等区域内的可变情报板与可变限速标志实时路况信息、气象信息、环境监测、桥梁检测、交通事故等的预警、信息发布、事故定位等功能。

(1) 视频监控：对全线路段以及服务区内外场实现全覆盖、无死角的监控。

(2) 智能卡口：部署在枢纽的出入口处和服务区出入口，实现检测机动车辆数据、抓拍机动车辆图片、识别车辆号牌、识别车牌颜色、统计交通流量等功能。

(3) 事件检测器:部署在互通枢纽匝道、分离路基等构造物附近路段,用于识别车辆违章、车辆异常停留、路面抛洒等交通异常事件。

(4) 可变情报板:设置场所主要有主线路段、互通枢纽、收费站广场和服务区。

通过各类可变情报发布以下几类信息:文字信息,包括实时路况、交通阻断、交通管制、气象、重点路段强化提醒信息等,以文字方式显示;纯数字信息,设计特殊定制的标志牌与可变 LED 屏结合的信息发布设备,显示到达前方最近和最远互通行程预测时间和下一个服务区的行程预测时间,时间以数字显示;图形信息,采用不同颜色直观呈现沪宁路段的交通路况势态、服务区拥堵状况。

(5) 环境监测:设置在与沿线城市互通的区域作为试点,镇江、常州、无锡、苏州四个城市,每个城市一套。主要监测内容包括可吸入颗粒、二氧化硫、二氧化氮、噪声等。

(6) 桥梁检测:应用各类传感技术获取桥梁的各种信息,以 2～3 座特色大桥作为试点。

(7) 广告牌监控:利用现有摄像机,定时发送照片,增加监控,获取广告牌的实时状况,作为对合作伙伴的一种服务。

3. 电子不停车收费系统

目前沪宁高速公路每一收费站都至少安装一条入口和一条出口的不停车专用车道(ETC 收费车道),全线构成封闭式 ETC 收费系统。

6.3.4.5 低碳运营管理能力建设

1. 推广合同能源管理

合同能源管理是一种新型的市场化节能机制,其实质就是以减少的能源费用来支付节能项目全部成本的节能业务方式。主线照明试验段工程对 LED 灯具和与其配套的集中调光配电控制装置(直流电源控制装置或交流智能调压装置)采用合同能源管理方式。合同要求承包人作为设备供应方提供包括照明设备的设计、生产监造、样品测试、包装、供应、装卸运输(含项目实施场地内的二次或多次搬运)、交付,并协助项目实施单位完成安装、测试、开通、试运行、培训、文件交付、交工验收,合同能源管理期限内的测试配合,合同能源管理期限内的维护、故障维修、人员培训,合同能源管理期限结束后 LED 灯具和调光配电控制装置的移交、竣工验收、质量保修期等全套服务。

2. 低碳运营管理制度

该项目为加强低碳运营管理,防止和减少生产事故发生,保障低碳运营的秩序,制定了低碳运营管理制度,主要内容包括:总则、机构和职责、管理制度、低碳运营管理方案、低碳运营管理内容、低碳运营管理教育培训、低碳管理经费、低碳管理奖罚规定等。

6.3.4.6 养护工区配备与建设

1. 使用节能机械设备

对现用的机械设备的整体状况、耗油量、燃油的燃烧率进行评估检测，把机械状况差、耗油量严重超标、燃油燃烧率低及没有修理价值的机械进行报废处理，并从评估检测结果中选出节能的机械设备类型，作为后期采购的主要目标，从而做到养护机械设备的节能减排。

2. 加强设备管理与维护

机械设备发动机随着运行时间的延长和里程的增加，能耗增加和污染物排放超标，无法长期稳定地维持标准要求的能耗和排放量。解决内燃发动机的健康管理与维护是实现节能减排目标的重要手段。制定有效的机械设备维护的管理模式，科学维护保证机械设备正常运转，实现机械设备的节能减排。

3. 优化机械组合

主要包括优化机械设备与配套设备的组合、主要机械与辅助机械的组合以及牵引车与其他机具的组合、养护机械设备类型与数量的组合，合理控制养护机械设备类型与数量。

在后期采购养护机械设备及在日常养护活动中使用养护设备时，应当做到：

(1) 适应性，养护机械设备要适应公路养护活动的条件和作业内容；

(2) 先进性，新型先进的公路工程养护机械设备具有高效低耗、性能优越稳定、工作安全可靠、施工质量优良等优点，更能保质保量地完成公路养护任务，最终可取得较好的技术经济效益；

(3) 经济性，在选择公路工程养护机械设备时，必须权衡养护工作工程量与机械费用的关系，这也是影响公路工程养护机械化经济效益的重要因素；

(4) 安全性，选择合适的养护机械设备要在保证公路养护工程质量和进度的同时，充分考虑养护机械设备的安全可靠性，以确保养护施工安全；

(5) 通用性和专用性，一般养护工作首先考虑通用机械设备，作业量较大或有特殊养护要求时，应选择专业性强的机械设备。

6.3.4.7 预防性养护决策体系与技术

1. 预防性养护决策体系

(1) 预防性养护指标及时机：根据沪宁高速公路历年检测结果，项目确定的预防性养护指标主要包括车辙、破损率、平整度及抗滑系数，并根据“预防性养护实施时机决策程序”确定了上述指标的养护阈值，即根据路况确定了预防性养护时机。

(2) 预防性养护技术体系：构建了沪宁高速公路预防性养护技术库，在专项养护实施过程中按此体系进行养护方案的选择。主要养护技术包括 SMA9.5、RAC-10、MAC-10、现场热再生、现场冷再生等，而且包括罩面及铣刨重铺的措施。

2. 复合增效型 MAC 薄层技术

复合增效型 MAC 薄层沥青混合料由于添加了复合增效剂，一方面极大地提高沥青胶结料的 60℃黏度，从而改善沥青混合料的高温抗车辙性能；另一方面降低沥青胶结料的高温黏度，降低摊铺温度，提高改性沥青混合料的施工和易性，使得改性沥青混合料易于压实成型。项目对沪宁高速公路路面车辙路段实施复合增效型 MAC 薄层养护。

3. 成品橡胶沥青 RAC-10 技术

成品橡胶沥青的性能优势主要体现在抗裂和耐久性方面。该项目对于裂缝密集的路段采用成品橡胶沥青替代 SBS 改性沥青，并基于预防性养护决策体系，将成品橡胶沥青 RAC-10 用于预防性养护中，不仅具有抗裂、耐久等性能，同时可以充分利用废旧轮胎橡胶粉，是一种减少“黑色”环境污染的有效办法。

6.3.4.8 绿色养护技术

1. 绿色裂缝维修技术

压缝带是一种滚卷式阻裂防水隔膜，它是由 2 mm 厚的聚合物防水膜涂在 0.3 mm 厚的抗皱抗重载型聚丙烯材料上，经严格工艺碾压复合在一起，具有操作简便、施工速度快、质量可靠、安全环保的优点。该项目对沪宁高速公路全线路面裂缝进行压缝带贴缝处治，全线路面裂缝长度共计 6 000 m。压缝带主要施工程序为：摆放安全标志—清扫—清缝—压缝带剪裁—粘贴—压实后开放交通。

2. 绿色块状病害维修技术

该项目采用沥青路面热再生综合养护车对高速公路块状病害进行处治。根据沪宁高速公路沿线设置的养排中心，合理配置沥青路面热再生综合养护车，实现对全线路面块状病害的及时有效的维修处治。沥青路面热再生综合养护车维修块状病害关键施工工艺主要包括：路面烘烤—路面耙松—喷洒乳化沥青—添加新料—整平耙整平—碾压—现场清理。

3. SMA 现场热再生技术

该项目 2012 年实施了 SMA 现场热再生试验，试验路段长约 8 km，主要针对产生了 1.0～1.5 cm 稳定型车辙的 SMA 路面，此后在沪宁高速公路进行 SMA 热再生技术有针对性的推广应用。该技术关键施工工艺为：施工前准备—加热—翻松、再生、收集—添加新料、收集再生料进行复合搅拌—摊铺—碾压—开放交通。

4. 厂拌冷再生技术

旧沥青路面铣刨料来源主要是沪宁高速公路铣刨重铺专项养护活动中所产生的旧路面混合料。对旧路面混合料采用乳化沥青厂拌冷再生技术进行再次利用。此类再生料还可用于沪宁高速公路专项养护及其所交叉的一级公路，利用层位可为路面下面层以及部分路段上基层。该技术关键施工工艺为：铣刨现有路面—RAP材料的破碎、筛分和贮存—基层的准备—拌和—混合料的运输—摊铺、通风、碾压—养生。

6.3.4.9 沿线绿化生态养护与管理

1. 沿线绿化生态养护

高速公路沿线绿化范围主要有边坡绿化、中央分隔带绿化、互通立交绿化、收费站及服务区绿化等。绿化养护工作内容主要包括：高速公路绿化整体规划设计；高速公路绿化植物的管理，包括绿化植物的水分管理和养分管理等；高速公路绿化植物的整形修剪；高速公路绿化植物的病虫害防治；高速公路绿化政策宣传；等等。

2. 碳汇林工程

碳汇林覆盖沪宁高速公路全线非城镇化地带，沿线两侧碳汇林带宽度各为11 m，还包括7个服务区、22个收费站管理区等区域，设计形成错落有致、景观与建筑融合一致的景观绿化布置。

6.4 237省道扬州段改扩建工程绿色公路建设

6.4.1 项目概况

S237淮安至江都段是江苏省省道网中的南北交通干线公路，老路为开放式二级收费公路。随着经济的发展，原有公路的技术标准已明显不能适应其功能定位的需要。237省道扬州段改扩建工程路线起自扬州与淮安段交界处，向南经宝应县城东，跨盐邵河，与扬州西北绕城高速公路交叉后，下穿宁启铁路，在江都砖桥附近跨越老、新通扬运河，与328国道、宁通高速公路、江都至六合高速公路交叉，止于336省道，路线全长约119 km(其中宝应段42 km，高邮段43 km，江都段34 km)。该项目主线采用平原微丘区双四车道一级公路标准，设计速度为100 km/h，局部城镇段设计速度为80 km/h。2012年开工建设，2015年建成通车。

6.4.2 项目特点

1. 项目是扬、淮地区路网中南北向主要骨架，总里程长，工程规模大，资源、能源消耗大

项目是扬、淮地区路网中南北向主要骨架，总里程 119 km，跨越多个区域。较长的里程不仅使得工程规模增加，也对原材料以及混合料运输的能耗和碳排放产生了不利影响。同时干线公路跨越的区域特点各不相同，对于城镇段等特殊路段，也需要考虑不同的建设方案以达到减少环境影响的目的。

2. 项目沿线水系发达，河港密布，湖泊众多，水环境敏感，生态环境保护要求高

项目沿线水系发达，河港密布，湖泊众多，所涉及的河流、湖泊有一些位于旅游风景保护区，对于水质具有特殊要求。如在施工期对污水不加以控制管理，直接排入附近河流，将对沿线水环境造成较大污染。对于公路须直接穿越水面的景观水域，要重点防范由于突发交通事故而造成的污染物泄漏。

3. 沿线多为河网和良田，土方资源紧缺，资源制约因素显著

沿线所在区域水网密布，线路跨越多条等级航道，部分路基高度难以降低，需要大量借土填筑路基，而项目路沿线多为河网和良田，土源紧张，运土难度较大，因此需就近挖取土坑取土，取土坑的设置要充分考虑保护耕地，并要考虑竣工后的利用及与自然环境相协调。

4. 项目路与区域路网内大量道路相交叉，交通条件复杂，服务品质要求很高

项目路与区域路网内大量道路相交叉，交通条件复杂，对道路的横向干扰、行车速度和行车舒适安全性的影响大，因此，路线交叉布设方案对项目实施后的通行能力及安全性影响重大。同时，公路交通智能化、信息化是提高公路交通运行效率，引导出行者出行，减少车辆延误，进而减少无谓能耗的重要途径。

6.4.3 绿色公路建设思路

237 省道扬州段改扩建工程以“低碳感知公路，扬州绿色走廊”为绿色公路建设主题，遵循以下建设理念。

1. 控制资源占用：结合现有工程基础，充分利用改造过程中的固体废弃物，合理平衡项目资源，控制对土地资源的占用。

2. 节约能源、减少碳排放：充分选用成熟的低碳新技术、新工艺、新装备，提高太阳能、风能等可再生能源的使用率，减少建设期及运营期能源的消耗，降低污染物和二氧化碳排放量。

3. 降低对生态环境的影响：在生态环境现状基础上，选用对周围生态环境影响小的技术方案及工艺，并通过适宜的绿化等措施，改善现有生态环境。

4. 改善路况，减少道路使用者能耗：通过路面新技术、新材料的应用，提高路段的平整度，改善车辆行驶路况，减少道路使用者车辆运行过程中的能源消耗与二氧化碳排放量。

5. 减少道路养护能耗：通过路面养护新技术、新材料、新工艺等应用及养护资源的合理配置、低碳养护策略的建立等减少养护过程中的能耗。

6.4.4 绿色公路建设特色方案

6.4.4.1 实施框架

该项目围绕公路建设的共性特点以及干线公路和区域特征，在建设绿色循环低碳路面工程、桥梁工程、交安设施、房建工程、施工过程、环境保护与主题氛围设计、运营管理、能耗监测与用户服务、养护工区配置、养护策略等方面，集成应用节能减排新材料、新技术、新工艺，全过程、全方位、全领域建设绿色循环低碳省道 237 扬州段。项目的绿色公路建设总体框架见图 6.4-1。

6.4.4.2 基于用户节能效益的综合运输体系

1. 平面线形优化

坚持地质、地形、环保选线的原则，降低施工难度和工程量，从而大大降低施工能耗；线路布设与地形相协调。线路走向尽量与河流、丘陵相吻合，不强拉直线、硬性切割地形，顺势而行，线形连贯，自然顺畅，给人良好的视觉效果。减少高填深挖、降低边坡高度。

2. 纵断面线形优化

考虑建设节能，在进行纵面设计时，在满足航道、各级公路、县乡道路、洪水位要求，确保防洪要求的前提下，尽量降低路基填土高度，从而减小路基填筑工程量，减少工程规模及工程投资，降低建设所需的材料能耗和施工能耗。该项目路基最小填土高度 1.5 m，平均填土高度 1.8 m。

考虑运营节能，主要从路线纵断面线形的平顺性方面入手，在满足基本功能前提下，从有利于节约车辆运营燃油消耗的角度，采用较高的纵断面指标，并尽量减小上坡、下坡的转换频率。

3. 路线交叉优化设计

干线公路与高速公路最主要的区别在于存在较多的平面交叉口。在平面交叉设计中，优先保证主要道路的通畅；减少或消除冲突点以提高交叉口的通行能力；对主要交叉口和交通量大、通行能力差、易产生瓶颈的路段采用较高的设计标准；对其他交叉口根据各相交公路的交通量、计算行车速度、交通组成及其在路网中的作用，并结合地形、用地条件和投资等因素进行改建。

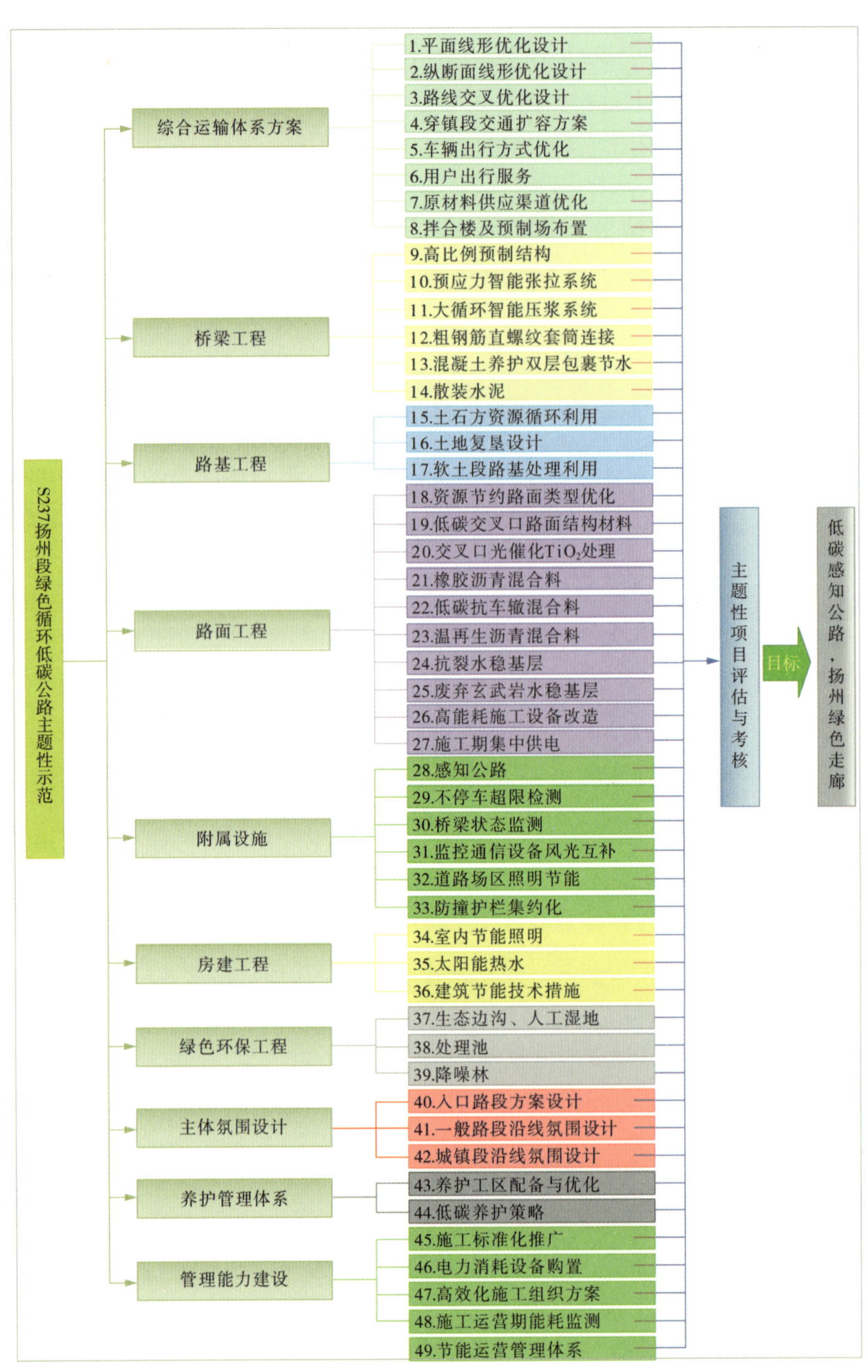

图 6.4-1　237 省道扬州段改扩建工程绿色公路建设实施框架图

4. 穿镇段交通扩容

在路线穿越城镇时，道路宽度从双向四车道变为双向六车道，同时还设置了非机动车道和人行道，增加城镇段交通通行能力，将机动车、非机动车、人流进行分离，减少道路横向干扰，保障通行效率和交通安全。

5. 车辆出行方式优化

该项目建设能够缩短淮安到江都之间的距离，减少用户出行时间及车辆能耗，节能效益来源于公路技术等级提高产生的油耗节约、老路拥堵减少产生的消耗节约、缩短里程产生的节约。

6. 原材料供应渠道优化

项目一般路段路基填料从路线两侧一定距离内取土调运，沿线道路用建筑材料(砂、石料)从相邻县、市调运，利用京杭运河、宝射河、北澄子河、盐邵河、新通扬运河等与路线交叉的通航河道进行水路运输。

7. 拌和楼及预制场布置优化

采用合理的拌和楼以及预制场的选址，布置在京杭大运河和老 237 省道结合处，交通便利，可以使得公路建筑材料总体的运输能耗和碳排放达到最小值。

6.4.4.3 基于标准化的桥梁工程

1. 高比例桥梁预制结构

该项目通过提高桥梁预制构件比例、钢筋等级优化措施，提高桥梁结构耐久性，实现施工期及运营期节能减排效益。在满足功能的前提下，尽量减小桥梁总长，降低桥梁比例；在满足基本跨越功能前提下，根据地形、地貌、地质特点，合理选择桥梁跨径，减小单位面积桥梁工程规模；大比例采用预制结构桥梁，通过在适当位置设置大型预制场，进行集中预制；桥梁上部结构主要采用经济、耐久的预应力混凝土和钢筋混凝土结构形式，下部结构采用钢筋混凝土墩身、承台和桩基础。具备较好的耐久性能；尽量减少小箱梁的使用，多采用 T 型箱梁。

2. 预应力智能张拉系统和大循环智能压浆系统

采用预应力智能张拉系统和大循环智能压浆系统进行预制梁施工。用计算机控制的智能技术，使智能张力和压浆系统的施工精度和质量远超传统技术，延长了桥梁使用寿命，确保桥梁的安全性、耐久性。

3. 粗钢筋直螺纹套筒连接技术

桥梁骨架笼中粗钢筋连接均采用直螺纹套筒连接技术。在热轧带肋钢筋的端部制作出直螺纹，利用带内螺纹的连接套筒对接钢筋，达到传递钢筋拉力和压力的作用。

4. 水泥混凝土养护双层包覆节水技术

桥梁工程水泥混凝土采用双层包裹节水技术进行养生。使用土工膜覆盖水泥混凝土表面后，洒水进行混凝土养生，在土工膜外层再包裹一层塑料薄膜。

5. 散装水泥

桥梁工程所需水泥全部采用散装方式供应。

6.4.4.4 基于资源平衡的路基工程

1. 土石方资源循环利用

在沿线土体情况调研基础上，利用土丘废土、建筑及其他基坑取土等手段，增加挖方土方量；循环利用扬州地区建筑基坑废弃土、城市建筑垃圾、尾矿等填筑路基；调整纵断面曲线，合理选择互通形式，减少填挖方差异；取土场保存表层耕植土，用于取土坑、临时用地及其他未利用地和废弃地的复垦；卸载土方和刷坡土方用于护坡道填筑、互通场地整平和回填取土坑，清除的淤泥用于回填取土坑复垦，清表耕植土用于中分带、土路肩的培土，开挖的石方可用于修筑施工便道、临时房建基础填筑、场地路面硬化。

2. 土地复垦

尽早对压占和破坏的土地进行复垦，将在公路用地范围内复垦的土地全部绿化。对线外取土场采取工程复垦和生态复垦。

3. 软土段路基处理利用

对于软土层厚度不大且路堤填筑不高的路段，不作特殊处理，按正常路基施工。对地表软土厚度小于 3 m 的地基，换填 5%石灰处治土，彻底解决问题。对桥头和构造物处存在较厚软土的，采用水泥搅拌桩处治。对于路堤填筑较高，而且软土厚度较深的一般路段，经分析计算不能满足路基稳定和工后沉降要求的，采用水泥搅拌桩处治。

6.4.4.5 基于低碳耐久性的路面工程

1. 资源节约型路面类型

全线采用沥青混凝土路面，收费站广场采用钢筋水泥混凝土路面。

2. 低碳交叉口路面结构与材料

28 个交叉口实施低碳抗车辙路面结构。

3. 交叉口光催化 TiO_2 处理

在交叉口附近的路面进行纳米 TiO_2 光催化材料处理(涂覆式)，减少交叉口区域内的汽车尾气排放。

4. 橡胶沥青混合料

高邮段实施橡胶沥青混合料 ARAC-13 罩面层，累计实施里程约 10 半幅公里。

5. 低碳路面抗车辙混合料

宝应段三期下面层采用普通沥青 SUP-20(多效增强剂)混合料，累计实施里程 30.39 半幅公里。

6. 温再生沥青混合料

部分路段下面层采用温再生 SUP-20 混合料，累计实施里程 189 半幅公里。

7. 抗裂水稳基层

全线基层采用抗裂型水泥稳定碎石，累计实施里程 238 半幅公里。

8. 废弃玄武岩水稳基层

路基路段水泥稳定基层和二灰土底基层采用废弃的玄武岩 3＃、4＃料替代水稳集料中的 3＃、4＃料，累计实施 238 半幅公里。

9. 高能耗施工设备节能减排改造

对路面热拌沥青混合料生产的拌和楼进行改造，燃烧天然气替代燃烧重油、柴油。

10. 施工期集中供电

对宝应、高邮、江都等工程相关标段的 3 座变电站进行增容，满足工程建设用电和沿线居民生活用电，实现两不误。

6.4.4.6 基于节能装备的附属设施

1. 感知公路

感知公路系统由管理与应急指挥中心、感知数据采集与发布设备、传输系统、供电及防雷接地工程、通信管道工程以及光缆工程等构成。利用 GIS(地理信息系统)、GPS(全球定位系统)、RS(遥感系统)、MIS(管理信息系统)、DSS(决策支持系统)、专家系统以及遥测、网络、多媒体、虚拟仿真等数字化信息处理技术和网络通信技术，对公路设施数据、运行状况等进行采集，将各种数字信息加以整合并充分利用来管理和控制公路交通，从而提高道路通行能力、交通安全水平和处理紧急事故能力等。

2. 不停车超限检测系统

该项目采用不停车超限检测系统，限制超限车辆对公路资源的掠夺性使用。系统主要由高速称重系统、车牌识别系统、可变情报板提示系统及计算机系统组成。

3. 桥梁状态监测系统

该项目采用桥梁状态监测系统，实时检测桥梁的工作性能和评价桥梁的工作条件，出现结构异常及时报警，保障桥梁的安全运营。国省干线公路桥梁简易型状态监测系统由传感器、数据采集与数据传输子系统和控制、数据管理与分析子系统组成。

4. 监控、通信等沿线设备风光互补供电

对离场区供电点较远的一些道路遥控摄像机采用风光互补供电方式供电。

5. 道路照明、场区照明节能

道路、场区照明采用 LED 灯替代高压钠灯；合理布置变电所位置，减小低压侧线路长度；按经济电流密度合理选择导线截面积；在照明出线回路前端设置照明节能柜，上半夜稳压节电，下半夜降压降流节电；选用节能型电感镇流器。

6. 防撞护栏集约化

中央分隔带设置普通型波形梁护栏；路侧填土高度≥3 m的路段及路侧沿线有河、塘等水域的路段设置路侧普通型波形梁护栏；桥头设置加强型波形梁护栏。

6.4.4.7 基于低碳建筑的房建工程

1. 零能耗建筑供电技术

室内照明设备选择LED灯具；照明系统设计选择合理的照度标准值、合适的照明方式，合理选择照明控制方式；尽量用浅色的墙面、顶棚和地面；合理高效地配线，设置灯具控制开关数量，布置灯具位置；加强灯具、光源和周围环境打扫维护。养护工区采用太阳能热水系统。

2. 建筑节能技术

采用泡沫玻璃作为屋顶隔热层，较普通的防水层来说，由于比热高，泡沫玻璃具有显著的隔热效果，能减少屋顶辐射造成的热量对流；采用硬质岩棉板作为外立面墙体保温材料，起到隔热效果，进而降低空调能耗；以Low-E玻璃窗作为窗体材料，可显著减少热量通过窗户与室内热量的对流。

6.4.4.8 基于敏感区域的绿色环保工程

1. 区域生态水环境保护

一般情况下采用生态边沟、人工湿地、生态种植槽、桥面径流监控及应急处理系统等对路表径流进行生态综合处理。紧急情况下采用封闭式蓄水渠、水平植草处理池、多功能处理池等对交通事故产生的油料、化学品、有毒有害物质进行处置。

2. 多功能降噪林

项目采用降噪林方案作为主要的降噪措施。它同时也起到了绿化的作用，是最环保的降噪措施。

6.4.4.9 基于"低碳感知公路，扬州绿色走廊"主题建设

1. 主题标识设计

该项目设计绿色低碳主题性的LOGO，直观地展示了绿色低碳公路的内涵，也是对主题语"低碳感知公路，扬州绿色走廊"的一种补充和拓展。LOGO体现的位置主要在公路沿线所有的标志标牌、服务人员工作服上等。

2. 入口路段设计

公路入口路段是一条道路的起始节点，区位优势明显，在此进行一定的环境设计能突出主题，提升亮点。该项目由自然生态环境中的藤蔓丛生景象，联想到生态廊道和生态拱桥形式的设计。

3. 一般路段沿线主题氛围设计

(1) 绿化景观设计

中央分隔带上层树种采用蜀桧作为防眩树种，保证行车安全；景观树种为红花紫薇，开花时可达到繁花似锦的效果；地被植物采用麦冬草及金森女贞，保证了秋季的景观效果。

城镇路段侧分带上层以红花紫薇作为主要的树木，中层种植灌木球，红花紫薇和灌木球在侧分带中心线两侧交错种植。下层以红叶石楠在缘石内侧密植，满铺金森女贞作为下层。

一般路段路侧在坡脚附近种植1行常绿大乔木高杆女贞作为背景，边沟外种植1行落叶乔木水杉作为背景，与坡脚处种植的树木错开布置。路基边坡在采用边坡防护的基础上结合植草，护坡道、土质边沟及边沟外用地的地被植物可满铺麦冬草，以达到防护与美化的双重目的。

沿河塘路段路侧种植植物种类选择耐寒、耐水湿的植物物种。落叶大乔木选择柳树，地被植物选择麦冬草。

(2) 高杆广告设计

高杆广告沿路线布置，在行车者行驶过程中由点到线形成了一道路内的景观。结合237省道扬州段建设绿色低碳示范路的理念，在高杆广告上采用艺术宣传画的形式，突出了“低碳感知公路，扬州绿色走廊”的主题。

(3) 低碳主题性挡土墙艺术设计

以绿色低碳理念为指导，采用统一的主题设计方案进行挡土墙立面设计，让行车者在行车过程中，直观地感受到237省道扬州段的绿色低碳设计理念。

(4) 主线桥护栏主题设计

主线桥设置人行道，在桥梁护栏上以主题浮雕等方式进行237省道扬州段的绿色低碳循环公路主题的宣传。

(5) 上跨桥低碳主题立面设计

上跨桥桥身立面通过增添LED电子显示屏和宣传横幅等形式，宣传展示237省道扬州段低碳主题内容。

(6) 城镇段沿线主题氛围设计

在穿越城镇路段，结合城市的文化特色，在路侧利用建筑、人行道、路灯、交叉口附近绿化等进行相应的文化景观设计，利用穿镇道路附近人流众多的特点，一方面传递给当地居民绿色低碳的理念，一方面对当地文化进行有效宣传。

6.4.4.10 基于绿色低碳的养护管理体系

1. 养护工区配备与优化

根据养护工区辖区路段长度对现有养护工区工作范围进行合理划分，从而改善现有养护工作范围设置不尽合理之处，最大限度地减少养护活动的能耗。结合不同路段现有养护活动的工作量及类型，对沿线各个工区的机械及人员情况进行重新组合，实现现有养护资源利用的最大化与均衡化。

2. 低碳养护策略

该项目在运营过程中，通过构建科学的小修保养决策体系、预防性养护技术策略等方式指导养护活动实施，以实现全寿命周期内养护活动的最优低碳效益。

日常小修保养技术主要采用冷补料、灌缝胶以及现场热再生技术，主要用于道路日常的快速养护维修，优点在于能够快速维修，维修后能迅速开放交通，减少交通拥堵，从侧面减少了因为拥堵造成汽车怠速而增加的能耗与碳排放。

专项预防性养护技术主要采用温拌型薄层罩面、橡胶沥青薄层罩面、排水降噪路面等，以延缓大修时限，有效延长路面的使用寿命，减少大修养护活动带来的能源消耗及温室气体排放量。

6.4.4.11 基于节能减排的绿色循环低碳公路建设管理

1. 施工标准化

该项目对于道路、桥涵、交安、房建等不同工程领域，提出标准化施工的要求，同时提出过程中的相关培训、监控、考核等办法，制定了《低碳沥青路面工程标准化施工指南》《低碳桥梁工程标准化施工指南》《交安设施工程标准化施工指南》《低碳建筑工程标准化施工指南》等施工标准化制度性成果，在工程建设中推广标准化节能施工工艺与工法。

2. 电力消耗设备购置能耗标准

该项目在设备安装环节对相关的组件或设备进行采购能效约束，可以有效保证后期运营过程中的节能减排。项目部所采购的办公、生活电器，如空调、电视、电脑、热水器等，均要求达到一级能效标准。

3. 高效化施工组织方案

根据全线交通量的分布特征，选择合适的施工作业面及单元，不仅可以减少对交通的干扰，同时也是实现现场设备调度、运输等关键环节最小能耗的有效途径；通过合理的施工工序调度与管理，可以有效减少施工设备及运输设备在施工过程中的低效运转概率。

4. 施工期能耗监控和节能

结合现有施工设备的能耗水平和该工程实际情况，提出入场设备的能效标准及要求；对于部分能效低的施工设备，采用适宜的手段，对其进行设备升级与改造，提高其施工过程中的能效；定期对施工设备能耗数据进行调查，总结并调配设备在运转过程中的能耗，结合标准化工艺进行优化；定期对施工设备进行维修保养，使其处于良好的工作状态，减少设备故障，从而达到节能降耗的目的。

5. 节能运营管理

该项目制定了《省道 237 扬州段绿色循环低碳公路巡查管理办法》《省道 237 扬州段绿色循环低碳公路养护管理办法》《省道 237 扬州段绿色循环低碳公路节能减排管理办法》《省道 237 扬州段绿色循环低碳公路能源管理奖励与处罚规定》等运营期节能管理文件,加强公路管理单位对于运营期能源管理的控制,推进了运营期公路管理单位节能工作的开展。

6. 运营期能耗监测与统计

该项目建立了能效智能管理信息平台,具备设备信息管理、能耗计量数据测量及采集、能耗计量数据通信、能耗计量数据监控管理等服务功能,针对省道 237 扬州段收费站等场所,根据系统预先编排的时间程序对电力、照明、空调等设备进行最优化的管理。